KB210206

크리스토프 프리드리히 블룸하르트
1842-1919

1842년 독일 뫼트링겐에서 요한 블룸하르트의 아들로 태어났다. 삶으로서의 신앙을 중시하고 하나님의 기적을 자연스럽게 받아들이며 성장한 그는 튀빙겐에서 신학을 공부했다. 그후 독일의 바트볼로 돌아와 아버지를 도왔고, 아버지 사후에도 그곳에서 사역을 이어갔다. 곧 그는 아버지처럼 복음전도자와 성령치유자로 높은 명성을 얻게 된다.

하지만 병든 몸을 이끌고 찾아오는 가난한 노동자들을 대하면서 블룸하르트의 시선은 점점 세상으로 옮겨간다. 당대의 사회·경제적 문제에 관심을 가지게 된 그는 결국 노동자 탄압에 반대하는 시위에 참석하여 세상을 놀라게 한다. 독일 사민당에 들어가 본격적으로 정치 활동을 시작한 블룸하르트는 지방 의원으로 당선되어 6년간 의정활동을 하기도 했다. 그러나 임기가 마무리될 즈음에 정당 정치에 환멸을 느껴 재선에 도전하지 않은 채, 바트볼로 돌아가 1919년, 생을 마감할 때까지 다시 목회자의 길을 걸었다.

비록 오늘날에는 그 이름이 잘 알려지지 않았지만, 그가 살았던 당시에는 수많은 사람에게 영향을 끼쳤다. 블룸하르트는 신학적으로나 정치적으로나 특징짓기 쉽지 않은 인물이다. 블룸하르트는 스위스와 독일의 "종교사회주의와 변증법신학Dialectical Theology"이라는 두 개의 운동이 태동하는 데 결정적인 역할을 했음에도 불구하고 자신의 어떠한 "신학 체계"도 세우지 않았다. 그의 생각들은 레온하르트 라가츠, 칼 바르트, 디트리히 본회퍼, 자끄 엘륄, 에밀 브루너, 오스카 쿨만, 위르겐 몰트만 같은 신학 거장들에게 지대한 영향을 끼쳤다. 그리고 블룸하르트 부자는 예수의 산상수훈의 가르침에 기초한 국제적인 공동체 브루더호프의 신앙과 삶에 계속해서 영향을 미치고 있다.

블룸하르트는 인류 진보를 위협하는 가장 큰 위험이 바로 "기독교"라고 확신했다. 그가 말하는 기독교란 영적인 것과 물질적인 것을 분리해서 생각하고, 하나님의 의를 위한 실제적인 일 대신에 이기적이고 자기만족적이며 피안적인 종교성만을 부추기는 의식과 종교행위로 가득한 일요일 종교를 말한다. 그는 예배 형식과 자기 구원, 내세에만 집중하여 삶의 진정한 변화와 하나님나라의 정의를 도외시하는 허울뿐인 기독교를 한탄했다.

블룸하르트는 예수님이 전하고자 한 것은 새로운 세상, 즉 하나님이 만물을 통치하시는 하나님나라라고 믿었다. 블룸하르트에게 있어서 복음은 인간 삶에 혁명을 요구한다. 가장 중요한 것은 다가올 하나님의 통치이다. 그리고 하나님나라는 기독교나 다른 어떤 종교 제도나 인간적인 진보사상과 혼동되어선 안 된다.

그의 저서 중 『성령에게 길을 내어주라』, 『하나님나라 백성임을 보이라』, 『행동하며 기다리는 하나님나라』, 『더이상 하늘에 계시지 마시고』, 『저녁 기도』, 『숨어 있는 예수』, 『예수처럼 아이처럼』, 『지금이 영원입니다』가 한국에 소개되었다.

성령에게 길을 내어 주라

Make Way for the Spirit
My Father's Battle and Mine

christoph friedrich blumhardt

성령에게 길을 내어주라

지은이	크리스토프 프리드리히 블룸하르트
편집자	크리스천 콜린스 윈, 찰스 E. 무어
옮긴이	황의무
초판발행	2024년 11월 4일

펴낸이	배용하
책임편집	배용하
교열 교정	박민서, 윤찬란, 최지우
등록	제364-2008-000013호
펴낸곳	도서출판 대장간
	www.daejanggan.org
등록한곳	충청남도 논산시 가야곡면 매죽헌로1176번길 8-54
대표전화	(041) 742-1424 전송 (0303) 0959-1424
분류	기독교	신앙	영성	성령
ISBN	978-89-7071-714-2 03230

 값 20,000원

다가올 나라에 대한 소망으로

성령에게 길을 내어주라

크리스토프 프리드리히 블룸하르트

크리스천 콜린스 윈, 찰스 E. 무어 편집

황의무 옮김

목차

시리즈 서문

블룸하르트 시리즈The Blumhardt Source Series는 19세기 후반 독일의 유명한 종교적 인물인 요한 크리스토프 블룸하르트Johann Christoph Blumhardt, 1805-1880와 그의 아들 크리스토프 프레드리히 블룸하르트Christoph Friedrich Blumhardt, 1842-1919의 광범위한 저서를 영어권 독자에게 처음으로 소개하고자 한다. 블룸하르트 부자의 영향력은 종말론과 하나님의 나라, 영성과 구원의 전체론적 개념에 대한 강조, 치유 사역의 회복 및 오순절 운동, 사회주의와 기독교 신앙의 융합, 인격적 목회 상담의 모델 등, 19세기와 20세기 개신교의 다양한 영역에서 감지된다.

이곳에 선택된 자료는 독자가 블룸하르트에게 귀를 기울일 수 있게 목회자와 신학자와 평신도 모두에게 방대한 자료를 제공할 것이다. 신학적, 종교적 격동기였던 19세기 후반 및 20세기 초에 그들의 영향력이 어느 정도였는지를 감안할 때, 우리는 이 자료가 당시의 학자들에게 모든 분야에서 큰 관심을 받았을 것으로 생각한다. 그러나 블룸하르트 부자의 증언에는 실제로 상당한 영적, 신학적 가치가 담겨 있다. 우리는 그들의 증언이 세계에 널리 알려짐으로써 많은 교회가 유익을 얻기 바란다.

이 시리즈의 편집 방향은 유연해서 앞으로 출간되는 책은 학자를 위한 연구서가 될 수도 있고 사색적 평신도를 위한 신앙 서적

이 될 수도 있다. 그러나 이곳에 수록될 자료는 19세기 후반 이후 출간된 독일어판의 내용을 약간 수정하는 정도에서 벗어나지 않을 것이다. 다만 학문적 도움을 위해, 서론과 각주 및 부록을 통해 문맥적으로나 신학적으로 유익한 해석이나 주석을 제공할 것이다.

블룸하르트 부자는 오랜 세월 동안 목회자, 상담자, 성경 해석자, 신학자, 때로는 정치가로 부름을 받아 섬겼다. 그러나 어떤 형태의 사역에 종사하든, 그들은 자신에 대해 이미 세상에 들어와 세상을 침노하고 있는 하나님 나라의 증인으로 이해했다. 두 사람 모두 기독교 교회사에서 영성과 사회적 증언이 결합된 가장 강력한 사례 가운데 하나임을 잘 보여준다. 블룸하르트 시리즈의 편집자로서 우리는 앞으로도 그들의 증언이 이 시대의 교회와 사회에 시사하는 바가 적지 않을 것임을 확신한다. 부디 이 시리즈를 통해 독자가 블룸하르트의 광범위한 증언에 귀를 기울일 수 있기를 바란다.

크리스천 콜린스 윈 Christian Collins Winn

찰스 무어 Charles E Moore

크리스토프 프리드리히 블룸하르트Christoph Friedrich Blumhardt는 세인의 존경과 사랑을 받는 아버지 요한 크리스토프 블룸하르트 Johann Christoph Blumhardt의 유명세에 가려 살 수밖에 없었다. 그의 아버지는 소위 귀신을 쫓아낸 사건으로 독일 남서부 교회에서 작은 부흥이 일어난 후 더욱 광범위한 영역의 사람들로부터 주목을 받았다. 그 결과 독일, 프랑스, 스위스 전역에서 존경받는 목사이자 영적 상담가가 되었으며, 그의 이름은 영국과 미국까지 널리 알려지게 되었다.[1] 뫼틀링겐Möttlingen에 있는 그의 교회 교구민인 고틀리빈 디투스의 치유를 둘러싼 에피소드들은 결국 아버지 블룸하르트Blumhardt가 공의회에 제출한 보고서를 통해 드러나게 되었는데, 가히 공포물에 버금가는 소재였다.[2] 이 괴이한 드라마는 비슷한 증상을 보이기 시작한 디투스의 여동생 카타리나가 "본정신이 아닌" 목소리로 "예수는 승리자"라고 외침으로 종결되었다.[3] "예수는 승리자"라는 문구는 요한 크리스토프 블룸하르트의 후속 사역의 중심 표어가 되었다.

얼마 지나지 않아 블룸하르트의 교회 안에서 갱신 운동이 시작되었다. 많은 사람이 먼 곳에서 블룸하르트 목사를 찾아와 자신의 죄를 고백하고 용서를 받았으며이 부분은 루터교 계통에서 논쟁이 되고 있다 통찰력 있고 사랑으로 가득한 감동적인 설교를 들었다. 그러나 교회 지도자들로서는 자신의 교구민이 수 마일을 달려 블룸하르트를 보러 가는 현상을 반길 리 만무했다. 결국 그들의 의견을 받아들인 블룸하르트는 목회 상담을 위한 방문을 거부하고 사죄나 치유를 위한 기도를 자제했다.

그러나 이러한 조치로도 충분하지 않자 블룸하르트는 교구 목사직에서 물러나기로 했다. 그는 한 독지가의 후원으로 최근에 복원된 온천 휴양지 바트볼을 인수하여 수양관으로 개조했다. 한편 고틀리빈 디투스는 형제들과 함께 블룸하르트의 집에 들어와 그의 사역에 중요한 역할을 했다.

1842년에 태어난 크리스토프 프리드리히 블룸하르트는 이 놀라운 사건들을 겪으며 자랐다. 그는 고틀리빈 디투스로부터 "어머니 같은" 보살핌을 받기도 했는데, 그녀는 어느 모로 보나 엄격하고 강하며 활기찬 사람이었다. 크리스토프는 1880년에 아버지의 자리를 물려받았으며, 얼마 지나지 않아 뫼틀링겐 사건을 목격한 원래의 사람들이 모두 세상을 떠났다. 티투스가 1872년에, 아버지 블룸하르트가 1880년에, 어머니 도리스 블룸하르트가 1886년에, 그리고 고틀리빈의 오빠 한스외르크 디투스Hansjörg Dittus가 뫼틀링겐 사건의 마지막 당사자로 세상을 떠났다.

이렇게 "뫼틀링겐 세대"가 사라짐에 따라, 크리스토프 블룸하르트의 사상이나 강조점은 자연스럽게 바뀌었다. 그는 어머니가 세상을 떠난 1886년에 이미 새로운 방향을 모색하기 위해 노력했다.4 1888년에 한스외르크가 세상을 떠나자 블룸하르트는 일종의

"심리적 공황"을 겪었다고 말한다.5

변화의 가능성에 대한 첫 조짐은 1889년, 블룸하르트가 중병을 앓은 후에 나타났다. 그는 하나님이 바트볼과 동의어나 다름없는 치유 사역으로부터 자신을 부르고 계심을 느꼈다. "시간과 소명은 변한다. 우리는 예전의 관습적인 방식을 고수함으로써 하나님을 기쁘시게 하는 것이 아니라, 그가 우리에게 보여주시는 새로운 길의 징조에 주의함으로써 하나님을 기쁘시게 한다."6 블룸하르트의 방향이 정확히 어디로 향하고 있는지는 정확히 알 수 없으나, 이러한 변화는 부분적으로, 사람들이 치유를 만유를 위한 하나님의 뜻으로 보지 않고 단지 치유 자체에 사로잡혀 있는 인간적 이기심 때문에 초래된 것이다. 그는 언제가 이렇게 고백했다. "솔직히 말하자면 나는 오래전부터, 치유를 위한때로는 오직 육신의 건강을 위한 기도를 간곡히 요청하는 대화나 편지가 늘어나는 것에 마음이 편치 않았다. 이러한 치유 행위로부터, 그리고 기도를 통한 치유 행위 자체를 특별히 가치 있는 사역으로 생각하는 모든 가르침과 제도로부터, 온갖 오해와 남용이 초래되었으며, 많은 사람은 이러한 치유 행위에 대해 지나치게 우쭐하거나 자랑한다."7 이러한 변화는 하나님의 영, 하나님의 나라, 살아 계신 그리스도와 제도적 교회 사이의 관계를 재정립하기 위한 첫 단추에 불과했다.

다음 단계는 블룸하르트가 바트볼에서 목사직을 내려놓은 1894년에 나타난다. 그는 1894년 1월 1일 신년 묵상을 통해 "이제 나는 평화를 위해 최선을 다해 섬겨야 할 사람이기 때문에, 올해 안에 내 집과 사역에 변화를 허용하기로 결심했다. 나는 여기서 묵상한 내용을 정확히 발전시켜야 한다는 충동을 느낀다. 내가 이 집에서 가장으로서 더 자유롭게 일할 수 있다면, 굳이 목사로 섬겨야 할 의무를 느끼지 않는다. 나는 모든 교회 직함의 중요성을 내려놓기로 했다."8 그 결과, 티모시 쉐러Timothy Scherer의 언급처럼 그 후 몇 년 동안 블룸하르트는 "설교를 줄이고 성찬식을 애찬으로 대치했으며, 세례와 견진성사를 중단했다. 블룸하르트의 바트볼 교회는 점차 교회의 특별한 권리와 자격을 포기했다. 교구민은 성례를 받기 위해 바트볼에 있는 다른 루터교회에 참석해야 했다."9 이 책을 통해 더욱 분명하게 드러나겠지만, 문제는 교회의 계급구조나 의식이나 교리와 같은 관습이 피조물을 통해 항상 새로운 일을 행하고 싶어 하시는 성령의 능력과 흐름을 막았다는 것이다.

그러나 바트볼의 경우는 어떠한가? 바트볼의 전통과 역사를 동일한 관점에서 볼 수 있는가? 블룸하르트가 교회 사역을 그만둔 것은 개신교에서 볼 수 있는 또 하나의 교단 분열에 불과한가? 블룸하르트는 교회의 전통보다 아버지와 바트볼의 전통을 더 따랐는가? 블룸하르트가 바트볼의 치유 사역에서 일찍 손을 뗀 사실에서 볼 수 있듯이, 이 마지막 질문에 대한 대답은 '아니오'인 것처럼 보인다. 명확한 대답을 찾지 못한 사람들이 있다면, 이 책이 분명하게 제시할 것이다.

바트볼의 광범위한 사역의 당사자들과 외부 관찰자들의 눈에는 무엇인가 잘못되고 있는 것처럼 보였다. 블룸하르트는 자신이 생각하는 사역의 잠재적인 방향에 관해 설명하고, 이 새로운 방향이 기존의 개신교와, 그리고 사랑하는 부친의 사역 및 기대와 어떻게 연계되는지를 설명해야 할 책임감을 느꼈다. 따라서 블룸하르트는 1895년 한 해 동안 이 책을 기록했으며, 독일, 프랑스, 스위스의 독자들을 포함한 바트볼 네트워크의 소식지Vertrauliche Blätter에 『하나님의 나라에 대한 묵상』Gedanken aus dem Reich Gottes이라는 제목으로 연재했다. 1895년 12월에 시리즈의 마지막 편이 실린 것과 동시에 이 소식지의 출판 사역도 종료됨으로써 블룸하르트의 삶과 사역은 또 한차례의 전환기를 맞는다.

블룸하르트의 진화적 관점

이 책은 크리스토프 블룸하르트 본인의 입장과, 그의 아버지, 경건주의 및 개신교전체의 입장을 명확히 정리한다. 블룸하르트는 자신의 변화된 입장이 미묘한 차이는 있으나 기본적으로는 부친의 사상 및 기대와 전적으로 부합한다는 사실을 알고 있었다. 가장 뚜렷한 차이는 결국 부친이 제도적 기독교나 전통적 기독교에 지나치게 얽매여 있으며 특히 성령의 영역으로서의 교회의 의미나 교리적 가르침에서 벗어나지 못했다는 생각으로 집약된다. 또한 아들 블룸하르트의 관점에서 볼 때, 아버지 블룸하르트는 교회 당국에 지나치게 공손했다. 아들 블룸하르트에게 뫼틀링겐은 사망의 권세와 그것의 현대적 발로에 깊이 연루된 제도적 교회의 상대화를 보여주었다. 본문에는 민족주의, 자본주의, 착취, 궁핍, 빈곤, 전쟁 등에 대한 비판이 잠재되어 있으며, 1899년의 노동자 운동 및 사회당 가입을 앞둔 시점의 후속 설교를 통해 폭발할 준비를 하고 있었다.

이 책은 블룸하르트 자신의 발전을 이해할 수 있는 독특한 표지를 제공하지만, 텍스트 자체로도 큰 흥미를 불러일으킨다. 이 책은 기존의 교리나 관행과 비교해, 성령 체험이 신학적 사고와 특히 제자도의 삶에서 수행하는 역할에 중요한 기여를 한다. 다시 말하면, 성령의 새 바람은 옛 구조와 어떻게 관련되는지를 보여준다는 것이다.

또 하나의 중요한 주제는 교회사를 통해 발전해 온 도식을 피하고 19세기 천년왕국의 변형된 형태들에서 강력히 드러난 역사 신학이다. 하나님은 살아 계시고, 하나님 나라는 현존하며, 성령은 실제로 역사 속에서 구체적인 방식을 통해 역사하신다. 그러나 성령께서 개입하시는 모든 순간은 오직 하나님의 최종 목적지를 향한 노정의 "정거장"일 뿐이다. 하지만 이 최종 목적지가 드러나기 위해서는, 비록 다가올 하나님의 나라에 대한 간절한 소망을 표현하는 것밖에 없다고 할지라도. 인간 편에서의 협력이 필요하다.

나아가, 기독교 영역에서 강력한 성령의 역사가 일어나지 않는 것은 그들이 사망과 그것의 다양한 표현들과 손을 잡았으며, 심지어 기독교 복음을 내세에만 받을 수 있는 하늘의 복으로 왜곡했기 때문이다. 블룸하르트에게 있어서 하나님의 마지막 안식일의 의도, 즉 억누를 수 없는 풍성한 생명이 죽음을 완전히 정복한다는 대의는 "내세"라는 제목 아래에 넣을 수 있는 부록과 같은 성격의 것이 아니다. 아니, 그것은 지금 여기에서 부분적으로 경험할 수 있으며, 궁극적으로는 모든 사람과 만물의 변화를 통해 끝날 것이다. 그동안, 신자들은 기도와 영적 전쟁, 그리고 제자도로 부르심을 받는다.[10]

이상은 블룸하르트가 이 책을 서술하면서 명확히 제시한 비전으로, 이 비전은 그의 작업과 사역이 이어지면서 특히 노동자 계층에서 분명한 윤곽을 드러내게 된다.

이 책에 관하여

본 역본은 1895년에 완성된 원본을 토대로 한 볼프강 J. 비트너Wolfgang J. Bittner 판에 기초한다. 각 장 및 단락의 제목은 블룸하르트의 것이 아니라 원래 비트너의 손에 의해 작성되었다. 이 책은 독자의 편의를 위해 제목을 남겨 두되, 약간의 수정을 통해 실제 내용을 더욱 잘 반영할 수 있게 했다. 또한 비트너의 서문과 후기를 그대로 수록했는데, 이것은 특히 비전문가에게 도움이 될 수 있는 본문과 블룸하르트에 대한 몇 가지 역사적인 사실을 포함하여 텍스트에 대한 추가적 배경을 제공하기 위해서다.

끝으로, 이 책의 번역과 관련하여 블룸하르트가 사용한 "포르슈리트"Fortschritt라는 단어에 대해서는 약간의 설명이 필요하다. 광범위한 문화적, 철학적, 또는 신학적 관점에 비추어 볼 때, 블룸하르트 부자가 종종 "진보"라는 뜻을 가진 이 단어를 사용한 것은 둘 다 19세기에 성행했던 "진보" 교리를 옹호했음을 보여준다. 이것은 특히 크리스토프 블룸하르트에게 해당하는데, 포르슈리트는 미래를 향한 하나님 나라의 전진을 묘사할 때 그가 즐겨 사용한 용어 가운데 하나이기 때문이다.

　블룸하르트 역시 동시대인이라는 사실은 부인할 수 없지만, 성령과 그 나라의 전진 운동이라는 그의 개념을 단순히 19세기와 20세기의 특징인 진보에 대한 기대와 동일시하는 것은 오해의 소지가 있다. 블룸하르트는 역사의 전진이 아니라 하나님 나라의 전진 운동에 대해 말하고 있기 때문이다. 후자는 전자가 간헐적인 발전을 지속하는 동안에도, 사실상 정체될 수 있다. 블룸하르트의 관점에서 볼 때, 하나님의 나라가 정체되는 이유는 주로 이 땅에서 하나님의 목적에 저항하려는 인간의 성향이 세상을 바로잡기 위한 성령의 현재적 부으심과 최종적 부으심을 막기 때문이다.[11] 역사적 운동과 역사 속에 나타난 하나님 나라의 운동에 대한 블룸하르트의 개념은 그의 사상이 헤겔의 진보 개념이나 그와 유사한 아류와 다르다는 사실을 보여주기에 충분하다. 우리는 이러한 차이점을 드러내기 위해 포르슈리트를 주로 "전진 운동"으로 번역했다.

편집자 머리말

볼프강 비트너 Wolfgang J. Bittner

하나님은 역사 속에서 전진하신다. 우리가 하나님과 함께 살기를 원한다면, 우리를 어디로 인도하든 그와 함께 이 행진에 동참해야 한다. 가만히 있는 사람은 하나님을 잃어버릴 수 있다.

"손에 쟁기를 잡고 뒤를 돌아보는 자는 하나님의 나라에 합당하지 아니하니라."눅 9:62

크리스토프 프리드리히 블룸하르트Christoph Friedrich 블룸하르트는 이 책에 "하나님의 나라에 대한 묵상"Gedanken aus dem Reich Gottes이라는 제목을 서둘러 붙였다. 그는 가장 가까운 친구들에게 자신의 아버지 요한 크리스토프 블룸하르트Johann Christoph Blumhardt의 경험에 대해 자신이 지금1895년 현재 가지고 있는 생각을 밝히고 싶어 했다. 이러한 생각은 블룸하르트의 다른 책에도 나타나지만, 이 책에 가장 정확히 나타난다. 이 책은 사람들에게 잘 알려지지 않은, 힘들게 입수한 자료다.

새로운 책을 출판할 때는 반드시 이유가 있다. 이 책은 단지 역사적 텍스트를 재생산한 것에 불과한가? 그렇지 않다! 크리스토프 프리드리히 블룸하르트가 증인이며, 하나님은 그에게 하나님 나라에 대해 놀라우리만큼 명확한 통찰력을 주셨다. 우리 시대는 여러 면에서 그의 시대와 다르지만, 오늘날 우리는 당시에 그가 겪었던 것과 유사한 사건들에 직면해 있다. 그들은 요한 블룸하르트의 사례를 언급하며 부흥을 부르짖었다. 그러나 그들은 자신에 대한 하나님의 권리를 전적으로 인정하는 철저한 순종 없이 그렇게 했는가? 다시 말해, 그들은 자신의 삶에 대한 갱신은 도외시했느냐는 것이다. 부흥을 부르짖는 그들의 관심은 참으로 하나님과 그의 통치권 때문인가, 아니면 단지 자신에 대한 이기적 관심 때문인가? 하나님은 그들 안에서 합당한 권리를 자유롭게 주장하실 수 있었는가, 아니면 그저 자신의 권리를 이행하기 위해 하나님의 도움을 바랐는가?

크리스토프 프리드리히 블룸하르트는 영성과 지성의 폭이 넓고 내면의 깊이가 깊은 사람이었다. 먼저 하나님은 우리를 넓은 공간으로 인도하신다. 블룸하르트에게 열린 성경적 소망의 영역은 놀라울 만큼 광활하다. 그는 현재의 일상적 세계에 대한 소망을 품고 있었다. 그는 이러한 소망을 다음 세상으로 넘기는 것은 희망을 축소하는 위험천만한 배신적 행위라고 생각했다. 하나님의 약속은 세상 전체를 위한 것이며, 육신적 삶에도 적용된다. 블룸하르트는 이 세상에 대한 흥미를 잃은 기독교의 소망과, 육신의 삶에 대한 흥미를 잃은 신앙에 맞서 싸웠다. 이것은 그가 당시의 사회 문제와 정치에 뛰어든 유일한 이유다. 우리의 소망이 하나님을 따르는 것이라면, 이러한 소망은 죽음 없는 세상을 기대할 수 있을 때까지 계속되어야만 한다.

블룸하르트가 생각하는 갱신은 결코 전략에 관한 것이 아니었다. 그는 사람의 힘으로 이룰 수 있다고 생각하는 어떤 진보도 반대했다. 이처럼 하나님은 우리를 깊은 곳으로 인도하신다. 블룸하르트는 이러한 사실을 점점 더 확신하게 되었다. 자기 의지를 꺾지 않는 "그리스도인"은 사실상 어떤 음부의 악한 권세보다 하나님 나라의 전진에 더 큰 방해가 된다. 기독교의 회복이나 세상의 갱신은 전적으로 소수의 신자에게 달려 있다. 오늘날 사람들은 참으로 하나님을 생각하며 갱신을 부르짖는가? 아니면 우리는 기독교라는 가면 뒤에 숨어 자신의 이익을 도모하고 있는가? 하나님은 이러한 이기적 권리 주장을 도와줄 마음이 없으시다. 하나님은 먼저 사람들이 그들의 삶에서 하나님의 통치권을 인정하기를 바라신다. 그것이 그들에게도 가장 큰 유익이 된다. 하나님은 갱신을 부르짖는 그들에게 자신의 삶을 끊임없이 포기하게 하신다. 그들은 항복하는 길밖에 없다.

이러한 깊이와 넓이는 상반된 것이 아니다. 둘 다 같은 길에 대한 묘사다. 예수님은 하나님이 죽음을 통해 생명을 주신다는 사실을 알고 제자들에게도 가르치셨다. "내가 진실로 진실로 너희에게 이르노니 한 알의 밀이 땅에 떨어져 죽지 아니하면 한 알 그대로 있고 죽으면 많은 열매를 맺느니라."요 12:24 하나님의 길은 넓은 지평을 향한다. 그러나 이 목적지에 도달하기 위해서는 깊은 곳을 통과해야 한다. 기독교는 그것을 피할 수 없으며, 기독교의 갱신 운동도 마찬가지다. 그것이 아무리 희망적이고 역동적이라 할지라도 반드시 이 깊은 골짜기를 통과해야 한다. 먼저 하나님이 인도하시는 깊은 곳에 주의를 기울이지 않는 한, 넓은 곳을 향한 모든 노력은 헛수고가 될 것이다.[12] 하나님은 이러한 원리에 따라 역사를 운행하셨으며, 메시아에게 이것이 길임을 보여주셨다. 예수님도 이 길을 걸으셨으며, 제자들에게도 이 길을 따라오게 하셨다. 하나님으로부터 오는 갱신을 바라는 사람이라면 그것에 합당한 삶을 살아야 한다. 하나님은 깊은 곳을 통해 넓은 곳으로 인도하신다!

블룸하르트 부자의 생애

아버지 요한 크리스토프 블룸하르트1805년 7월 16일-1880년 2월 25일는 뒤르멘츠Dürrmenz, 1829-1830에서 부교역자로, 바젤 미션Basel Mission, 1830-1837에서 교사로, 다시 입팅겐Iptingen, 1837-1838에서 부교역자로 섬기던 중 1838년 7월 칼프Calw 근교 뫼틀링겐에서 목사로 부름을 받았다. 그는 1842년 6월부터 1843년 12월까지 고틀리빈 디투스Gottliebin Dittus라는 젊은 여성 환자에 대한 목회 상담을 통해 치유의 역사를 경험하고 악한 세력의 실재에 대한 통찰력을 얻는다. 무엇보다 중요한 것은 그가 예수의 이름으로 실제적 승리를 경험했다는 것이다. "예수는 모든 흑암의 권세를 이기신 승리자다." 이 외침은 그 후 전개된 운동을 형성하고, 그 속에 깊이 스며든 승리의 부르짖음이었다. 그것은 계속해서 살아 역사하는 운동이었다. 아무도 몰랐을 뿐만 아니라 예상조차 할 수 없었던 회개 운동이 시작되었다. 처음에는 온 마을이 하나님에 대한 두려움에 사로잡혔으며, 점차 마을에서 마을로 번져나가 그 지역 전체로 회개 운동이 확산하였다. 하나님의 거룩하심에 압도당한 사람들은 깊이 회개했으며 확연히 바뀐 새로운 삶을 시작하게 되었다. 치유와 경건은 하나가 되었다.

목회 상담가로서 블룸하르트의 활동 영역은 즉시 한 마을을 넘어 확장되었다. 그는 이 일에 하나님의 인도하심을 인식했다. 그는 바트볼의 온천을 매입함으로써 영혼 구원 및 병자를 돌볼 수 있는 공간과 기회를 확보했다. 블룸하르트는 대가족 공동체의 가장이 되었으며, 모든 방문객을 따뜻하게 맞았다. 그는 자기 집에서 회중을 위한 목회권을 유지했으며, 항상 루터교회와의 밀접한 관계를 강화하기 위해 노력했다.

블룸하르트의 생애와 사역을 형성한 특징들은 기독교의 기억과 의식 속에 생생하게 남아 있다. 고틀리빈 디투스의 치유를 목격한 신자들은 병자를 고치는 사역이 말씀을 전파하는 사역만큼이나 중요한 교회의 임무 중 하나라는 사실을 깨달았다. 이런 생각은 오랫동안 사장되었으나, 어두움의 권세와 악한 세력에 대한 직접적인 경험과 흑암의 세계에 대한 광범위한 조망을 통해 이 환희에 찬 성취의 빛을 타오르게 한 것이다. 하나님은 우리에게 그의 아들 예수의 이름을 통한 승리를 약속하셨으며, 지금도 우리에게 이 승리를 주신다. 광범위한 부흥 운동은 블룸하르트에게 모든 한계를 무너뜨리는 세계적인 소망을 품게 해 주었다. 하나님은 온 세상을 새롭게 하기를 원하신다! 그러나 이 소망은 기도와 직결되며, 하나님이 우리가 예상치 못할 만큼 놀라운 성령을 다시 한번 부어주실 것이라는 강력한 확신이 필요하다. 부흥은 오직 하나님의 능력으로만 가능하다. 우리가 할 수 있는 전부는 오직 그것을 소망하고 믿고 기도하는 것뿐이다.

요한 크리스토프 블룸하르트의 사역은 하나님의 능력을 증거한다. 우리는 그가 바라던 힘을 하나님으로부터 받았다는 것을 알 수 있다. 그러나 동시에 이 사실은 독선적이고 정적이며 자기만족에 빠져 있는 고립적 기독교에는 수치심을 안겨주었다. 그럼에도 불구하고 블룸하르트의 말과 글은 대부분 공감적이며 보완적이었다. 그는 자신의 경험과 인식과 기대가 일상적 그리스도인의 삶이 되어야 한다고 주장하지 않았다. 다만 블룸하르트는 교회가 하나님이 허락하시는 성령의 새로운 체험을 통해 변화를 받고 갱신 운동의 전달자가 되기를 바랐다. 그러나 이러한 기대는 시기상조였다. 교회는 여전히 그 자리에 머물렀다.

그렇다면 바트볼의 블룸하르트 주변에 모인 사람들은 어떤가? 그들은 새로운 운동의 전달자들이 되었는가? 아마도 블룸하르트는 그것을 바라고 기도했을 것이다. 그의 아들 크리스토프도 오랫동안 그것을 위해 노력했다. 그러나 그가 확인한 것은 사람들이 끊임없이 성령 체험을 위선적 경건과 연결한다는 것이었다. 그는 점차 이러한 방식이야말로 최악의 파괴자라고 느꼈다. 진보를 가로막은 것은 외부의 저항이 아니라, 하나님을 깊이 체험한 그리스도인 자신이었다. 그들은 하나님의 능력이 자신을 위해 사용되기를 원했다. 세상을 섬기기 위해 살아 계신 하나님께 자신을 바쳐야 할 순간이 오면, 그들은 격렬히 저항했다. 그들은 하나님의 소망을 세상에 전하기보다, "다른 사람들과 분리된 폐쇄된 영역"으로 물러나기 좋아했으며, "누구나 아는 대로 이것은 그리스도인의 악한 육신이 자라는 토양이다. 이 육신은 먼저 죽지 않는 한 그리스도의 영을 파괴할 수 있다."[13]

블룸하르트 부자의 사역에는 통일성을 찾아볼 수 있다. 여기에는 충분한 이유가 있다. 그러나 그것은 다양성 속의 통일성이다. 아버지 블룸하르트에게서 찾아볼 수 있는 공감적이고 보완적인 성향의 요소들이 아들 블룸하르트의 입을 통해 나올 때는 날카롭고 예리한 특징으로 바뀌었다. 아버지가 언급한 문제들은 임의로 간과하거나 무시할 수 있지만, 같은 문제가 아들에게서 나올 때는 훨씬 신랄하며 회피하기 어렵다. 아버지의 생애는 중단없이 이어지는 일관성 있는 삶으로 보이는 반면, 아들의 생애는 확연히 구분되는 몇 단계의 시기로 나눌 수 있다.

크리스토프 프리드리히 블룸하르트Christoph Friedrich Blumhardt, 1842년 6월 1일 ~ 1919년 2월 8일는 고틀리빈 디투스Gottliebin Dittus를 위

한 아버지의 "싸움"이 시작되기 직전에 태어났다. 그는 끊임없이 하나님의 도움을 부르짖으며 씨름하는 환경에서 내성적인 아이로 자랐다. 당시에 하나님의 개입은 일상의 다양한 필요를 다루는 과정에서 자연스럽게 일어나는 한 부분으로 당연시되었다. 이러한 필요는 처음에는 뫼틀링겐의 목사관으로, 나중에는 바트볼로 흘러들어왔다. 크리스토프는 자신의 뜻과 무관하게 아버지의 요구로 신학을 공부했다. 그는 여러 곳에서 부교역자로 사역한 후 1869년에 바트볼로 돌아와 아버지의 사역을 도왔으며 나중에 그의 후계자가 되었다.

고틀리빈 디투스가 크리스토프 블룸하르트에게 미친 영향은 아무리 강조해도 지나치지 않다. 블룸하르트 자신은 이러한 사실에 대해 암시만 할 뿐이다. 그는 디투스로부터 "아무리 넘어져도 완전히 쓰러지지는 않는 불굴의 정신"을 배웠다고 말한다. "누구든 그녀의 강철같은 의지에 굴복하지 않을 수 없다." 1872년 1월 26일 그녀의 죽음은 그의 인생에 전환점이 되었다. 블룸하르트는 디투스의 임종 때 "놀라운 중생"의 체험을 했다. 말년에 접어든 그는 종종 당시의 경험에 대해 언급하곤 했다.

그날 밤 더 큰 영적 전쟁이 있었으며, 이 싸움은 다시 한번 "예수는 승리자"라는 외침으로 끝났다. 이 외침은 오늘날까지 우리 삶의 원동력이 되고 있다. 지금까지, 적어도 이 세상과 인류를 위해 쉬지 않고 한 걸음씩 나아가며 지상의 자녀들에게 승리의 감격을 맛보게 하시는 주 예수와의 살아있는 연결은 유지되고 있다.

요한 크리스토프 블룸하르트가 1880년에 사망하자 크리스토프 블룸하르트가 가장이 되었다. "수많은 사람은 나에게 편지나 구두로, 매년 부친을 통해 누려왔던 거룩한 기쁨은 이제 끝났다고 항의했다. 나는 조용한 분노에 휩싸였다. 그것이 경건한 사람의 삶의 열매란 말인가? 그들은 단지 특정한 종교적 기쁨이 없이 지내야 한다는 이유만으로 슬퍼한다는 것인가? 하나님의 나라는 그 나라를 위해 일한 사람보다 더 크지 않는가?" 아들 블룸하르트는 하나님의 힘으로 아버지의 사역을 계속해서 이어갈 능력과 지혜를 받았다. 얼마 지나지 않아 사람들은 "마치 아버지 목사님이 살아 있는 것 같다"는 말까지 했다. 크리스토프 블룸하르트는 처음에 이런 정신으로 사역을 시작했다. 이 기간은 1888년 봄까지 이어진다. 블룸하르트가 저술한 자료들을 처음 출판한 로버트 르죈Robert Lejeune은 이 시기를 특징짓기 위해 "예수는 승리자"라는 뫼틀링겐 슬로건을 사용햇다.

우리는 이 시기에서 이미 두 번째 시기에 분명히 드러나는 특징의 징후를 찾아볼 수 있다. 즉, 하나님의 도우심과 복은 우리가 과거에 해왔던 일을 계속해야 한다는 조건으로 우리에게 주어지지 않는다는 것이다. 하나님의 권능은 회개로 인도한다. 우리는 설사 그것이 선하고 경건한 것처럼 보일지라도 하나님으로부터 독립하기를 원하는 우리 안의 모든 것에 단호히 맞서 싸워야 한다. 하나님은 자신보다 하나님과 그의 영광에 관심을 가진 사람들을 찾으신다. 그는 온 세상을 향한 하나님의 소원으로 불타오르는 사람들을 필요로 하신다.

블룸하르트가 공동체와 가정과 그의 삶에서 겪은 여러 가지 힘든 경험은 이 두 번째 시기를 관통하는 슬로건으로 이끌었다. 그것은 "내가 죽으면 예수님이 사신다"는 것이다. 이 시기는 자신에 대한 진지한 성찰의 시간이었다. 블룸하르트는 가족과 동료와 친구들을 근원적인 정화의 시간으로 이끌고 싶었다. 이 책은 1896년경에 끝나는 이 두 번째 시기의 가장 핵심이 되는 책이다.

세 번째 시기의 양상은 다르다. 크리스토프 블룸하르트는 여전히 세상을 향해 다가가려 하지만, 심판의 경고는 사라진다. "온 세상을 위한 하나님의 사랑"에 대한 확신은 점점 더 분명하게 형성되어 블룸하르트의 사역과 그의 삶의 틀을 구축한다.

블룸하르트는 열정적으로 진리를 추구하는 한편, 변화를 위해 노력하는 운동을 찾았다. 그는 진리의 요소가 담긴 모든 운동은 하나님으로부터 나온다고 생각했다. 이에 따라, 블룸하르트는 1899년 뷔르템부르크 사회민주당에 입당했으며, 1900년부터 1906년까지 뷔르템부르크 주 의회의 사회민주당 대표를 지냈다. 그는 한 번도 이 운동을 찬양한 적이 없지만, 하나님에 대해 언급하지 않는 사람들 가운데는 하나님과 그의 말씀을 언급하면서도 세상의 불의와 불평등에 대해서는 외면하는 국교회의 지도자들보다 더 진리에 가까운 사람들이 있다는 사실을 인정한다. 오늘날 우리는 이러한 인정이 당시의 정치 지형과 기존 교회의 사회 참여 형태 안에서 어떤 의미가 있는지 상상하기 어렵다. 블룸하르트는 하나님의 사랑을 세상에 전하는 것이 곧 하나님의 운동이라고 생각했으며, 그런 생각으로 그들의 운동에 동참했을 뿐이다. 블룸하르트가 사회민주당 대표가 되자, 교회 당국은 그에게 목사직을 내려놓을 것을 요구했다. 블룸하르트는 전혀 놀라지 않았다. 그는 그것이 교회의 특징이라고 생각했다. 그로서는 목사라는 직함을 내려놓는다는 것이 하나님을 따를 수 있는 더 큰 자유를 주었을 뿐이다. 따라서 "하나님의 사랑은 온 세상을 위한 것"이라는 슬로건은 블룸하르트 자신이 만든 것은 아니지만, 그의 마음을 정확히 대변한다는 것을 알 수 있다.

블룸하르트는 주 의원 재선에 도전하지 않았다. 그는 1907년을 기점으로 침묵에 들어가며, 이 마지막 단계는 그의 생애가 끝날 때까지 이어진다. 침묵의 시기는 단지 정치 일선에서 물러난 것으로 끝나지 않는다. 그는 심한 질병으로 인해 바트볼에서 맡았던 모든 책임을 내려놓았다. 블룸하르트는 괴핑겐Göppingen 인근에 위치한 예벤하우젠Jebenhausen의 비제네크Wieseneck라는 외딴 목초지에서 말년을 보냈다. 그러나 그는 그곳에서 바트볼과의 관계를 이어갔으며, 그 후 10년 동안 바트볼에서 정기적으로 설교를 했다. 블룸하르트의 생애에 있어서 마지막 단계에 해당하는 이 침묵의 시기는 조용한 소망을 특징으로 하며, 고요한 묵상 가운데 점차 강한 확신으로 자리 잡은 이 소망은 마침내 "하나님의 나라가 도래하고 있다"라는 온 세상을 향한 외침으로 터져 나왔다.

고틀리빈 디투스의 질병과 치유

크리스토프 프리드리히 블룸하르트는 뫼틀링겐에서 고틀리빈 디투스에게 일어난 일에 대해 반복적으로 언급한다. "뫼틀링겐은 우리가 태어난 곳이다. 뫼틀링겐은 지금까지 우리의 삶에 영향을 미치고 있다. 뫼틀링겐이 없었다면 우리가 어떻게 되었을지 알 수 없다. 뫼틀링겐은 우리를 이곳까지 이르게 한 기반이자 성장의 동력이다. 그곳에서 구주께서 문을 여셨고, 그 문은 지금도 열려 있다."[14] 블룸하르트는 이 책에서 당시의 사건에 대해 자주 언급한다. 그러나 그는 독자들이 그곳에서 일어난 일을 잘 알고 있다고 생각했을 것이다. 따라서 오늘날 독자들을 위해 여기서는 핵심적인 내용만 간략히 제시하고자 한다.

요한 크리스토프 블룸하르트는 1838년 7월 뫼틀링겐Möttlingen에서 목회를 시작하였으며, 같은 해 9월에 결혼했다. 겉으로 보기에 그의 회중은 충분히 열정적이고 독실한 것처럼 보였다. 그러나 내면적으로는 많은 사람이 냉담했다. 전임자는 그들이 "설교에 지친 회중"이라고 했다. 그들은 그의 설교를 듣는 동안 계속해서 졸았다. 하지만 어떻게 회중을 깨울 수 있는가? 블룸하르트는 특별히 방법을 찾을 필요가 없었다. 같은 마을에 두 형제자매와 함께 사는 고틀리빈 디투스라는 젊고 재능 있는 미혼 여성이 그의 발치에 와 있었기 때문이다. 그녀는 다리를 저는 것을 포함한 여러 가지 질병 외에도 사람들이 두려움을 느끼는 각종 이상한 현상들이 점차 늘어가는 중이었다. 이런 증상이 계속되면서 그 마을을 넘어 많은 사람이 그 사실을 알게 되었다. 상담과 기도와 성경 읽기는 상황을 더욱 악화시키는 것 같았다.

1842년 6월 26일은 결정적인 전환점을 이룬 날이다. 블룸하르트는 주일인 그날 저녁에 고틀리빈이 끔찍한 증상을 보인 후 무의식 중에 있다는 연락을 받고 달려갔다. 블룸하르트는 순간적으로 "무엇인가 악한 세력이 역사하고 있다"는 것을 깨달았다. 그는 일종의 분노에 사로잡혔다.

> 나는 불쑥 경련으로 떨고 있는 그녀의 손을 붙잡아 억지로 양손을 모아 기도하는 자세로 만든 후 의식을 잃은 그녀의 귀에 대고 큰 소리로 그녀의 이름을 부르며 "네 손을 모으고 '주 예수여, 도와주소서'라고 기도하라. 우리는 마귀가 하는 일을 오랫동안 보아 왔다. 이제 주 예수께서 어떤 일을 하실 수 있는지 보자"고 외쳤다. 잠시 후 의식이 돌아온 그녀가 내 말을 따라 기도하자 모든 경련이 멈추었으며 참석자들은 크게 놀랐다.[15]

이것은 1843년 12월 말까지 때로는 무시무시한 현상과 함께 지속된 싸움의 시작이었다. 그 후로 잠잠한 순간과 여기서 설명할 수 없는 심각하고 위험한 "공격"이 번갈아 가며 나타났다. 불가사의한 마력의 섬뜩한 실체가 블룸하르트 앞에 모습을 드러냈다. 블룸하르트와 그의 아내 도리스가 어떻게 그 시간을 견디어냈는지 상상하기도 어렵다. 그 모든 시간 동안 그들이 예수의 이름의 능력을 더욱 신뢰하는 법을 배웠다는 것은 참으로 은혜가 아닐 수 없다. 그들은 기도와 말씀을 읽는 방법으로 하나님의 인도하심을 구하였다. 그들은 어떤 조작이나 약품에 의존하지 않고 오직 믿음의 기도에 의지했으며, 나중에는 금식과 성경 읽기에 매달렸다. 그들은 예수께서 도와주시면 도움을 받을 수 있을 것이며 그가 도와주시지 않는 한 다른 어떤 도움도 효과가 없을 것이라는 사실을 점차 확신했다.

당시에 블룸하르트는 이런 식으로 깊은 곳을 통과하였으며, 처음에는 알지 못했던 넓은 곳으로 인도함을 받았다. 싸움이 시작된 지 일년 반이 지난 1843년 크리스마스 즈음, 고틀리빈은 고침을 받고 귀신의 손아귀에서 완전히 벗어났다. 모든 끔찍한 증상이 끝났음을 알리는 신호는 고틀리빈의 여동생 카타리나의 입에서 나온 "예수는 승리자시다! 예수는 승리자시다!"라는 처절한 외침이었다. 그것으로 이 가정의 영적 전쟁은 끝났다. 그들은 완전히 벗어났으며, 이러한 사실은 그들의 감정적, 신체적 회복을 통해 분명히 나타났다.

그러나 이러한 결말은 새로운 시작임이 드러났다. 사람들은 점차 자신의 죄로 말미암아 괴로워했으며, 블룸하르트의 의사와 관계없이 찾아와 죄를 고백했다. 이것이 회개와 부흥 운동의 시작이며, 이 운동은 그 지역을 넘어 널리 확산되었다.

블룸하르트는 자신의 경험에 관한 이야기를 책으로 출판할 의도가 전혀 없었다. 그러나 이 충격적인 사건은 소문을 타고 저절로 퍼졌다. 이 사건은 교회 당국이 그에게 해명을 요구할 정도로 널리 퍼졌다. 1844년 8월, 블룸하르트는 슈투트가르트 교회 당국에 "기밀"이라는 딱지가 붙은 상세한 보고서를 무거운 마음으로 제출했다. 이 보고서의 사본은 블룸하르트 모르게 유포되었다. 블룸하르트는 이 자료가 더 이상 확산되는 것을 원하지 않았지만, 1850년에 자신의 이야기를 책으로 출판하는 것에 동의했다. 이 출판물 외에도 몇 가지 짧은 진술 및 1850년에 출간된 포괄적 변증서Verteidigungsschrift gegen Herrn Dr. de Valenti가 있다. 블룸하르트의 모든 기록은 『뫼틀링겐의 영적 전쟁』Der Kampf in Möttlingen이라는 학술지에 광범위한 해설과 함께 세밀하게 수록되어 있다. 그러나 가장 널리 알려진 자료는 1880년에 처음 출간된 프리드리히 쥔델Friedrich Zündel의 요한 크리스토프 블룸하르트에 대한 전기다.16 이 자료는 고틀리빈 디투스의 질병에 관한 이야기Krankheitsgeschichte에 기초하며, 사건에 대한 상세한 설명이 제시된다.

그의 아들 크리스토프 프리드리히 블룸하르트는 이 이야기에 묘사된 사건들이 하나님의 역사하심을 보여준다고 굳게 믿었다. 그는 이 사건들이 아버지의 후계자로서 자신이 몸담은 운동의 탄생을 보여준다고 생각했다. 그것은 하나님이 친히 새로운 시대를 시작하시기 위한 전쟁이었다.

그러나 아들은 아버지에 대해 비판적이었다. 왜 그랬을까? 그는 당시에 일어난 일은 이 사건과 관련된 소수의 당사자 외에는 알 필요가 없다고 생각했다. 그들이 경험한 결과는 자명하지만, 이러한 결과를 초래하기 위해 하나님이 주신 경험은 비밀로 유지되는 것이 옳다는 것이다. 아들의 말에 따르면, 뫼틀링겐에서 일어난 일을 책으로 내는 것은 하나님의 지상 대의에 해가 되며 아무런 유익을 주지 못한다. 그것은 사람들의 시선을 사악한 사건에만 고정함으로써, 자기 백성을 미래로 인도하고 싶어 하시는 살아 계신 하나님이 주시는 승리에 집중하기보다 모든 초점을 과거에 맞춘다. 사람들은 어두움의 비밀에 주목하고 그것에 관심을 가지게 되었다. 따라서 그들은 하나님이 이 승리를 통해 전혀 다른 형태의 더 많은 승리를 거두고 싶어 하신다는 사실을 깨닫지 못했다.

이 책에 대하여

뫼틀링겐에서 시작해서 바트볼까지 이어진 요한 크리스토프 블룸하르트의 목양은 활발하고 광범위한 서신 왕래로 이어졌다. 그는 많은 사람과 연락을 유지하고 일반적 관심사에 대해 대답하기 위해, 1873년부터 1877년까지 "블래터 오스 바트볼"Blätter aus Bad

Boll이라는 소식지를 발간했다. 1882년 1월 1일, 블룸하르트는 개인 소식지Briefblätter를 많은 친구에게 보내기 시작했다. 그는 이 소식지에 설교, 묵상, 질문에 대한 답변 및 뉴스거리를 포함시켰다. 그러나 블룸하르트는 점차 바트볼의 옛 친구들 가운데 자신이 가는 길에 대한 심층적 이해를 하는 자가 얼마 되지 않는다는 인상을 받았다. 따라서 그는 1888년 봄에 "바트볼의 친구들을 위한 은밀한 소식지"Vertrauliche Blätter für Freunde von Bad Boll를 시리즈로 발간했다. 그는 이 시리즈를 작은 소책자 형식의 부정기 간행물로 발행할 계획이었다. 이것은 사적인 소식지였기 때문에 소수의 친구 및 동료들과 현안을 논의하는 장소로 사용되었다. 블룸하르트는 아마도 처음에는 두 개의 소식지를 동시에 배포할 계획이었을 것이다. 그러나 개인 소식지는 이미 1888년 말에 중단된 상태였다. 원하는 사람은 누구나 은밀한 소식지를 구독함으로써 블룸하르트 주변 이너 서클의 일원으로 간주할 수 있었다. 이 소식지의 형식과 내용은 실제로 은밀했다. 블룸하르트는 더 이상 종교적 고객의 필요를 충족시키는 데 많은 시간을 허비하고 싶지 않았다.

이러한 변화를 포함하여 바트볼의 몇 가지 외형적 변화는 블룸하르트에 대한 여러 가지 의문을 초래했으며, 심지어 그가 부친의 틀에서 벗어났다는 비판까지 제기되었다. 사람들은 바트볼이 예전 같지 않다고 말했다. 따라서 1895년 4월, 블룸하르트는 은밀한 소식지에 일련의 아티클을 연재하기 시작했다. 그는 자신의 새로운 입장에 대한 비판에 대해 소상히 답변하고 싶어 했다.

그의 아티클은 제목이나 부제를 달지 않았다. 블룸하르트는 그의 사상이 원래의 의도를 훨씬 뛰어넘어 확산될 것이라고는 예상하지 못했다. 또한 처음에는 이 은밀한 소식지를 중단할 생각을 하지 않았다. 그러나 이제 이 팜플렛은 급속히 쏟아져 나왔다. 1895년 4월호 제1장, 제2장, 제3장; 5월호 제4장; 6월호 제5장, 제6장; 7월호 제7장, 제8장; 8월호 제9장-제11장; 9월호 제12장, 제13장; 10월호 제14장; 11월호 제15장; 그리고 12월호에는 마지막 16장과 함께 제목 페이지 및 장과 주제가 포함된 목차를 실었다.

블룸하르트는 자신의 사상을 체계적이고 세련된 하나의 통일성 있는 완전체로 형성하지 않았다. 글을 쓸 때 그의 사상은 "우리는 하나님 나라에서 어떤 진보를 바랄 수 있는가?" "이러한 진보를 가로막는 것은 무엇인가?"와 같은 근본적인 질문에 대답하겠다는 원래의 목적을 넘어선다. "나의 관점을 제시할 것"이라는 취지의 언급은 이 책에서 세밀하지 못한 부분이나 반복적 내용이 나타나는 이유를 설명해 준다. 1895년 말, 블룸하르트는 이 에세이들을 그대로 책으로 출간했다. 그는 앞서 9월에 이미 독자들에게 다음과 같이 예고한 바 있다.

올해는 이 책에 이어 두세 권의 소책자를 더 쓸 생각이며, 이것으로 나의 현재 입장에 대해서는 소상히 밝힐 수 있을 것으로 생각합니다. 그런 후에는 이 작은 소책자들의 출판은 중단될 것입니다. 나는 이미 많은 말을 했으며 그 정도면 충분하다고 생각합니다. 따라서 향후 특별히 언급할 상황이 발생하지 않는 한 당분간은 더 이상 언급할 말이 없습니다. 앞서 출판된 자료들을 다시 한번 읽어 주시기를 부탁드립니다.

마지막 소책자는 실제로 블룸하르트의 은밀한 소식지의 마지막 편이 되었다.

이 책에 대한 개관

블룸하르트는 글을 쓴 이유와 함께 이 책을 시작한다.서문 그는 왜 은밀한 소식지에서 밝혔듯이 소수의 친구 모임으로 물러났는가? 그것은 진보적인 행위라고 할 수 없었다. 이너서클에 속한 많은 사람은 그를 이해하지 못했다. 바트볼의 가정을 운영하는 방식에 변화가 생긴 이유는 무엇인가? 병자의 치유를 위해 기도하는 단순하고 보편적인 방식을 거부한 이유는 무엇인가? 심판을 받아들이라는 긴박하고 신랄한 촉구와 생명을 바쳐 헌신하라는 요구는 어떤 의미인가? 이러한 의문들은 아들이 아버지가 구축한 기초에서 벗어났다고 생각하는 많은 친구의 생각에서 나온 것이다. 블룸하르트가 이 책에서 다양한 방식으로 전개하는 기본적인 주제는 다음과 같다. 즉, 블룸하르트 부자의 사상은 근본적인 면에서 동일하지만, 이 기초 위에 무엇을 세워야 할지에 대해서 하나님은 아버지보다 아들에게 더 명확히 보여주셨다는 것이다.

첫 번째 예시1장에서 블룸하르트는 아버지에 대해, 중간에 갇히지 않고 하나님과 함께 전진하는 사람으로 묘사한다. 그러나 그는 여기서조차 아버지가 하나님의 방법을 교회의 전통적 방식에 끼워 맞추려 했다는 비판적 시각을 드러내기 시작한다. 아버지의 방식이 통하지 않는다는 사실이 입증되자, 하나님은 그보다 앞서 나가셨다. 먼저 아버지와 아들은 하나님께서 새로운 목표를 이루기를 원하신다는 사실을 깨달았다. 하나님이 그들에게 주신 새로운 시간은 하나님과 동행하기를 원하는 모든 자에게 새로운 슬로건을 가지게 했으며 새로운 교훈을 주었다.2장

3장에서 블룸하르트는 하나님의 역사를 처음부터 끝까지 길을 따라 있는 일련의 이정표, 즉 중간 기착지들에 비유한다. 모든 시대가 공통적으로 범하는 근본적인 문제는 사람들이 자신이 정차해 있는 역을 최종 목적지로 착각하고 그곳에 머문다는 것이다. 이것은 역사를 통한 하나님의 진보를 방해한다. 하나님의 놀라운 일을 경험한 자는 더 이상 나아가지 않고 쉬고 싶어 한다. 그들은 하나님을 향해 앞을 바라보는 대신 뒤를 돌아본다. 그 결과 과거로만 눈을 돌리고 하나님의 현재적이고 직접적인 개입에 대해서는 전혀 알지 못하는 설교를 하게 된다. 이런 설교는 서서히 힘을 잃어간다. 이 장은 아마도 하나님과 역사에 대한 블룸하르트의 관점을 이해하는 데 가장 중요한 장일 것이다.

4장에서 블룸하르트는 자신의 비판을 넘어서는 아버지의 행동과 사상에 대해 살펴본다. 흑암의 권세에 맞서 싸운 뫼틀링겐에서의 영적 전쟁은 오늘날에도 분명한 의미가 있는 하나님 나라의 합당한 사역이다. 더욱이 하나님의 역사에는 항상 사람이 관련되어 있다. 하나님으로부터 오는 성장이나 진보에는 영적 전쟁이 따른다. 사람들이 하나님의 쓰임을 받기 위해 헌신할 때마다, 하나님의 나라는 그들을 일종의 싸움에 참여하게 한다. 블룸하르트는 아버지를 그런 전사로 여겼다.

그러나 다음 장에서 블룸하르트는 아버지의 경험과 행동을 비판적 관점에서 접근한다. 고틀리빈 디투스의 질병에 관한 이야기를 책으로 출판한 하나님의 나라 운동에 유익하지 않다는 것이다. 그것은 사람들의 관심을 악한 세계에서 나오는 "흥미로운" 기사로 돌리게 했다. 아버지의 전쟁은 목회 상담의 승리로 이어졌지만, 세인의 관심은 다른 곳을 향했으며, 하나님의 대의를 위해 자신을 전적으로 헌신해야 한다는 현재적 필요성을 알지 못했다.5장 아버지 블룸하르트는 인류와 기존 교회의 전통에 대한 하나님의 사랑에 집착한 나머지 타협을 했으며, 그로 말미암아 거의 파산할 뻔했다.6장 이러한 사실을 깨달은 아들 블룸하르트는 지금까지 들었던 어떤 것보다 확실하고 초월적인 하나님의 새로운 개입과 성령의 부으심만이 기독교와 인류를 원래의 자리에 다시 세울 수 있다는 결론에 이르렀다. 그의 진보적 소망은 이러한 확신을 주었다.7장

그러나 뫼틀링겐 운동은 영속적 의미에도 불구하고, 처음부터 내면의 결함을 안고 있었다. 그들은 뫼틀링겐 운동을 이용했다. 그들은 자신의 구원을 추구했다. 그들의 이기심은 깨어지지 않았으며, 종교적 외투로 가린 채 그들의 삶을 형성하는 준거로서 역할을 지속했다. 이것은 아들 블룸하르트에게 자신의 상황에 적합한 조치를 하게 했다. 그는 "나 중심의 기독교"me-Christianity가 하나님의 쓰임을 받기 위한 기독교, 신자가 하나님의 대의를 위해 기꺼이 희생하는 기독교와 정반대라고 느꼈다.8장

이어지는 두 장은 병자에 대한 치유를 성경적 관점 및 오늘날의 상황에서 조명한다. 9장은 신체적 치유에 대해 살펴보고, 10장은 몸과 영혼의 관계 및 의사의 역할과 목회자의 역할 사이의 관계에 대해 살펴본다. 블룸하르트는 하나님이 우리에게 베푸신 소망과 우리 시대의 상반된 현실이라는 두 가지 관점에서 치유를 냉정하게 바라본다.

블룸하르트는 단순한 추종자가 아니다. 그는 이어지는 장11장에서 아버지와 교회 당국 사이의 관계를 비판한다. 그는 여기서 다시 기본으로 돌아간다. 우리가 하나님의 뜻과 그가 원하시는 길을 알게 되었는데 그것이 교회 지도자들의 요구와 정면으로 반대된다면 어떻게 할 것인가? 블룸하르트는 이 문제를 한층 더 깊은 차원으로 끌어올린다. 이웃에 대한 사랑과 하나님에 대한 사랑이 갈등을 빚을 때, 우리는 어떻게 해야 하는가?

지금까지 블룸하르트는 주로 아버지의 경험을 돌아보며 어떤

부분에 동의하고 어떤 부분에 동의하지 않는지를 살펴보는 방식으로 자신의 견해를 드러냈다. 이제 그는 다시 아버지가 가졌던 소망으로 돌아간다. 여기서도 그는 아버지의 사상을 그대로 수용하지 않고 일부 내용에 대해서는 부정적 견해를 개진한다. 그러나 이전과 마찬가지로 그가 비판하는 한 가지 이유는 아버지가 원한 것의 본질이 무엇이었는지를 명확히 밝힘으로써 그것이 지닌 의미를 부각하기 위해서다.

먼저 12장, 블룸하르트는 다음과 같은 사실을 분명히 제시한다. 즉, 하나님 나라의 진보는 사람이 만드는 것이 아니며, 인간의 업적도 아니다. 따라서 하나님의 나라가 경건한 그리스도인의 행위를 통해 저절로 이루어진다는 주장은 사실이 아니다. 하나님의 나라는 인간이 초래할 수 있는 어떤 것이 아니라, 하나님의 창조에 속한다. 그것은 마치 역사의 한 시기가 더욱 고상하고 완전한 시기로 넘어갈 수 있기라도 하는 것처럼, 자연적인 과정에 해당하는 문제가 아니라는 것이다. 우리는 여기서 창조 교리로 묘사된 역사적 종말론을 볼 수 있다.

이어서 블룸하르트는 성경 시대의 혁명적 변화가 어떻게 하나님의 사역이었는지를 폭넓게 보여준다. 그러나 아무리 미래의 변화가 인간의 업적을 통해서가 아니라 하나님의 창조적 손길을 통해 오기를 기대한다고 할지라도, 우리는 여전히 우리가 바라는 것을 구체적인 언어로 상상해야 한다. 따라서 블룸하르트는 하나님의 손으로부터 와서 그의 삶의 방향을 정립하게 한 미래에 대한 아버지의 세 가지 소망을 제시한다.13장 그러나 그는 아버지가 세 개의 거짓 "지팡이"로 자신의 소망을 뒷받침했으나, 이 지팡이들은 그의 소망을 축소하고 그 힘을 분산시켰다고 생각한다. 그는 성령의 새로운 부으심을 바랐으나 제도적 교회는 그것을 가로막는 거짓 지팡이였다. 그는 새로운 시온이 형성되기를 바랐으나, 선교는 그것을 가로막는 거짓 지팡이였다. 그는 지상에서 죽음이 사라지기를 원했으나, 기독교가 원한 개인적 구원은 거짓 지팡이였다. 크리스토프 블룸하르트에 따르면, 지금 우리가 해야 할 일은 거짓 지팡이를 인식하고 그것을 단호히 내려놓음으로써 세 가지 소망을 풀어주고 역사를 재창조하시는 하나님의 능력에 맡기는 것이다. 결론적으로, 블룸하르트는 각각의 소망에 한 장씩, 세 장14장부터 16장까지을 할애한다.

독서를 위한 팁

이 책은 1895년 말에 블룸하르트가 한 권으로 편집하였으나 시판되지 않은 최종본을 기반으로 한다. 독자들은 이 책이 블룸하르트의 무삭제판임을 알 수 있을 것이다. 이 책은 읽는 데 어려움이 있을 수 있다. 블룸하르트의 관찰 중 일부 내용은 어떤 시대보다 오늘날 우리 시대에 더 쉽게 적용할 수 있지만, 종종 내용이 반복되거나 초점에서 벗어난다. 그러나 이 책의 의도는 블룸하르트의 사상을 있는 대로 여과 없이 제시하는 것이다.

블룸하르트는 자신의 생각과 논쟁에서 성경에 많은 의존을 하지만 그가 염두에 두고 있는 구절을 제시하는 경우는 드물다. 필자는 편집자로서 텍스트가 명백히 암시하는 구절에 대해서는 인용구를 덧붙였으나, 불명확한 구절은 그대로 두었다. 각 장의 제목과 부제도 필자가 덧붙인 것이다.[17]

책을 읽기 전에 주요 부분의 개요나 블룸하르트의 사상적 맥락을 알고 싶다면, 3장과 12장 및 13장을 추천하고 싶다. 14장부터 16장까지와 11장도 좋은 출발점이 될 수 있다. 후기에서는 신학적인 내용을 간략하게 제시했다.

블룸하르트는 세련된 연설가나 저자가 아니다. 그는 자기 생각을 일관성 있게 제시하며, 오해를 불러일으킬지도 모른다는 염려는 하지 않았다. 서론과 후기는 적어도 블룸하르트의 사상적 폭을 발견하는 데 도움이 될 것이다. 어떤 면에서 보아도, 확실히 그의 생각은 도전적이다. 오늘날 우리에게 과장된 것처럼 보이는 일부 구절은 블룸하르트가 처한 상황 때문일 수 있으며, 우리에게는 역사에 해당한다. 그러나 블룸하르트가 직면하고 견디어냈던 것은 과연 과거만을 위한 것일까? 나는 여러분에게 블룸하르트를 상자 속에 가두지 말라는 조언을 하고 싶다. 여러분은 그를 가둘 수 없다. 여러분에게 낯설고 새로워 보이는 그것이 예수 그리스도의 교회와 한 명의 그리스도인으로서 우리가 깨닫고 실천해야 할 진리로 인도하는 부르심이 될 수 있다

서론

크리스토프 프리드리히 블룸하르트

친애하는 벗들이여, 나는 은밀한 소식지[18]에 쓴 내용 중 상당 부분이 이해하기 어렵다는 말을 종종 들었습니다. 많은 사람은 신앙과 불신앙, 주관적 기독교와 정통 교회, 주의에 대항하고, 편협한 경건주의와 광신적 신앙이 격렬히 대립하고 있는 이 험난한 시대에, 내가 무엇을 얻으려 하며 나의 입장은 무엇인지 이해할 수 없다고 말합니다. 그들은 내가 이러한 대립적 국면에서 어느 편에 속해 있는지 궁금해 할 것입니다. 이 소식지를 통해 자신의 관점에 관해 확인하고 싶어 하는 사람들도 있을 것입니다. 그러나 이미 적대적인 입장으로 돌아선 사람들도 있으며, 그들은 첫 번째 그룹만큼이나 이해하지 못할 것입니다. 나는 모든 사람이 모든 점에서 즉시 내 말에 동의하지는 않을 것이라는 사실을 잘 알고 있습니다. 이것은 내가 최근 필요할 때마다 부정기적으로 작은 소책자를 기밀 유지 부탁과 함께 친구들에게 보낸 사실에 잘 드러납니다.[19]

우리의 이전 생활 관습은 일정한 변화가 필요했습니다. 새로운 경험은 내적인 면과 외적인 면에서 이러한 변화를 촉구했습니다. 나는 친한 친구들조차 우리에게 불어닥친 새로운 삶을 즉시 이해하지 못할 것이라는 사실을 처음부터 알고 있었습니다. 내가 마음에 그린 것은 너무나 명확하고 감격적이었습니다. 나는 우리의 이전 방식이 얼마나 미숙하고 부적절한지를 분명히 보았으며, 우리가 가야 할 새로운 길도 분명히 보았습니다. 하지만 마음속으로 참되다고 알고 있는 것이 우리의 삶을 통해 밖으로 드러날 때까지는 참아야 했습니다. 지금은 어느 정도 구체적인 모습을 드러내었지만, 우리가 보았던 진리에 대한 정당한 평가와 인정을 받기까지는 계속해서 성장해야 할 것입니다. 이제 우리의 작은 배는 다소 잔잔한 바다에 이르렀습니다. 따라서, 나는 많은 친구가 지금까지 우리에게 받아 모든 세미한 일상의 원동력이 된 그것에 대한 보다 일관되고 포괄적인 진술을 제공해 달라는 요구에 부응할 수 있게 되어 기쁩니다.

같은 기초

이 책의 구체적인 초점은 내가 어떤 사람들이 생각하는 것처럼 지금까지 서 있던 기초에서 벗어나지 않았다는 사실을 보여주는 것입니다. 이 기초는 사람에 의해서가 아니라 하나님에 의해 세워졌기 때문에 너무나 견고하고 영원하므로, 조약돌 하나도 파괴될 수 없습니다. 그러나 이 기초 위에 지어진 집 가운데는 그 시대 사람들의 손에 의해 지어진 집도 있다는 사실이 드러났습니다. 당시에는 집처럼 느껴지는 피난처였을지 모르지만, 이런 집은 버려야 했습니다. 나는 여러분 가운데 많은 사람이 인간이 만든 집을 허물어야 한다는 사실에 놀란 나머지 우리가 지금도 서 있는 더욱 깊고 견고한 기초를 놓치고 있다는 사실에 놀랐습니다. 이것은 하나님이 우리를 안락하고 육체적인 모든 것으로부터 자유롭게 해 주시는 것이 얼마나 중요한지를 잘 보여줍니다. 그렇지 않았다면, 결국에는 우리 안에서조차 일시적이고 현실적인 장치들이 마치 하나님으로부터 온 것처럼 보이기 시작했을 것입니다. 그랬다면 우리도 마비 상태가 되어 변화하는 시대의 요구에 부응할 수 없게 되었을 것입니다. 경직된 상태는 영을 죽입니다. 이런 사실은 피조세계에서 찾아볼 수 있습니다. 자연에서 생명은 장롱 속에서가 아니라 언제나 움직이는 유기체 안에서 발견됩니다.

나는 사랑하는 아버지 요한 크리스토프 블룸하르트의 경험에 의존하지 않고는 나의 현재 관점을 친구들에게 설명할 수 없습니다. 아버지의 경험에 관한 내용은 고인이 된 나의 친구 쥔델이 쓴 전기에 잘 나와 있습니다.[20] 나는 이 은밀한 소식지의 다음 호를 집필할 때, 쥔델의 자료가 없는 분들을 위해 그의 전기에서 발췌한 더욱 상세한 내용을 수록할 생각입니다.[21] 이 전기는 거의 절판되었지만, 다시 인쇄하기는 어려울 것 같습니다. 적어도 당분간은 이 전기에 대한 나의 새로운 관점을 시판할 계획이 없기 때문입니다.[22] 온갖 종류의 다양한 영적인 동향과 지적 관심이 여론을 지배적으로 형성할 것이며, 나는 우리를 공격할 수도 있는 여론을 자극하고 싶지 않습니다. 나는 그렇게 하는 것이 결코 하나님의 나라에 유익이 된다고 생각하지 않습니다. 내가 바라는 것은, 우리에게 주어진 통찰력이 소식이 전파되는 곳마다 사람들을 자극하기보다 소리 없이 각성시켜 실천하게 하는 것입니다. 그러므로 나는 특히 내 생각에 공감하지 않는 독자에게 공개 토론을 추진하지 말 것을 호소합니다. 그러나 나는 이 은밀한 소식지를 통해 어떤 반론에 대해서도 논의할 준비가 되어 있습니다.[23] 나는 진리를 위해서는 이것이 공개적인 갈등보다 더 유익할 것으로 생각합니다.

나는 이 책에서 아버지가 살면서 경험한 몇 차례의 중요한 순간들에 대해 나의 현재적 관점과 경험에 비추어 언급하지 않을 수 없습니다. 나는 때로는 인정하고 때로는 바로잡을 것입니다. 왜냐하면 나는 최근의 경험을 통해 아버지의 원래적 경험에 대한 새로운 통찰력을 얻었기 때문입니다. 이 새로운 통찰력에 비추어 볼 때, 우리는 모두가 중요하다고 생각했던 것 가운데 대수롭지 않은 것도 있어 호들갑을 떨 필요가 없다는 사실을 알 수 있습니다. 또한 나는 아버지의 경험으로부터 분명한 결론을 도출해야 한다고 생각합니다. 그것은 아버지가 아직 때가 되지 않았다고 생각해서 회피했던 결론입니다. 그러나 오늘날 우리의 운동과 지향점이 아무리 당시와 달라 보일지라도, 끊이질 수 없는 견고한 경험의 사슬이 뫼틀링겐과 현재를 연결하는 다리, 우리를 새로운 소망으로 인도할 다리를 구축한 사실이 곧 드러날 것입니다. 지금의 상황과 조망은 이 사슬을 연결하는 또 하나의 고리일 뿐, 결코 이전의 고리들과 분리될 수 없습니다.

다른 비유로, 강을 생각해 보십시오. 강물은 계속해서 흘러가지만, 그 근원과 연결되어 있습니다. 나의 주된 관심사 중 하나는 줄곧 이 운동의 본래 성격을 잃지 않는 것인데, 이것은 그 기원이 생수의 원천임을 알았기 때문입니다. 이 생수는 만주의 주시며 절대적인 권능으로 하나님 나라의 진리를 위한 길을 끊임없이 열어 주시는 예수 그리스도를 통한 하나님의 계시 가운데 하나입니다. 그의 절대적인 권능은 사도 시대와 마찬가지로 오늘날에도 여전히 역사하고 있습니다.

모든 것을 아시는 하나님

내가 우리의 기원에 초점을 맞추는 또 하나의 중요한 이유는 많은 사람이 아버지의 삶에서 일어난 핵심적인 사건들을 오해하고 진리를 남용했기 때문입니다. 나는 독립적으로 생각할 수 있는 사고능력을 주신 하나님께 감사드립니다. 또한 우리가 매우 귀하게 생각했던 것들, 수십 년 동안 의롭고 선하다고 생각했던 것들이 사실은 하나님의 나라에 속하지 않는 인간적인 것들임을 깨닫게 하시고 버릴 수 있게 도와주신 하나님께 감사드립니다.

여러분이 알아야 할 한 가지 사실은 나 자신이나 나의 소유에 관한 관심은 일절 없다는 것입니다. 그렇게 하면 인간의 명예에 마음을 쏟을 것입니다. 우리가 원하는 것은 하나님의 나라를 위해 일하는 것이며, 오직 그의 나라와 그의 의를 구하는 것입니다.^{마 6:33} 우리가 이 사역에 최선을 다한다면, 마침내 내게 유익하던 모든 것을 그리스도를 위하여 다 해로 여길 수 있을 것입니다.^{빌 3:7-8} 이 그리스도는 승리자시며 지금도 살아계십니다. 따라서 그의 생명은 모든 피조 세계의 생명을 삼킬 것이며, 그들의 생명은 하나님 아버지께서 성령을 통해 참으로 만물을 새롭게 하실 그의 날에 새로운 모습으로 나타날 것입니다.

1장 / 같은 기초

나의 아버지 요한 크리스토프 블룸하르트를 아는 사람이라면 설사 아버지의 경험을 통해 성령에 대한 여러 가지 새로운 통찰력을 얻었다 할지라도, 아버지의 내적 갈망에 대한 깊은 통찰력 없이 피상적으로 그를 보수적이라고 생각할 수 있다. 자신의 생각이 아버지와 근본적으로 다른 경우라 하더라도, 그와의 상담은 얼마든지 가능했다. 하나님은 그의 마음에 온 세상과 모든 사람을 향한 따뜻한 사랑을 심어 주셨으며, 아버지는 그 사랑을 발산했다. 이 사랑은 그에게 다른 교회의 특정 원리나 조직을 넘어서게 했으며, 그런 것들이 걸림돌이 되거나 개인적으로 자신을 점차 고립된 장소로 내몰지라도 마찬가지였다. 그는 굴하지 않고 계속해서 모든 것과 모든 사람을 성령의 새로운 부어주심을 위한 소망의 빛으로 이끌었으며, 성령께서 그가 소원하는 모든 변화를 이루어주실 것으로 기대했습니다. 따라서 그는 모든 믿음의 사람들에 대해 큰 희망을 품고 기뻐할 수 있었습니다. 사실, 아버지는 이러한 소망을 통해 다양한 배경의 신자들을 안심시킬 수 있었으며, 그들은 그의 말에 큰 힘을 얻었던 것입니다.

진보적 인물

그러나 그가 아무리 많은 사람에게 보수적으로 보였을지라도, 사실은 전혀 그렇지 않았습니다. 그는 다른 것을 보았습니다. 그는 장차 올 세계를 내다보았던 것입니다. 그는 약속이 성취되고 있는 것을 보았고, 따라서 하나님의 뜻에 따라 온 세상을 뒤엎어 놓을 승리자 예수에 대한 열정을 갖게 되었습니다. 그는 내면적으로 진보적인 사람이었습니다. 아버지는 주어진 환경에서 최선을 다해 감사하며 일했을 것입니다. 그러나 마음 중심으로는 밤낮 새로운 것, 영원한 것, 예언적이고 약속적이며 확실한 것을 내다보았습니다. 우리는 조용한 시간에 함께 앉아있곤 했으나, 아버지가 현재의 상태에 만족하는 모습을 한 번도 본 적이 없습니다. 아버지는 오늘날 우리의 기독교적 삶은 그의 마음과 영혼 속에 약속으로 가득 찬 하나님 나라의 밝은 모습에 비하면 암담하고 무기력하기 그지없다고 생각했습니다. 그는 이런 그림이 처음부터 있었던 열방의 소망을 잘 보여준다고 느꼈습니다.

한편으로 그는 무엇보다 현재 모습의 교회, 즉 교회의 거룩한 문헌과 상징, 전통적 관점 및 예배에 충실했습니다. 이 모든 것에서 그는 자신을 뷔르템베르크에 있는 교회의 일원이라고 생각했습니다. 그러나 다른 한편으로, 여러분은 아버지를 교회의 종이라고 부를 수 없습니다. 그는 어떤 교회에서도 실현되는 것을 보지 못한 하나님의 나라를 섬겼습니다. 그러나 그는 이 나라가 영과 진리 안에 실제로 존재한다는 사실을 알았습니다. 그가 보수적이었던 것은 하나님이 그 나라를 계시하실 것이라는 확실한 신념에 따른 것입니다. 그러므로, 아버지는 사람에게서 나오는 어떤 진보도 기대하지 않았습니다. 그는 오직 하나님으로부터 오는 진보만 기대했기 때문에, 하나님을 위해 어떤 환경에서도 참을 수 있었을 뿐만 아니라 한 걸음 더 나아가 하나님 나라의 목표를 위해 그런 환경을 온전히 이용할 수 있는 능력을 갖추게 되었습니다.

새 포도주와 낡은 가죽 부대

아버지는 새로운 삶과 교제를 위해 새로운 교리나 조직이나 형식을 개발할 생각을 하지 않았습니다. 그는 하나님이 루터의 종교 개혁을 통해 베푸신 것에 깊은 감명을 받았기 때문에 [루터] 교회를 공개적으로 비판할 생각을 하지 않았습니다. 그는 이 교회가 여러 면에서 부족하다고 느꼈음에도 불구하고 끝까지 교회를 고수했습니다. 그는 귀신에 의한 신체적, 감정적 속박으로부터의 구원이나 중보기도나 신앙 고백과 같은 전통적 옛 구조에 균열이 생길 때마다, 새로운 생명을 불어넣기 위해 최선의 노력을 기울였습니다. 아버지는 교회가 그를 반대하고 억압하며 그의 영을 소멸시키려 했음에도 불구하고 교회를 고수했습니다. 그는 믿음의 사람이었기 때문에 자신을 현재 상황에 전적으로 맡겼으며 하나님으로부터 올 새로운 시간, 성령의 새로운 부으심을 기다렸습니다.

이러한 기대는 그를 간절한 마음과 내적인 생기로 가득하게 했으며, 하나님의 새로운 말씀이 있거나 예수 그리스도께서 하나님 아버지의 일을 더욱 완전한 형태로 보여주시는 순간 모든 것을 뒤로하고 즉시 떠날 준비를 갖추게 했습니다.

확실히 아버지는 현재의 상태가 자신이 갈망하는 미래와 얼마나 다른지 제대로 알지 못했습니다. 그의 시야는 아직도 여러 면에서 가려져 있었습니다. 하나님은 그에게 먼저 현재의 형태가 재형성될 수 있는지, 즉 기존의 그릇들교회의 규례이 하나님 나라의 미래에 필요하다고 생각되는 것을 담을 수 있는지 시험해 보게 하셨습니다. 그는 단지 교회가 실제로 특정 상황에서 하나님으로부터 오는 살아 있는 증거를 거부하고 대신에 기존의 규례를 선택할 수 있다는 사실을 이해하지 못했을 뿐입니다. 따라서 그는 죽을 때까지 주변 사람들이 지키는 교회 규례가 자신의 경험을 받아들일 것이라는 희망을 품었습니다. 이것이 바로 그가 끊임없이 특별한 사랑으로, 자신의 내적 진보를 주변의 교리 및 예배 형식과 조화시키려고 했으며 심지어 옛 방식을 정당화하려고까지 노력했던 이유입니다.

새로운 시도와 실패

아버지는 이러한 수용을 위해 "15개 대림절 설교"[24]와 같은 몇 가지 글을 작성했는데, 하나님이 주신 자유로운 관점 및 성령 충만한 삶을 전통적이고 독선적인 형식의 교리와 교회 전통 및 관습과 조화시키려는 노력 때문에 열정을 잃어버렸습니다. 여러분은 아버지가 아직도 오래전부터 그리스도인의 목소리를 얽매어 온 [전통적인] 신학 작업의 족쇄에 갇혀 있다고 말할 수 있을 것입니다. 우리는 종종 근본적으로 우리와 무관한 질문에 대답하려는 노력을 통해 구원을 찾으려는 경향이 있습니다. 예를 들면, 영원한 구원과 영원한 저주에 관한 논쟁이 기억납니다. 아버지는 일부 교회의 가르침을 배려하는데 지나치게 많은 시간을 할애했습니다. 그는 탁월한 수사학을 동원하여 자신이 사랑하는 전통적인 교회의 관점을 옹호했습니다. 그러나 나는 그런 수사학은 아버지의 영혼 속에 자리 잡은 심오하고 영원한 사상을 드러내는 데 사용해야 한다고 생각합니다.

그러나 나는 새것과 낡은 것, 본질적인 것과 비본질적인 것을 융합하려는 그의 노력을 폄하하고 싶지는 않습니다. 그는 믿음과 소망을 더욱 발전시킬 수 있는 토대가 될 수 있는 일반적인 공감대를 끌어내려고 했습니다. 전통적 방식의 신학적 사고와 연구를 통해 얻을 수 있는 유익이 있다면, 그가 지핀 소망의 불을 통해 마음을 연 대규모 집단의 지지를 확보했다는 것입니다. 그러나 이 집단은 전통적 방식에 대한 아버지의 헌신적 노력에도 불구하고 결국 자유주의적 경향으로 돌아설 수밖에 없었습니다. 진보는 아버지 안에만 있었기 때문입니다. 사실 이러한 진보의 힘은 아버지 자신보다 강했으며, 그가 예상할 수 있는 영역 너머로 그를 이끌었습니다.

결국 아버지가 그토록 사랑하는 마음으로 호소했던 편협한 사람들은 결국 그를 자신의 소속으로 여기지 않았으며, 반면에 마음을 열고 아버지와 그의 진보적 발걸음에 동조했던 사람들은 바로 그 소망 때문에 어디서나 소외당했습니다. 그러므로 내가 확실하게 말할 수 있는 것은, 아버지가 아무리 많은 시간을 들여 노력했다고 할지라도 하나님은 그가 전통적인 방식에 얽매이는 것을 허락하지 않으셨다는 것입니다. 결국 그가 가장 간절히 원했던 것, 그의 모든 경험과 소망은 다른 사람들이 원하는 것과 전혀 달랐습니다. 그러므로 아버지는 종교적 사상의 편협한 틀 속에서 생을 마감한 것이 아닙니다. 그는 자신이 내다보았던 대로, 하나님의 나라가 상상할 수도 없는 놀라운 방식으로 임하였던 그들, 곧 열방을 품고 떠난 것입니다. 그는 마지막으로 "자비하신 주께서 만인에게 손을 펴실 것"이라는 유언을 남겼습니다. 이 말은 특정 정당이나 집단이라는 편협한 틀에 갇히지 않으며, 기존의 어떤 교회나 국가와도 무관합니다. 이것은 신구약 성경을 통해 우리에게 주어진 광범위한 지평과 연결됩니다.

똑같은 진보 운동

이 일련의 사건은 나에게 하나의 이정표가 되었습니다. 나는 낡은 전통의 틀에서 진보를 가져오려는 아버지의 노력이 실패했다는 사실을 깨달았습니다. 나도 여러 해 동안, 아버지로부터 물려

받은 내적, 외적 환경 속에서 길을 찾기 위해 노력했습니다. 그러나 아버지가 돌아가신 후, 나는 그에게 동기를 부여했던 것과 같은 **전진 운동**을 위해 일하는 것이 나의 임무라는 사실을 깨달았습니다.[25] 오늘날까지도, 우리가 아버지의 영적 전쟁을 통해 형성되었음을 아는 사람들은 우리가 이 운동에 휩쓸려가고 있음을 깨닫고 있습니다. 우리는 인간적 힘으로, 값어치 있는 무엇이라도 발견하려고 애쓴 적이 없습니다. 우리는 그저 하나님이 우리의 눈을 열어 밝히 볼 수 있게 해 주시기를 바라며, 간절히 매달려 기도했을 뿐입니다. 그러나 우리는 적어도, 우리가 가만히 서서 기다리기만 한다면 하나님이 오늘 우리에게 주시는 말씀이나 오늘날 세상의 문을 두드리는 살아 있는 증거로부터 멀어지게 될 것이라는 사실만은 분명히 알고 있습니다.

정확히 말하면 이렇습니다. 오늘날 우리는 원하든 원하지 않든, 끊임없는 [하나님의] 속삭임을 통해 새로운 변화를 해야 합니다. 막연한 추측은 하나님의 나라를 이해하는 데 도움이 되지 않을 것입니다. 오히려 하나님은 분명한 경험을 통해 새로운 통찰력을 주십니다. 하나님이 이러한 경험을 주시면, 우리가 목석처럼 무감각하지 않은 한 즉시, 새로운 경험에 기초하여 우리의 관점을 바꾸어야 합니다. 하나님이 이 땅에서 그의 자녀를 인도하시는 방식은 이처럼 가시적이고 체감할 수 있는 심판과 은혜의 경험을 통해서입니다. 우리가 낡은 사고방식에 집착하여 이러한 경험을 외면하고 무시한다면 죄를 범하는 것입니다. 오늘을 어제나 과거와 비교해 보면, 우리에게 오직 예수님만 주로 섬기게 하신 성령님의 강권적 부르심이 오늘날에도 여전히 역사하심을 볼 수 있습니다. 그러나 이 동일하신 성령님으로 인해 우리는 새로운 관점을 취하지 않을 수 없는 전혀 새로운 경험을 하게 되는 것입니다. 모든 것이 예전과 똑같이 유지된다면, 예수님의 정복이 어떻게 이루어질 수 있겠습니까? 우리가 아무것도 포기하지 않는다면, 예수님이 어떻게 통치하실 수 있겠습니까? 우리가 예수님보다 우리의 삶을 더 소중하게 여긴다면, 어떻게 그가 높임을 받으실 수 있겠습니까?

쉽지 않은 길

아버지의 삶의 특징은 끊임없이 새로운 일에 몰두했으며, 새롭게 나타난 국면은 언제나 이전보다 강력했다는 것입니다. 그는 부교역자 사역을 통해 칭송을 받았으며, 그의 주변에는 많은 사람이 모여들었습니다. 교구 안의 가장 완고한 분파들조차 그의 합리적이고 사랑이 넘치는 관계로 이끌렸습니다.[26] 이러한 상황은 그의 삶에 새로운 동력이 되었으며, 아마도 그는 이 새로운 열정으로 할 만큼 했다고 생각했을 것입니다. 그는 담임목사로 부르심을 받고 뫼틀링겐으로 옮겼습니다. 그러나 그곳에서 이전 사역이 무슨 소용이 있겠습니까? 그의 열정은 무감각한 회중으로 인해 사라졌습니다. 설교에 관한 한, 앞서 자신보다 나은 설교자들이 앞서 다루지 않은 주제가 없을 정도였습니다.[27] 아버지는 일상적 삶을 통해 사람들과 관계를 맺기 위해 애썼으나 이러한 노력이 헛수고로 돌아가자 안타까운 마음이 들었습니다. 그는 하나님과 그의 뜻에 대한 어떤 사랑도 불러일으킬 수 없었던 것입니다.

그때 하나님이 개입하셨습니다. 하나님은 그의 눈을 열어 가장 열정적인 설교조차 사람들의 마음을 움직이지 못한 이유를 보여주셨습니다. 그는 지옥의 가장 깊은 곳을 맛보았습니다. 온 회중을 얽맨 족쇄가 바로 그곳에서 시작되었기 때문입니다. 이제 그의 삶의 모든 부분이 바뀌어야 했습니다. 행복했던 부교역자 시절을 그리워한다고 무엇이 달라지겠습니까? 이제 그는 "예수는 승리자"라는 외침이 들리고 온 회중이 자유를 얻기까지 모든 안락함을 버리고 싸워야 할 것입니다.[28]

다른 사람이었다면 이런 식의 싸움을 계속하는 것을 평생 사역으로 여겼겠지만, 아버지는 또 다른 변화에 직면했습니다. 싸움은 조용히 지속되었지만, 아버지는 새롭게 조성된 상황에 대한 입장을 정리해야 할 필요를 느꼈습니다. 그는 갑자기 자신이 꿈꿔왔던 것과 달리 전혀 새로운 방식의 영적 조언자가 되어야 했습니다. 이제 그는 첫사랑으로 빛나는 회중을 갖게 되었습니다. 이것으로 충분하지 않습니까? 아닙니다. 그것은 잠깐 머문 간이역에 불과했습니다. 회중을 통한 많은 경험은 그가 한 걸음 더 전진해야 한다는 사실을 확실히 깨닫게 해 주었습니다. 그는 회중에게 "우리가 앞으로 나아가지 않고 다른 신자들처럼 낡은 틀에 갇히어 머물게 된다면, 이 빛은 다시 꺼질 것입니다"라고 했습니다. 그러나 새로운 삶의 형성을 요구하는 진보는 반드시 옛것을 뒤엎고 새것을 세우는 성령의 부으심, 전적으로 새로운 하나님의 역사를 통해서만 이루어질 수 있습니다. 그는 다시 한번 새로운 영역에 들어섰습니다. 뫼틀링겐 시절은 확실히 그의 믿음을 강화하고 위로와 빛으로 풍성한 최고의 시간이었지만, 최종 목적지는 아니었습니다.

얼마 지나지 않아 아버지는 뫼틀링겐을 떠나야 한다고 생각했습니다.[29] 아버지는 회중을 버리고 미지의 장소로 떠나야 한다는 사실에 마음이 아팠을 것입니다. 위기도 있었습니다. 아버지는 한바탕 홍역을 앓은 사람처럼, 겨우 예전의 목회 사역에서 벗어나 하나님이 예비하신 바트볼에 안착할 수 있었습니다. 그는 뫼틀링겐에 대해 죽어야 했습니다. 그곳에서의 결실은 아버지의 수고나 노력이 아니라 하나님이 하신 일이었기에 진짜 주인에게 돌려드린 것입니다. 그는 교구라는 좁은 울타리 안에서 소수의 사람을 돌보거나 한 교회나 심지어 개신교 전체를 위해 탈진하지 않게 떠나야 했습니다. 하나님은 그에게 궁극적으로 모든 신조를 넘어서는 보편적인 관점을 주셨던 것입니다

하나님의 시간은 변한다

우리는 그 후, 우리가 아버지와 함께 도달했던 이 보편적 관점을 위해 내적, 외적 변화를 견뎌야 했습니다. 예수 그리스도 안에 있는 생명의 영은 최종 목적지를 향해 계속해서 전진하게 했으며,

아직도 우리를 사로잡고 있는 많은 것들에 대해 점점 더 책임을 지게 했습니다. 하나님은 우리에게 그의 역사하심을 보여주셨습니다. 우리가 느긋한 만족함에 안주할 때마다, 하나님은 우리에게 온갖 경험을 주심으로 우리를 깨우치셨습니다. 아버지를 비롯하여 초창기 사역에 함께 했던 모든 가족 및 공동체 구성원의 죽음은 우리가 변화를 모색하기에 충분한 동인이 되었습니다. 만일 우리가 진리를 추구하며 진리에 사로잡혀 있다면, 하나님이 **우리에게** 무엇을 요구하시는지 들어야 합니다. 우리는 자신의 태도를 돌아보고 위에서 오는 것과 아래에서 오는 것을 명확히 구별해야 합니다. 적어도 우리는 "우리에게 익숙한 어떤 것에도 집착하지 않을 것이며, 대신에 진실하고 정의로운 일이라면 무엇이든 할 준비가 되어 있습니다"라는 고백을 한 치의 망설임 없이 할 수 있어야 합니다. 우리의 마음은 위를 향하며골 3:1, 위에서 오지 않은 것은 아무리 귀한 것일지라도 버려야 하기 때문입니다. 오직 위에서 오는 것만 예수님께 속하며 영원합니다. 아래에서 오는 것은 무엇이든 영원하지 않으며 오히려 해가 될 수 있습니다. 우리는 이러한 토대 위에서 어떤 변화도 받아들일 수 있어야 하지만, 우리가 변화를 선도하는 주체가 아니라는 사실을 알아야 합니다. 다만 우리는 우리의 경험이 우리를 인도하게 해야 합니다.30

이제 우리는 50년 전 아버지가 당시 뫼틀링겐에서 직면한 것과 똑같은 열심과 자신감과 내적 확신을 가지고 이 시대와 직면해 있습니다. 아버지 때에는 어둠의 권세와 맞섰습니다. 그는 사람들이 흑암의 쇠사슬에 묶여 있는 것을 보았으며, 이 악한 세력에 대한 그리스도의 승리를 위해 열심히 싸웠습니다. 오늘날 우리도 이 사실을 잊지 않았습니다. 우리는 숨어 있는 세력의 힘을 잘 알고 있습니다. 우리는 여전히 하나님의 나라를 가로막고 있는 내적 속박에 대해 알고 있습니다. 그러나 우리 시대의 경험은 이들에 대한 주의를 덜 기울이게 합니다. 하나님은 우리의 눈을 열어 그 이유를 보게 하셨습니다. 즉, 육체라고 불리는 인간의 이기심이 하나님을 대적하기 때문이라는 것입니다. 우리가 이러한 육체적 저항을 제거할 수 있다면, 마귀에 대한 승리보다 더 중요한 결과를 초래할 것입니다.

새로운 슬로건

그러므로 이 시대에 필요한 것은 우리가 죽어야 예수님이 사신다는 것입니다. 이것은 우리가 인간적인 모든 것, 사람에 초점을 맞춘 모든 것에 대해 죽어야 한다는 뜻입니다. 우리의 인성은 하나님이나 그리스도나 성령을 통해 양육되는 것이 아닙니다. 우리의 인성, 곧 육체는 하나님을 통해, 그리스도를 통해, 성령을 통해, 드러나고 심판받아야 합니다. 우리가 새로운 창조를 향한, 그리고 하나님의 진리의 영을 통한 거룩한 부활을 향한, 최종적 전진 운동에 동참할 방법은 오직 그것밖에 없기 때문입니다. 첫 번째 슬로건은 어두움 및 미신과의 싸움에서 터져 나온 "예수는 승리자"였으나, 이제는 "예수께서 승리하셨으므로 하나님은 모든 피조물에 자비하시다"라는 것입니다. 따라서 이 시대의 슬로건은 한 마디로 "죽어라. 그리하면 예수께서 살리라"입니다.

따라서 예수님은 여러분이 모든 것을 버리고 자신을 죽일 때만 다시 살아나 역사하실 것이며, 자신에 대하여 죽은 여러분은 온 마음과 정성을 다해 하나님께 나아와 하나님을 기쁘시게 하는 열매를 맺을 것입니다. 이처럼 사람들이 전적으로 새롭고 완전한 방식으로 자신을 복종시킬 때만, 하나님의 자비하심이 모든 피조물에게 임하는 승리가 찾아올 것입니다. 앞서 언급했듯이 예수님은 승리만을 원하시는 것이 아니라 생명을 원하십니다. 그는 이 땅에 하나님의 공의와 진리를 베푸시기 위해 혈육을 가진 여러분 안에 살기를 원하십니다.

2장 / 새로운 과제

"죽으라 그리하면 예수께서 살리라"[31]라는 이 시대의 슬로건이 전면에 부각된다면, 우리의 행동은 확실히 이전과 달라야 할 것입니다. 우리는 "예수는 승리자"라는 슬로건과 함께 싸움을 시작했으며, 당시 우리의 삶은 기쁨과 승리의 믿음과 소망으로 가득 찼습니다. 우리의 눈과 귀는 오직 대적을 향해 고정되어 있었습니다. 반면에, 우리의 개인적 삶에서 기존의 형식과 제도를 계속해서 유지할 것인가의 여부는 중요하지 않았습니다. 우리는 전쟁 중이었기 때문에 우리 자신에 대해 생각할 겨를이 없었습니다. 이 전쟁은 주로 보이지 않는 적과의 싸움이기 때문에 우리는 우리가 세운 기독교에 만족해야 했습니다. 하나님은 아버지를 있는 그대로 부르시며 "내가 승리자니 마귀나 죽음이나 지옥을 두려워하지 말라"고 말씀하셨습니다. 따라서 때때로 교회의 특정 교리나 의식이 그러한 싸움에 방해가 되는 것처럼 보일 때도 우리가 그런 것들을 떼어 내어야 한다는 의미로 받아들이지는 않았습니다. 당면한 문제는 외부의 적이었기 때문에 그 문제에 대해서는 침착하게 대처할 수 있었습니다.

그러나 "죽으라 그러면 예수께서 살리라"라는 슬로건 아래 있는 이 시대는 다릅니다. 결국 이 특정 전쟁은 언젠가 끝나야 했으며, 이제 끝났습니다. 어쨌든, 지금 우리는 무엇을 위해 싸우고 있는 것입니까? 분명한 것은 영원히 싸우려는 것은 아니라는 것입니다. 예수님이 승리자시라면, 일시적이든 영구적이든, 승리의 정전이든 항구적 평화든, 싸움을 멈출 때가 와야 합니다.

하나님의 길을 가로막고 있는 자

우리의 현재 모습은 이렇습니다. 우리는 지금 더 이상 외부의 적과 싸우지 않습니다. 승리자이신 예수님은 우리를 집으로 인도하시고 "이제 집안을 정리하라. 지금까지는 대적과 맞서 용감하게 싸웠으니, 이제 너희 자신과도 용감히 싸울 수 있는지 보고 싶다"고 말씀하십니다. 지금과 같은 상태로는, 예수님의 제자가 되기를 원하는 우리가 원수보다 더 하나님을 괴롭히고 있다는 부끄러운 사실을 인정하지 않을 수 없습니다. 우리는 우리의 삶에서 뿌리 뽑아야 할 죄를 발견하고 있습니다. 우리가 아무런 해가 없다고 생각했던 온갖 잘못된 사고와 제도가 세찬 비바람을 맞고 있습니다. 이제 우리는 그것들이 진리의 토양에서 싹을 틔운 것이 아니라는 사실을 알았습니다. 이전에 우리에게 소중하고 가치 있었던 많은 것들이 오늘날에는 진리에 부합하지 않습니다. 우리는 이 모든 것에 대하여 그리스도와 함께 죽어야 하며, 여러 면에서 "내가 그를 위하여 모든 것을 잃어버리고… 그리스도를 얻고 그 안에서 발견되려 함이라"빌 3:8고 고백했던 사울 바울과 같은 입장이 되어야 할 것입니다.

그리스도와 함께 한 죽음이 이웃의 많은 사람에게 상처를 준 것에 대해서는 안타깝게 생각합니다. 그러나 어떻게 하겠습니까? 우리의 삶의 방식이 여러 면에서 이 시대의 진리와 일치하지 않는다면 어쩔 도리가 없지 않겠습니까? 중요한 것은 자신의 나라가 비진리와 불의로 영원히 쇠약해지는 것을 원하지 않으시는 진리와 공의의 하나님께 순종하며 나아가는 것입니다. 그러므로 우리가 부친의 길을 가지 않는다는 사람들의 비난에도 불구하고 변화를 받아들여야 했습니다. 그러나 하나님의 나라가 임하여 성취되고 있다는 사실을 믿는다면, 우리의 제도나 전통을 믿어서는 안 될 것입니다. 오히려, 이러한 것들은 하나님 나라의 진보에 따라 수시로 변화하거나 완전히 제거되어야 할 것입니다.

교리의 불충분성

많은 사람은 하나님 나라의 도래를 촉진하기 위해서는 최종적인 인정을 받고 명확하게 정의된 하나의 교리만 있으면 된다고 생각합니다. 이처럼 잘못된 인식은 하나님의 나라에 대한 이해를 왜곡시키고 있습니다. 그런 인식을 가질 경우, 하나님보다 특정 제도와 교리를 더 중요하게 여기기 시작할 것이기 때문입니다. 확실히 이러한 기존의 제도 때문에 진리가 외면당하고 있습니다. 또 하나의 명백한 오류는 그리스도인의 생활 방식이 하나님의 법보다 인간의 법의 지배를 받고 있다는 것입니다. 그러므로 우리는 한편으로는 "다른 이로써는 구원을 받을 수 없나니 천하 사람 중에 구원 받을 만한 다른 이름을 우리에게 주신 일이 없음이라"행 4:12라고 말하면서도 하나님보다 사람과 제도를 더 높이고 갈망하는 잘못을 범하고 있는 것입니다.

이제 우리는 최종적 교리로 인정을 받고 명확하게 정의된 유일한 교리는 없으며 오직 살아 계신 하나님만 있을 뿐이라는 사실을 분명히 알게 되었습니다. 뫼틀링겐에서 있었던 하나님의 개입은 우리를 흔들어 깨웠습니다. 예전에 비하면, 우리는 많은 각성했습니다. 우리는 주님이 오실 때 문을 열 수 있도록 깨어 있는 것이 중요하다는 사실을 너무나 잘 알고 있습니다.계 3:20; 눅 12:36-37 하나님이 오실 때 우리가 준비해야 하지, 우리가 올 때 하나님이 준비하셔야 하는 것이 아니기 때문입니다.

또한 이처럼 살아 있는 하나님의 개입이 언제나 같은 방식으로 반복되거나 오직 은혜라는 방편을 통해 기계적으로 일어나는 것이 아니라는 사실도 분명해졌습니다. 오히려 하나님의 개입은 밤에 도둑같이 임할 것입니다.마 24:42-44 우리는 새로운 상황과 새로운 책임에 대비해야 합니다. 하나님은 세상 끝날까지 시대와 상황에 따라 자기 백성을 인도하시고 보호하실 것입니다. 구주께서 개입하셔서 다스리실 필요가 없다면, ""내가 세상 끝날까지 너희와 항상 함께 있으리라"마 28:20라는 구주의 말씀은 아무런 의미가 없을 것입니다. 하나님은 시체와 같은 존재가 아니므로 우리도 탄력적으로 살아 있어야 하며, 세속적인 제도에 얽매이지 말아야 합니다. 놀랄만한 일도 일어날 것입니다. 낡은 것은 버리고 새로운 것을 받아들이며 전진 운동을 해야 합니다. 안팎의 공격에 대비하여 무장함으로써 최고 사령관의 명령을 적시에 적절한 방법으로 들을 수 있어야 할 것입니다. 물론 전투와 유혹의 와중에도 한 번에 하나씩 도달해야 하는 휴식처도 있습니다. 그러나 하나님의 백성이 최종 목적지에 도착하기 전에는 누구도 계속해서 머물러 있을 수 없습니다. 최종 목적지에 이르면 모든 백성이 이 진리와 의의 영역으로 들어올 것입니다.

하나님의 나라를 재촉함

하나님의 나라를 기다리며 재촉한다는 의미에서 아버지의 삶은 중단없이 지속되었다고 할 수 있습니다. 아버지는 그가 이룬 것이 자신에게나 다른 사람에게 목표가 아니라 단지 최종 목적지를 향한 노정일 뿐이라는 사실을 잘 알고 있었습니다. 우리에게는 이러한 기본적인 태도가 몸에 배어있어서, 우리도 쉬지 않고 앞으로 나아가기를 원합니다. 우리는 아버지의 성취에 담긴 영원성을 인정하는―그것을 우리 마음속에 지니고 간직하는 동시에, 우리의 외적 삶과 내면의 삶을 하나님 심판의 눈 앞에 드러내기를 원합니다. 그렇게 하여 불순물을 제거한 우리는 승리자이신 예수님의 인도하심을 따라 최종 목적지를 향한 여정을 계속할 것입니다. 예수 그리스도께서는 이 최종 목적지를 부활과 생명 및 하나님의 안식으로 묘사하시며, 그 안에서 하나님으로 말미암아 정화된 새 생명이 진리와 의의 꽃을 피울 것이라고 말씀하십니다.

하나님의 나라를 구하는 모든 사람은 이러한 사실을 명심함으로써, 낡은 방식을 버리고 새로운 길을 찾은 사람들이 원망을 듣거나 비판받는 일이 없게 해야 할 것입니다. 우리의 마음은 끊임없이 위의 것을 찾아야 합니다. "위의 것을 찾으라 거기는 그리스도께서 하나님 우편에 앉아 계시느니라"골 3:1, 이 "위"는 아래에 있는 우리에게 의미가 있어야 하며, 그러기 위해서는 우리가 이 땅의 삶에 집착하지 않아야 합니다. 그렇지 않으면 우리 스스로 위의 것을 질식시키고 말 것입니다

3장 / 많은 정거장

시대마다 하나님의 종으로 부르심을 받은 사람들이 범하는 가장 큰 실수 가운데 하나는 중간 기착지를 목적지로 착각한다는 것입니다. 그들은 자신이 이룬 것에 도취하여 앞으로 이루어야 할 것을 잊어버립니다. 그들은 첫 번째 승리를 거둔 후 마지막 목적지를 향한 최후의 승리를 갈망하기보다, 그곳에서 안식을 누리고 집으로 돌아가기를 원하는 어리석은 병사와 같습니다. 마찬가지로, 하나님의 백성은 하나님의 계시에 대한 첫 번째 통찰력을 얻은 후, 나태해져서 그 자리에 안주하고 말았습니다. 그들은 하나님의 전체적이고 궁극적인 뜻에 대해서는 더 이상 관심을 보이지 않습니다. 일부 지휘관이 큰 소리로 부르짖으며 앞으로 나아갔지만, 중간 기착지에 도착한 대다수 사람은 더 이상 전쟁에 참여하지 않고 그 자리에서 쉬고 싶어 합니다. 새로운 계시를 사모한 시므온눅 2:25-35과 대조적으로 자신의 정통에 매달려 과거의 계시에만 집착했던 유대인들은 좋은 사례입니다.

중간 기착지들

하나님 나라의 역사에서 진보가 대체로 산발적으로 나타나는 이유는 이 때문입니다. 그것은 힘을 다해 밀어야 겨우 움직이는 거대한 바위와 같습니다. 하나님은 처음부터 자기의 뜻에 따라 전진해야 한다고 주장하셨습니다. 그러나 우리는 이러한 하나님의 뜻을 이해하고 실행에 옮겨야 할 백성들이 어두움 속에 있는 것을 봅니다. 하나님이 그들의 시대와 상황을 위한 전진을 시작하셨음에도 불구하고, 그의 부르심을 받은 자들은 멈춰 섰을 뿐만 아니라 뒤로 물러나기까지 했습니다. 이것은 하나님 나라 역사의 장이 끝날 때마다 후기처럼 따라붙는 고통스러운 역사입니다. 만일 하나님의 은혜와 계시를 통하여 하나님의 백성 중 일부가 한 곳에 안착했다면 휴식과 재충전의 시간을 부여받은 것이 분명하지만, 그것은 어디까지나 더욱 열심을 내어 다음 목적지를 향할 것이라는 기대가 있었기 때문입니다. 그러나 그들은 이러한 기대에 부응하지 못하고 오히려 나태함과 이기심에 사로잡혀, 목적지를 잊어버리고 그곳에 안주하고 말았습니다.

하나님은 그의 제자들이 세월이 지나면서 점점 더 **빠져나가며** 그의 나라에 유익이 되지 못하고 수치가 되는 모습을 보았습니다. 그들은 이러한 몰락이 결정적으로 하나님의 뜻 때문이라고 생각하기 때문에, 우리에게는 전적으로 획기적인 깨달음이 필요합니다. 우리는 사람들이 하나님이 은혜로 베풀어주신 중간 기착지에 머물며 황폐해 가는 모습을 보면서 우리의 책임을 통감해야 합니다. 우리는 우리 안에 무엇이 잘못되었는지를 찾아내어야 합니다. 나는 가능한 많은 사람에게 이러한 사실을 깨닫게 함으로써 하나님에 대한 잘못된 비난을 멈추게 하고 싶습니다. 경솔한 사람들은 하나님의 나라를 향한 진보가 하나님이 약속하신 결과를 초래하지 못할 때, 알게 모르게 하나님을 비난합니다.

한 곳에 갇혀 계시지 않는 하나님

성경에 따르면, 역사의 과정에서 그런 역들이 많이 있었습니다. 그것들 가운데 사람에 의해 생겨난 것은 하나도 없으며, 모두 하나님이 노아와 아브라함을 거쳐 예수님에 이르기까지 인간에게 주신 계시를 통해 생긴 역입니다. 새로운 빛은 계속해서 비춰었지만, 빛으로 부르심을 받은 사람들은 거듭거듭 자기의 잘못으로 불행을 자초했습니다. 그때마다 그들의 자리를 다른 사람이 차지하여 시험을 받아야 했습니다. 그들은 목적지로 인도할 최근의 계시를 받아들이려 했습니까? 예수는 하나님의 최종적 목적지에 이르기 위한 마지막 핵심 역이며 가장 밝은 빛입니다.사 9:2, 49:6; 요 8:12 최종적 목적지는 비교적 짧은 시간 안에 성령의 직접적인 인도하심을 통해 도달할 것입니다.

오늘날 사람들 가운데 당시에 예수님이나 사도들이 속아서, 또는 사람들을 속이려고 때가 가까웠다고 선포한 것으로 생각하는 사람은 없을 것입니다. 전능하신 하나님이 거의 실현된 자신의 계획을 이행하시는 데 이천 년이나 걸릴 만큼 느리다거나 지루하다고 생각할 사람은 없을 것입니다. 예수님 시대에, 특히 부활 후에, 그토록 임박했던 목표가 아직 달성되지 않은 이유는 무엇입니까? "진실로 주는 스스로 숨어 계시는 하나님이시니이다"사 45:15라거나 "주의 목전에는 천년이 지나간 어제 같으며"시 90:4; 벧후 3:8와 같은 성경 구절을 인용하지 마십시오. 그런 식의 인용은 혈육에 속한 우리가 그토록 좋아하는 게으름을 부추기고, 얽매이기 쉬운 죄히 12:1를 뒷받침할 뿐입니다. 아니면, 예수님이 사도들에게 전혀 다른 비전을 보여주신 후에 참되고 살아 계신 하나님이 우리에게 이천 년이나 괴롭게 하신다고 비난하고 싶은 것입니까? 그렇지 않습니다. 그것은 전적으로 우리 인간의 잘못입니다. 하나님이 아니라 우리가 갇혀 있는 것입니다.

실수를 통한 깨달음

성경에는 빛을 받은 사람들이 하나님이 전진을 원하시는데도 그 자리에 머물러 꼼짝 못 하는 사례가 많이 기록되어 있습니다. 이스라엘이 광야에서 뒤를 돌아보며 애굽에서 육신의 욕심을 채우던 때를 그리워하고출 16:3 앞으로 있을 가나안 전쟁을 내다보며 두려워하여 머뭇거림으로써민 13-14장 그들 가운데 대부분이 약속의 땅에 들어가지 못하고 그곳에서 죽은 것은 하나님의 잘못이 아닙니다. 모세조차 실수했으며, 그 일로 인해 자기 백성과 함께 공동 책임을 지게 되었습니다.민 20:1-13 나중에 가나안에서는 하나님 나라의 복을 실현하지 못하여 이교도의 저주가 밀려 들어왔으며 이스라엘 역사 전체가 이교도의 잔학한 행위로 가득하게 되었습니다. 구원을 향한 유일한 전진은 선지자들을 통한 영적인 영역이었습니다. 그러나 그동안 사람들은 멸망했습니다! 하나님이 온 나라가 멸망한 후에 메시아를 보내고 싶어 하신 것입니까? 아니면 하나님이 시간을 벌기 위해 사람들이 죄에 빠지기를 원하신 것입니까? 결코 아닙니다! 그것은 전적으로 그들의 잘못이었으며, 당시에 존경받던 하나님의 사람들조차 불충하여 하나님을 저버렸습니다.삿 2:10-22

하나님 나라를 사랑했던 솔로몬이 아름답고 훌륭한 중간 기착지에 도달한 후 백성들과 함께 흥청거리며 썩어갔던 참담한 이야기를 생각해 보십시오. 그가 진리의 하나님께 남긴 것이라곤 우상의 산당과 화려한 궁전이라는 거짓의 둥지뿐입니다.왕상 11:1-13

다른 이야기들은 건너뛰고, 요한과 예수님 이야기를 마지막 사례로 들겠습니다. 세례요한은 전령이었으며, 새 언약으로 가는 길에 있는 역이었습니다. 그러나 그의 제자 가운데 소수의 사람만 전적으로 새롭고 다른 예수님의 행동을 받아들일 준비가 되어 있었습니다. 그들의 스승조차 잠시 혼란에 빠질 위기에 처하자, 예수님은 "누구든지 나로 말미암아 실족하지 아니하는 자는 복이 있도다"마 11:6라는 메시지까지 보내야 했습니다. 많은 사람은 요한

이 하던 일을 계속해야 한다고 생각했습니다. 그들이 얼마나 요한에게 집착했는지, 사도행전19:3-7을 비롯한 곳곳에 "요한의 제자들"이 언급될 정도입니다. 처음부터 요한을 따랐던 사람들 가운데한 분파는 끝까지 집착했습니다.32 "요한의 제자들과 바리새인의제자들은 금식하는데 어찌하여 당신의 제자들은 금식하지 아니하나이까"막 2:18라는 질문까지 제기되었습니다. 다시 말해, 요한이도착한 역에 머무는 것이 더 낫지 않느냐는 것입니다.

이런 이야기는 우리도 같은 실수를 범하지 않기 위해서라도 매우 중요합니다. 예수님 제자들 역시 계시를 받고 처음 멈춘 곳에안주하여 즉시 새로운 가르침을 듣고 따르지 못하였을 수 있습니다. 따라서 나는 사도행전 연구를 통해 제기된 많은 학자의 의문에 공감합니다. 첫 번째 사도들 사이에도 예루살렘 초대 교회 시절의 강력한 영적 운동에 갇히게 한 특정 성향이 있지 않았을까요? 그것이 부활하신 예수 그리스도의 나타나심을 지연시키거나심지어 막지 않았을까요? 이러한 사실에 대해 조금 더 살펴보겠습니다.

사도들이 머문 역

첫 번째 사도들은 성령의 부으심을 받아 유대인 가운데서 놀라운 성과를 거두었습니다.행 2:41, 2:47, 6:7 물론, 그들은 예루살렘을심판하는 주님의 선언에도 불구하고마 23:37-39; 눅 13:6-9 참조, 남은 자들이 하나님의 시온으로 부름을 받았다는 사실에 도취해 있었습니다.33 예수님은 처음에 가능한 한 유대인에게로 가라고 말씀하셨지만, 유대인에게 머무르거나 그들에게만 안주하라고 말씀하신 적은 없습니다. 예수님은 사도들에게 이방인과 모든 족속에게 복음을 전하라는 사명도 주셨습니다.마 28:19; 막 16:15 불의 혀와 각 나라 방언으로 말한 것행 2:3-11은 이 사명이 유대인뿐만 아니라 모든 민족을 위한 것임을 가장 확실하게 보여줍니다. 이것은 이 땅의 모든 나라가 하나님의 성소에서 하나의 제물로 불타오르라는 부르심을 받았다는 뜻입니다.

그러나 조국에 대한 사랑이 그들의 발목을 잡았습니다. 사도들은 베드로가 감옥에 갇히고행 4:1-22, 5:18-19, 12:3-7, 야고보가 목베임을 당하는행 12:1-3 재난을 겪으면서도 유대인들과 헤어질 수 없었습니다. 속된 짐승에 대한 환상이 베드로에게 이방인과 열방에 대한 하나님의 뜻을 분명히 보여주었음에도행 10:9-16, 사도들은 여전히 하나님의 나라는 오직 유대인을 통해 세워져야 한다는 생각을 고수했습니다. 따라서 하나님은 사울을 바울이 되게 하심으로행 9:1-22 그들을 부끄럽게 하셨습니다. 신약성경을 아는 사람이라면 그 후에 얼마나 많은 어려움과 수치스러운 일들이 일어났으며, 결국 기독교가 두 집단으로 분리된 사실을 알 것입니다. 그 후 사도 바울의 사역이 큰 역경에 직면했으며, 그의 길을 방해한 자들은 바로 유대인이라는 장벽을 넘지 못한 자들이라는 사실을 부인할 사람은 없을 것입니다.34

결과와 목표에 대한 혼동

이제 좀 더 영적인 부분에 대해 언급하고자 합니다. 사도들은 성령의 부으심을 통해 여러 가지 이적으로 복음을 전할 수 있게 되었습니다.막 16:25-30 사도들이 선포한 복음을 요약하면 "부활하신 예수를 믿어라. 그리하면 하나님의 나라가 임할 것이며, 그 나라는 예수 그리스도의 나타나심을 통해 온 세상을 구원하고 새롭게 할 것"이라는 것입니다. 그들의 선포는 두 부분으로 나뉘었습니다. 이미 주어진 은혜와 계시에 기초하여 더 많은 계시가 기대되었습니다. 이미 받은 은혜는 참으로 놀라운 것이었습니다. 이전에 전적으로 무능했던 자가 갑자기 성령에 사로잡혀 하나님의 권능으로 능력있게 복음을 전하게 된 것입니다. 그들은 하나님의 나라가 예수를 통해 임할 것이라는 기쁜 소식을 전할 수 있었습니다. 그들은 이적과 기사를 동반한 선포가 강력한 영향을 미친다는 사실을 알고 매우 기뻐했을 것입니다. 그들은 참으로 복된 역에 이르렀습니다. 사방에서 기적을 행하며 복음을 선포하는 위대한 사역이 전개되었습니다.

사도들은 복음의 두 번째 부분을 망각하지 않고, 회개한 자들에게 두려움과 떨림으로 미래적 구원을 이루라고 촉구했습니다.빌 2:12 그러나 사도 시대조차 많은 제자는 복음을 전할 수 있는 능력을 부여한 은혜와 계시를 최종적 목적지로 생각했으며, 그들에게 더욱 큰 은혜와 계시를 위한 노력은 필요 없는 것처럼 보였습니다.

여러분은 교회에 대한 사도들의 권면을 통해, 일부 신자들이 나머지 사역은 전적으로 하나님께 맡기고 자신은 받은 은혜의 부드러운 베개를 베고 눕고 싶어 했다는 사실을 알 수 있을 것입니다.

한 가지 확실한 사실은 복음을 전하고 기적을 행하는 능력은 성령의 최종적 은사가 아니라는 것입니다. 그런 능력을 주신 것은 흠이나 티가 없는 영적 성장을 위해 당분간 예수 그리스도의 교회를 섬기게 함으로써, 온 나라가 하나님 앞에 모일 수 있는 처소로서 모든 시온 백성의 교회를 형성하기 위함입니다. 사도들은 자신들의 선포가 모든 민족의 회심을 가져올 수 있다고 생각하지 않았습니다. 그들은 자신들이 민족들 가운데 여기저기서 영적으로 교제할 수 있는 은사만을 부여받았다는 사실을 잘 알고 있었습니다. 이 교제는 세상에서 잠시 물러나 조용한 삶을 살고살전 4:11-12, 예수 그리스도를 아는 지식 안에서 영적으로 계속 발전하고 성장하기 위한 것이었습니다.빌 1:9-10 그들은 점차 풍성해지는 성령의 은사를 통해 샛별이 마음에 떠오르기까지벤후 1:19, 그리하여 더욱 크고 새로운 계시를 통해 예수 그리스도의 마지막 나타나심, 곧 모든 나라가 최후의 심판을 통해 그에게 복종하기까지계 19:11-21, 20:11□15 계속해서 성장하며 상을 위해 달려가야 합니다.고전 9:24

성령 없는 성장

역사는 사도들이 죽은 후에도 그리스도인들이 큰 열정을 가지고 계속해서 더욱 먼 곳까지 복음을 전했다고 말합니다. 그들은 가능한 한 많은 사람을 개종시키기 위해 노력했습니다. 그러나 한편으로 역사는 교회가 새로운 개종자들에 의한 이교도의 영적 영향에 맞서 이길 만큼 성숙하거나 강하지 않았다는 사실을 보여줍니다. 교회는 그리스-로마의 강력한 학문적, 철학적 영향에 굴복하고 말았습니다. 모든 민족을 개종시키려는 싸움의 결과는 로마의 정치를 본뜬 교회의 형성이었습니다. 그들은 더 이상 계시를 받지 못했기 때문에, 하나님의 교회를 세우기 위한 모델은 국가 제도 외에는 없었습니다. 교회는 국가를 본떠 통치자와 백성, 주인과 종, 높은 자와 낮은 자, 성직자와 평신도로 구성되었습니다. 그리하여 예수 그리스도의 교회는 그리스도를 통해 주어진 거룩한 원리들을 끊임없이 질식시키는 세속적인 원리들 위에 닻을 내렸습니다. 오늘날까지 그리스도의 영을 통해 하나님의 교회를 세우는 방법을 알지 못하는 우리는 당황스러워하며 무기력에 빠져 있습니다. 하나님의 자유로운 복음조차 국가와 세상 권위에 의존하고 있습니다.

나는 제자들에게 복음을 선포하게 해 준 처음 은혜와 계시가 마지막 은혜와 계시가 될 수 없다고 확신합니다. 초창기 교회 형성을 위해 필요했던 말씀 선포와 치유의 기적에 이어, 그리스도의 삶에 대한 더 많은 계시가 따라야 했습니다.[35] 교회가 세워진 후에는 하나님의 인도하심을 통해 온 세상 나라에 대한 권능을 부여받아야 합니다. 하나님의 시온은 만방이 보고 몰려올 수 있도록 모든 산꼭대기에 서야 할 것입니다. 그러나 제자들에게 복음을 전할 능력만 주신 성령의 첫 번째 부으심을 받은 교회는 그곳까지 도달할 수 없었습니다. 물론 그들은 더욱 풍성한 사역과 은사와 은혜를 받았지만고전 1:4-8, 제자들의 맹목적인 열심은 그러한 것들에 귀를 기울이지 않았으며 무시해버렸습니다. 사도 요한이 일곱 교회에 대해 시도했던 것처럼계 2:1-3:22 그들이 최고 사령관의 음성에 귀를 기울였다면, 그의 명령을 제때 들을 수 있었을 것입니다. "복음을 전하고 기적을 행하는 것이 최종 목적이 아니다. 너희는 하늘에서 준비된, 나의 삶과 영광에 대한 더욱 큰 계시를 받기 위해 나아가야 한다. 너희가 아니라 내가 온 세상을 내 영광으로 채울 것이다."엡 4:9-16, 4:23-24; 골 3:1-17 그러나 이 음성은 사라졌으며, 그 후 모든 시대 동안 우리에게는 오직 인간의 설교만 남았습니다. 교회를 형성하기 위한 내적, 외적 계시는 더 이상 나타나지 않았습니다.

그러나 새로운 계시를 받지 않고 선포를 지속한들 무슨 소용이 있겠습니까? 우리는 그런 식으로 점차 생명도 움직임도 없는 화려한 인간의 집을 만들어갑니다. 설사 새로운 미사여구와 웅변술이 우리의 귀를 자극하고 즐겁게 할지라도, 역사가 말해 주듯이 진정한 대의는 정체되거나 심지어 퇴보합니다. 새로운 계시의 인도함이 없는 단순한 설교는 이미 받은 계시마저 완전히 파괴할 수 있습니다. 그러므로 우리에게 계시가 없다면 우리의 전파는 더 이상복음이 아니라는 사실을 인정해야 합니다. 그것은 인간의 제도를 지지하는 종교적 웅변에 지나지 않습니다. 그리고 조심하십시오. 우리가 인간적인 것에 부응하면, 신적인 것은 물러납니다. 사도들조차 인간적인 사건들에 둘러싸여 있었습니다. 우리는 사도들 가운데서도, 만일 그들이 하나님의 직접적인 인도하심을 받거나 성령께 전적인 통치권을 맡겼다면 절대 일어나지 않았을 온갖 다툼과 의문, 의심, 불쾌한 논쟁을 봅니다.

끊임없이 듣기

장교가 최고 사령관으로부터 방금 받은 명령을 너무 큰 소리로, 너무 오랫동안 외쳐서 자신도 병사들도 최고 사령관의 두 번째 명령, 세 번째 명령을 듣지 못한다면 어떻게 되겠습니까? 그들은 네 번째 명령을 들었다고 해도, 그 사이에 있는 두 번째, 세 번째 명령을 수행하지 않았기 때문에 첫 번째 명령과 연결되지 않고 혼란이 가중될 것입니다. 따라서 최고 사령관은 차라리 장교와 병사들이 마음대로 하도록 내버려 두고 침묵하는 편이 나을 것입니다. 이것이 기독교 초기에 일어난 일입니다. 사도들은 유대인 구원에 집중한 나머지 이방인과 다른 민족을 향한 출발이 너무 늦었던 것입니다. 또한 사도들은 말씀을 전하고 기적을 행하는 데 열중한 나머지 새로운 계시에 주의를 기울이지 못했습니다. 그러므로 우리는 최고 사령관의 지시가 점점 줄어들고 듣기 어려웠던 이유를 알 수 있습니다. 사도들은 점점 더 많은 문제와 어려움을 겪어야 했습니다. 그들은 대부분 잔인한 죽임을 당했습니다. 그들의 죽음은 하나님 아버지께서 생명을 주어 살리신 구주의 죽음과 달랐습니다. 그것은 그들이 전파한 부활하신 예수의 개인적인 간증으로 성화될 수 없는 죽음이었습니다.

인간적 제도의 필연적 결과

그러므로 우리는 사도들의 죽음 이후 왜 모든 대의가 하나님의 영으로부터 점점 더 멀어져 인간적이 되었는지를 이해할 수 있습니다. 그리스도인은 예루살렘에 집착했지만, 예루살렘과 나라가 멸망하자AD 70년 기독교 자체가 일종의 심판으로 내몰린 것처럼 보입니다. 이 과정에서, 그리스도를 통한 하나님의 첫 번째 증거의 은혜는 소수의 그리스도인을 통해 계속 역사했지만나는 계속해서 탄식했다는 표현을 사용하고 싶습니다 부활하신 그리스도로부터 오는 계시는 더 이상 나타나지 않았습니다.

밀려오는 어두움을 비취는 예수 그리스도의 마지막 메시지는 요한계시록입니다. 사도 요한이 일곱 교회에 보낸 이 불길하고 고통스러운 메시지계 2-3장는 이미 어둠에 가렸지만, 여전히 전쟁으로의 부르심입니다. 그러나 일곱 교회도 사라졌으며, 그리스도의 영역은 그리스도인의 영역이 되었습니다. 이 영역, 즉 기독교 신앙 안에서, 수많은 인간적 제도가 절망적인 혼란 속에서 충돌하며, 다양한 종파와 교단이 온갖 영적 방향과 종교적 계획을 추구합니다. 그러나 하나님은 인간적 제도라고 할 수도 없는, 단순한 시스템으로 남았습니다. 사람들이 종교를 하나의 제도로 만든 곳마다, 아무리 처음에는 하나님과 가까웠다 할지라도, 설사 하나님으로부터 유래했다고 할지라도, 하나님으로부터 멀어졌습니다. 왜냐하면, 예배를 드린 후 그것을 통해 종교적 제도를 만드는 것은 주인을 섬긴 후 그를 공격하는 것이나 다름없기 때문입니다.

인간적 열심의 해악

결과를 위한 추구가 어떤 결말을 맞았는지를 보고 싶다면 기독교의 발전을 보면 됩니다. 제도와 체계가 완벽할수록 신자들의 영적 상태는 더욱 분열되고 하나님과의 관계는 더욱 멀어졌습니다. 기독교가 독자적인 길을 감으로써 시간이 지남에 따라 점점 더 정교한 제도로 발전하여 현재에 이르기까지, 하나님으로부터 나오지 않은 참혹한 장면들이 얼마나 많이 전개되었는지 모릅니다. 여전히 하나님을 찾는 정직한 자는 더 이상 이 일에 대해 침묵할 수 없습니다. 우리는 이 땅이 기독교 국가로 인해 피로 물들고, 창조주께서 피조물에게 치욕을 당하시며, 모든 사람이 예수 그리스도보다 자신만 생각한다는 사실에 애통의 눈물을 흘려야 합니다. 이 모든 일은 "너희는 온 천하에 다니며 만민에게 복음을 전파하라"막 16:15라는 첫 번째 명령을 빙자하여 자행되었습니다. 이 한 가지 명령에 사로잡힌 그리스도인들은 평화의 종려나무 잎사귀가 온 나라를 죽이는 검으로 변할 만큼 오랫동안 열방을 위해 열심을 내었습니다. 부활하신 예수, 평화와 생명의 왕을 선포하는 자들이 손에 검을 든 것입니다! 그리스도인은 고통당해 죽어가는 인류와 모든 피조물에게 평화의 왕을 선포해야 합니다.

하나님 나라의 모든 일꾼은 맹목적인 열심에 빠질 위험에 처해 있습니다. 그것은 게으름보다 더 많은 해를 끼칠 수 있습니다. 하나님의 일꾼이 되려는 사람은 하나님이 자유롭게 쓰실 수 있도록 유연해야 합니다. 그래야만 오늘은 이렇게 내일은 저렇게 섬길 수 있을 것입니다. 왜냐하면 시간이 가면서 새로운 임무가 필요하기 때문입니다. 쓰러져 죽을 때까지 같은 방향으로 원을 그리며 연자 맷돌을 돌리는 황소 같은 자가 되어서는 안 됩니다. 오늘 맷돌을 돌리는 소가 내일은 밭을 갈고 모레는 곡식을 날라야 할지 모릅니다. 그러나 만일 소가 첫 번째 일을 빼앗기고 싶어 하지 않는다면, 아무리 부지런한 소라 할지라도 주인에게는 쓸모가 없을 것입니다.

다른 예를 들어보겠습니다. 어떤 주인이 한 종에게 잔디 깎는 일을 시켰습니다. 종은 부지런히 일하며 잔디를 깨끗이 깎았습니다. 그는 잔디를 다 깎은 후, 잔디밭 곁에 있는 푸른 밀밭도 깎았습니다. 그때 선임자가 와서 "자네 뭐 하는가? 익지도 않은 곡식을 베어 주인의 농사를 망치고 싶은가?"라고 꾸짖었습니다. 그러나 그는 "아닙니다. 주인은 나에게 잔디를 깎으라는 지시를 내렸으며, 나는 당신보다 더 주인의 말을 잘 듣고 있습니다"라고 대답하며 하던 일을 계속했습니다. 밀밭을 다 깎은 그는 감자밭을 깎았습니다. 그는 마침내 숲을 깎기 시작했으나 낫은 망가지고 결국 과로로 쓰러지고 말았습니다. 이 종은 그의 "순종"과 "열심"으로 주인을 도왔습니까, 아니면 방해하였습니까? 불행히도 하나님의 나라에는 하늘에 계신 아버지께서 고개를 저으며 "내가 그들을 불쌍히 여겨야 할까, 벌을 주어야 할까"라고 의아해할 수밖에 없는 종들이 많이 있습니다.

그러므로 우리가 현재의 임무에 매달려 고집을 부리거나 귀머거리가 되지 말고 분별력 있고 유익한 종이 되어 주인이 부르실 때마다 유연한 마음으로 새로운 임무에 귀를 기울이는 종이 되기 위해 최선을 다합시다.

다시 본론으로 돌아와, 내가 지적하고 싶은 것은 세월이 흐르면서 사람들의 눈이 어두워져서 원래 가던 바른길을 잃고 멀리 벗어났다는 것입니다. 따라서 하나님은 돌아서 갈 수 있는 새로운 길을 통해 원래의 목적지로 이끄실 수밖에 없었습니다. 이제 우리의 첫 번째 관심사는 사도적 주장에 집착하기보다, 하나님이 우리를 잘못된 길에서 벗어나 목적지로 향하게 하려고 사용하시는 모든 것을 받아들이는 것입니다. 아무도 제거할 수 없는 그리스도의 터 위에, 그리고 그리스도의 증인인 사도들과 선지자들의 터 위에 나타난 수많은 인간적 오류들, 즉 짚과 나무로 지은 집들이 세워졌기 때문에 하나님은 끊임없이 새로운 자극을 통해 실제적인 구원의 기초를 무너뜨리고 그것을 무력하게 만드는 오류를 막아야 했던 것입니다. 교회는 모든 나라의 신실한 백성이 부르짖지 않을 수 없을 만큼 부패할 때가 많았습니다. 사람들은 진리를 위해, 목회자와 성도 모두의 개혁을 위해 부르짖었으며, 하나님은 그때마다 그들의 부르짖음을 들으셨습니다. 그리고 마침내, 비록 사람들이 잘못된 길을 택했음에도 불구하고 하나님은 어느 정도 순수한 복음의 승리가 가시화된 중간 기착지로 그들을 인도하셨습니다.

종교 개혁을 넘어

종교 개혁이라는 역은 얼마나 큰 축복인가! 그러나 우리는 하나님으로부터 온 것이 다시 인간적 사고에 의해 억압되었다는 사실을 감출 수 없습니다. 오늘날까지도 많은 사람은 이 특정 역에 매료되어 아무것도 더 이상 찾으려 하지 않습니다. 그러나 종교개혁은 우리가 여장을 풀고 진수성찬을 즐길 수 있는 하나님의 최종 목적지가 아닙니다. 나는 판단하고 싶지 않기 때문에 더 이상 부연하지는 않겠습니다. 다만, 모든 사람은 그리스도 안에 있는 자유로 부르심을 받았으며 이 자유는 새로운 전진 명령이 하달될 때 즉각 반응할 수 있는 능력을 부여해야 한다는 사실을 지적하고자 합니다. 종교 개혁의 역사를 살펴보면 그곳이 영원히 휴식할 수 있는 안식처가 아님을 알 수 있습니다. 종교개혁의 목적은 하나님 나라의 [새로운] 계시를 계속해서 추구할 수 있는 자유를 부여할 수 있는 새로운 상황을 조성하는 것입니다. 그러나 사람들은 현

상황에 안주하기 위해 부단히 노력했던 옛 교회처럼, 다시 한번 소위 완벽한 교리를 찾아 나서는 오류를 범했습니다. 그들은 완벽한 교리가 모든 나라에 평화를 가져올 것으로 생각했습니다. 그러나 이러한 원리는 모든 사람이 오직 자신의 교리만 완벽하다고 생각하게 하는 결과로 이어지고 말았습니다. 이것은 첫날부터 시기와 다툼을 초래했습니다. 종교개혁이 득세한 영역마다, 신자들은 최근에 입증된 교리가 모든 사람에게 강요되어야 한다고 생각했습니다.

이것이 바로 개신교 교회와 교단들이 폭탄의 파편처럼 수많은 분파로 흩어져 있는 이유입니다. 이것은 각 지체가 스스로 자신을 지탱하려고 한 때문입니다. 하나님이 우리에게 주신 자유는 우리가 예수 그리스도의 새벽빛 아래에서 계속해서 발전할 수 있게 도와주는 가장 유익한 선물인데, 우리는 특정 교회와 회중을 조직하고 확보하느라 많은 영역에서 이 자유를 억압당했습니다. 따라서 이어지는 시대에, 더 이상 근절될 수 없었던 종교개혁의 자유에 바탕을 둔 많은 성령 충만한 사람들이 교회와 맞서는 행보를 보였습니다. 오늘날, 하나님이 종교 개혁을 통해 얻고자 하셨던 것, 즉, 인간적 제약에서 벗어난 그리스도인의 삶을 이해하는 사람은 많지 않습니다. 비록 하나님을 생각하지 않는 사람들도 일시적으로는 머물겠지만, 이 자유로운 삶의 방식은 하나님이 그의 나라를 전진시킬 수 있는 종과 선지자들을 보내시는 유일한 문입니다. 나는 우리가 얻은 자유의 토대가 수시로 파괴될 위험에 처했으나 지금까지 파괴되지 않은 것에 대해 감사드립니다. 나는 육신의 자유를 원하기 때문이 아니라, 하나님의 영이 그의 나라를 전진시킬 새로운 계시를 이 땅에 주실 동인이 되는 자유를 원하기 때문에 하나님께 감사드립니다.

하나님의 대의의 진보

하나님의 대의는 일정부분 진보했습니다. 개신교 교회는 분열에도 불구하고 준엄한 심판을 통해, 하나님의 사람들이 진리를 증거하는 토양이 되었습니다. 이런 일은 다양한 장소와 상황에서 발생했으며, 때로는 주류 교회의 주장과 대립하는 양상을 보였습니다. 그럼에도 불구하고, 하나님의 특별한 사람들의 사역을 통해 어느 정도의 진리가 보존된 것은 모두 이러한 방식에 의한 것입니다. 하나님은 나라에 따라 각각의 상황에 부합하는 증인들을 보내어 영향력을 발휘하게 함으로써, 이 사역은 다양한 방향으로 전개되었습니다. 그러나 기독교 분파와 교단들이 새롭게 드러난 진리에 지나치게 집착하여 다시 지배적 경향의 거짓 체계가 되는 악순환이 끊이지 않았습니다. 독일 개신교 교회의 역사에 나타난 한 가지 사례만 살펴보겠습니다. 그것은 경건주의의 출현입니다. 경건주의는 개인이 그리스도를 통해 하나님과 함께 하는 삶을 살 수 있다는 진리가 빛을 발합니다. 이 진리는 파괴되지 않았으며, 그들은 끝까지 이 진리를 보존했습니다.

아버지의 삶이 꽃을 피울 수 있었던 것은 그를 전진하게 하신 하나님의 내적 인도하심을 받았기 때문입니다. 그는 종교개혁에 기원을 둔 두 가지 흐름을 결합했습니다. 하나는 계승된 형식과 교리를 통해 자신을 스스로 보존한 발전적 교회에 대한 사랑이며, 또 하나는 하나님이 인도하시는 방식에 따라 자신의 특별한 개성을 발전시켜나가는 열심과 자유입니다.

아버지는 그런 상태로 뫼틀링겐에 와서 그곳에서 하나님의 인도하심을 경험함으로써 전진하는 사람이 될 수 있었습니다. 물론 앞서 언급했듯이 그는 외견상 여전히 교회에 순종적인 사람이었습니다. 나에게 뫼틀링겐에서의 경험은 말하자면 중간 기착지와 같았습니다. 하나님과 하나님 나라에 대한 나의 태도는 하나님의 새로운 발전을 위한 새로운 길을 갈망했던 아버지의 믿음을 본받은 것으로, 앞으로도 그럴 것입니다.

목적지를 향한 중단없는 전진

뫼틀링겐 운동은 눈에 보이는 세계의 큰 무대에서 특별히 중요한 역할을 한 것이 아니기 때문에 많은 사람의 눈에 사소한 일로 보일 수 있습니다. 그러나 나에게는 이 운동에서 비취는 빛이 훨씬 더 강렬했습니다. 그것은 나와 많은 사람에게 새로운 관점을 열어주었습니다. 이 빛은 온 세상을 포용하는 하나님의 광대한 사랑과 자비를 보여 준 것입니다. 그것은 우리에게 새로운 광선을 끊임없이 비추는 진정한 빛이었기 때문에 우리에게 예수님이 살아 계신다는, 또한 그가 살아계심을 이 시대에 증거하고 싶어 하신다 는, 분명한 확신을 주었습니다. 이 땅의 모든 나라는 마음을 열고 창조주의 손 안에서 하나의 통일성 있는 연합체가 되어, "예수는 승리자"우리는 직접 들었습니다 36라는 외침이 온 세상에 울려 퍼지기 를 고대해야 할 것입니다. 이것은 구름 속에서 인류 공동체에 나 타난 선언입니다. 하늘과 땅은 우리가 마땅히 인류의 진보를 기대 해야 할 이유가 있음을 증거합니다.37 이 전진 운동은 다양한 사람 들이 각자의 소망과 목적에 따라 다양한 방식으로 기다리고 있지 만, 하나님의 나라에 시선을 고정한 사람들은 그리스도 안에 있는 하나님의 계시를 통한 전진을 기대합니다. 왜냐하면 사람들에게 변화를 가져올 수 있는 생명을 주실 수 있는 분은 그리스도뿐이기 때문입니다. 이것은 영원한 진리입니다. 하나님의 구원 계획은 그 들을 통해 완성될 것입니다. 그리스도는 화목의 피를 통하여, 죄 많은 세상을 사랑이 풍성하신 창조주 하나님의 마음으로 돌이키 는 제사장의 임무를 수행하실 것입니다.

앞서 언급했듯이, 거룩한 경험을 통해 얻은 이 확신은 나에게 하나의 중간 기착지가 되었으며, 나는 이 역에서 거룩한 묵상을 통해, 여러 가지 장애물에도 불구하고 목적지가 가깝다는 사실을 언뜻 볼 수 있었습니다. 이러한 깨달음은 나를 계속해서 자극했으 며, 나는 그 역에 갇히지 않게 되었습니다. 언젠가 우리가 목적지 에 도착하는 날, 희미하게 나타났던 하나님의 다양한 계시가 밝히 드러날 것입니다. 그날에 우리는 하나님이 머물게 해 주신 기억에 남을 만한 역을 회상하며 감사할 것입니다. 뫼틀링겐Möttlingen은 동시대인의 큰 주목을 받지 못했지만, 확실히 그런 역 가운데 하나입니다.

나는 우리가 목적지에 도달하기까지 얼마나 많은 역을 더 거쳐야 하는지 알지 못하며, 사실상 알 필요도 없습니다. 뫼틀링겐은 나에게 중간 기착지였고, 나는 목적지를 향해 서두르고 있다는 것으로 충분합니다. 우리는 지금 급커브를 돌고 있다는 사실을 받아들여야 합니다. 우리 앞에는 모순이 있으며, 새로운 환경과 새로운 관계에 대한 정립이 필요합니다. 그러나 확실한 것은 뫼틀링겐 사역이나 그것에서 발전한 바트볼 사역이 더 이상 중요하지 않다는 것입니다. 부친의 사역도 마찬가지입니다. 지금의 나에게 중요한 것은 오직 우리를 목적지에 더 가까이 다가가게 하는 것뿐입니다. 나는 전진을 위해 실제로 뫼틀링겐에 등을 돌려야 했습니다. 그러나 아무도 우리가 뫼틀링겐 사역을 하찮게 여긴다고 생각해서는 안 될 것입니다. 우리가 통과한 역은 모두 뒤에 남았지만, 우리가 목적지에 도달하기 위해서는 반드시 필요합니다. 나의 사역과 영적 투쟁의 방식이 아버지와 다르다고 해서 부친의 사역을 대수롭지 않게 여기는 것은 결코 아닙니다. 설사 내가 그의 사역과 배치되는 일을 하는 것처럼 보일지라도 그렇습니다.

예를 들어보겠습니다. 아버지는 추수 밭에서 가라지를 뽑고 곡식 단을 묶어야 했지만, 우리는 삽으로 묵은 땅을 갈아엎고 인간 본성의 덩어리를 깨뜨림으로써 하나님의 새로운 씨가 그들 속에서 싹을 틔울 수 있게 해야 합니다. 이것은 잡초를 제거하고 곡식 단을 묶은 자가 잘못했다는 것이 아니며, 땅을 파서 토양을 고르게 한 자가 잘못했다는 것도 아닙니다. 그들은 서로를 향해 비난하지 않습니다. 그들은 같은 주를 섬기며, 같은 목적을 위해 일했기 때문입니다. 그들은 각자의 사역이 전혀 다를지라도 주를 위한 일이기에 서로의 사역을 기뻐합니다. 나의 아버지와 뫼틀링겐과 우리의 현재적 입장에 대해 여러분에게 말씀드릴 수 있는 것은 이것이 전부입니다. 이제 이러한 내용에 대해 더욱 상세히 살펴보겠습니다.

제2부•결정적 사건: 내적 싸움과 외적 싸움

4장 / 뫼틀링겐의 영적 전쟁

나의 아버지는 하나님의 나라를 위한 사역의 초점을 영적 전쟁 참여에 맞추었습니다. 그는 하나님의 인도하심을 통해, 하나님의 나라와 의는 우리가 느긋하게 앉아서 기다리기만 하면 오지 않는다는 사실을 확실히 알았습니다. 오히려, 하나님의 나라를 가로막는 장애물을 극복하기 위해서는 지상에서의 싸움이 필요합니다. 뫼틀링겐의 전임자인 크리스티안 고틀롭 바르트 박사Christian Gottlob Barth, 1799-1882의 "설교에 지친 회중"이라는 표현에서도 드러났듯이, 육신적 수단을 동원한 단순한 인간적 싸움만으로는 충분하지 않습니다. 이 싸움을 하기 위해서는 누구든지 오직 예수 그리스도의 영의 도구가 되어야만 합니다.

진리가 마귀의 악한 술수에 의해 훼손되는 것을 보고 괴로워하던 아버지는 자신이 온갖 미신과 비참하고 악한 영들과 귀신들에 둘러싸였다는 사실을 알았던, 그 잊을 수 없는 순간에 예수님의 이름을 불렀습니다. 마치 벼락에 맞은 듯 온 몸이 불타올랐으며, 그 불은 숨어서 두루다니는 사탄과의 전투 현장에서 계속해서 타올랐습니다. 그 순간부터 그의 삶은 전쟁이었습니다. 예수 그리스도의 영은 아버지 안에서 사탄과 사탄이 지배하는 모든 세력에 맞서 싸웠습니다. 싸운 것은 아버지가 아니라, 그를 지상의 도구로 사용하신 예수 그리스도의 영이었습니다. 하나님의 영이 그의 내면에서 벌인 이 싸움을 통해 새로운 길이 열렸으며, 그 길에 빛이 비취고 새로운 통찰력이 임했습니다. 그 순간, 하나님의 나라는 더 이상 종교가 아니라 지상에 실재하는 역사였습니다.

나에게는 이 역사가 전개되는 과정에 아버지가 그리스도의 영적 사역에만 전적으로 의존하지 않고 그의 인간적 은사가 어느 정도 동원이 되었는지는 중요하지 않습니다. 그리고 그의 실수 여부에도 관심이 없습니다. 나는 영적 전쟁의 중요성을 통감합니다. 하나님은 이러한 싸움을 통해 다시 한번 그의 살아계심을 드러내시기 때문입니다. 모든 초점은 악한 생각과 죄로 가득한 인간이 아니라 하나님께 맞추어져야 합니다. 이 싸움에서 예수님은 단지 하나님을 향한 영적 출발점이 아니라, 그와 연합한 사람들에게 결정적으로 중요한 살아 있는 인격체로 갑자기 전면에 등장하십니다. 따라서 이런 면에서 아버지의 경험은그리고 나중에 아버지와 함께 그것을 경험한 우리에게도 우리에게 빛과 통찰력을 부여한 거룩한 승리입니다. 하나님의 나라를 대적하는 보이지 않는 장애물과 싸움이 특별히 드러나지 않는 이 시점에서 우리의 입장에 대해 많은 말을 하기는 어렵지만, 우리는 결코 이 승리를 포기하지 않을 것입니다.

새로운 전쟁

대신에 지금 내가 하고 싶은 말은 예수 그리스도의 영이 하신 일과 아버지의 인간적인 열심을 통해 끼어들려 했던 하찮고 파괴적이기까지 한 요소를 구별하는 법을 배웠다는 것입니다. 아버지가 자신의 손으로 문제를 해결할 수 있다고 생각하여 열심히 마무리하려 한 것은 모든 그리스도인의 전형적인 현상이기 때문에 이해할 수 있습니다. 그러다 보니 일어나지 말아야 할 복잡한 상황과 사건들이 여기저기서 발생했으며, 어두움과의 연결이 즉시 끊어지지 않고 계속해서 이어졌던 것입니다.

이러한 인간적 측면은 나중에 또 다른 실수로 이어졌습니다. 즉, 아버지는 자신의 경험에 대해 지나치게 적나라하게 변론했다는 것입니다.[38] 그 결과 거룩한 경험은 대중에게 거룩한 것으로 전달되지 못했으며, 아버지는 마귀의 여러 가지 현상을 친구들에게 세세히 설명해야 한다고 생각한 것입니다. 그의 친구들은 다른 사람들에게 말을 옮겼으며, 결국 드러나서는 안 될 일들이 공론화된 것입니다.

어떤 경험은 차라리 하나님을 위해 진술하지 않고 그대로 묻어두는 것이 낫겠다는 것이 나의 솔직한 심정입니다. 그런데도 아버지에게 일시적인 의미가 있었던 많은 것이 분별력 없는 사람들에게 그대로 전달되었습니다. 어쨌든 이야기의 절반만 전달되어야 했으며, 그나마도 마귀의 변덕스러운 현현에 대한 믿음이 필요했습니다. 사실 이런 믿음은 오직 하나님을 위해서만 필요합니다. 그들이 들은 말 대부분은 경험자만 이해할 수 있는 내용입니다. 그런데 이런 말이, 아무리 좋은 의도라 할지라도 그것을 이해할 수 없는 사람들에게 여과 없이 전달된 것입니다.

따라서 이것은 한편으로 좋은 결과를 도출하지 못할 무익한 논쟁을 불러일으켰고, 다른 한편으로는 결코 만족할 수 없는 호기심을 자극한 것입니다. 보이지 않는 삶의 영역까지 확장되는 싸움에서 경험한 일을 전부 이해시키기는 어렵습니다. 또한 많은 경험은 다른 사람에게 전달하기 위해 주어진 것이 아닙니다. 하나님의 나라에 대한 경험에서 중요한 것은, 다른 사람들에게 그것을 알리는 것이 아니라 그 나라에 속한 자들의 경험을 통해 다른 사람들의 삶에 영향을 미치는 것입니다. 나는 구약의 선지자들은 물론 예수님과 그의 사도들도 조용하고 내적인 경험을 많이 했으나 드러내지 않았을 것이라고 확신합니다. 또한 나는 사도와 선지자들이 신적인 영향력뿐만 아니라 인간과 마귀가 영향력을 행사하는 보이지 않는 세계에 대한 광범위한 지식을 가지고 있었다고 확신하며, 성경의 여러 곳에서 그것을 증명할 수 있습니다. 이러한 지식은 소위 그들의 "신학적" 토대를 형성했습니다. 그러나 그들은 우리에게 이러한 배경에 대한 어떤 통찰력도 제공하지 않을 때가 많습니다. 아마도 그들은 "누군가 이 싸움을 하게 된다면 인간의 눈에 보이지 않는 현장을 직접 볼 것이기 때문에 굳이 말해 줄 필요가 없다"고 생각했을 것입니다. 해외여행을 하기 전에 그 나라에 관한 책을 많이 읽는다고 큰 도움이 되는 것은 아닙니다. 직접적인 경험은 앞으로 있어야 할 모든 교훈을 줄 것입니다

싸우지 않으면 승리할 수 없다

마찬가지로, 아버지는 꼭 필요한 만큼만 경험했습니다. 그러나 솔직히 말하면, 당시에 아버지가 그것을 이해할 수 있는 부르심을 받지 않은 사람들에게 이해시키려 한 것은 분명 실수였습니다. 어쨌든 중요한 것은 경험의 결과입니다. 따라서 이곳의 친구들과 한마음이 되어 "싸움이 없는 곳에는 승리도 없다"는 진리를 보존하는 것은 나의 관심사이기도 합니다.

흑암의 권세를 조금이라도 맛본 사람이라면 강력한 충격이 없이는 그러한 권세가 무너지지 않는다는 사실을 잘 알 것입니다. 구주께서 친히 말씀하신 것처럼 막 3:27 먼저 강한 자를 결박한 후에야 그의 집에 들어가 세간을 강탈하여 나눌 수 있는 것입니다. 마찬가지로 우리는 "만일 아버지가 전사가 되어 대적의 약점을 공격하지 못했다면, 뫼틀링겐 회중은 아버지와 같은 방식으로 하나님의 나라를 받아들이지 못했을 것"이라고 말할 수 있습니다. 아버지는 하나님이 그의 손에 쥐여주신 칼로 원수의 머리를 벨 수 있었습니다.

우리는 그 정도 알면 됩니다. 지금 와서 "대적이 어떻게 생겼습니까"라고 묻는 것은 구태의연하며 위험한 질문입니다. 여러분

이 죽은 대적을 조사하는 동안, 여러분이 이미 쓰러진 자에게 몸을 굽혀 머리부터 발끝까지 샅샅이 살피며 그가 누구인지 밝혀내는 동안, 흩어졌던 대적의 졸개들이 다시 모여 당신을 죽일 수 있습니다. 아버지에게도 그런 일이 어느 정도는 있었습니다. 나는 오늘날까지도 "대적이 어떻게 했는가?" "대적이 어떻게 하고 있는가?"라는 질문이 반복된다는 사실이 참으로 안타깝습니다. 나는 한 마디도 대답하지 않을 것입니다. 나는 마귀를 그다지 중요하게 생각하고 싶지 않습니다. 중요한 것은 우리 하나님이십니다. 우리는 악령이 아니라 사람에 주목해야 합니다. 우리의 마음과 생각은 죽음이 아니라 삶에 관한 이야기로 채워져야 합니다.

이 시점에서 나는 완전한 설명이 불가능한 이미지들을 여과 없이 세상에 드러낸 것에 대해 아버지의 이름으로 용서를 구하고 싶습니다. 그것을 드러내는 것은 하나님이 원하지 않는 일이었습니다. 심지어 아버지는 자신의 경험을 다른 사람들에게 설명하기 위해 먼저 그날의 일을 구체적으로 기억해내는 노력을 기울여야 했습니다. 만일 아버지가 그 사건을 하나의 영적 전쟁으로 묻어두고 생명이 승리를 거두었다는 사실만 굳게 붙들었더라면, 거룩한 경험을 되살림으로써 그날의 역겨운 광경이 재현되는 일은 없었을 것입니다. 사람들은 우리 공동체 내에, 예수 그리스도를 통한 빛 가운데 거하는 삶의 평화가 심하게 요동칠 때가 있다는 사실을 알았습니다. 공동체 내에서는 이 문제를 바로잡거나 제거하는 노력을 기울일 수 있습니다. 아버지와 개인적인 친분이 있는 사람이라면 누구나 알 수 있듯이, 그의 삶 전체는 확실히 귀신 이외의 무엇인가에 대해 증거합니다.

커지는 반감

그러나 사건을 경험한 당사자와 접촉해보지도 않은 채 이 문제에 접근한 집단에서는 발표된 내용에 대한 반감이 쌓였습니다. 그들은 싸움의 필요성과 함께 싸움 자체에 대한 의문을 가졌습니다. 이러한 적대적 기류를 감지한 아버지는 특정 질문에 대한 대답을 거부했어야 했다고 생각했습니다. 아버지가 나중에 자신의 실수라고 밝힌 대로, 이 사건이 신화처럼 퍼져나가는 동안 그는 침묵으로 일관했습니다. 나는 개인적인 경험을 바탕으로, 이러한 신화를 절대 단호히 부정합니다. 여기서는 사탄과 악령의 존재나 그들의 활동에 대한 아버지의 사색에는 사실이 아닌 부분도 있다는 정도만 말하겠습니다. 그 부분에 대해 하나님은 어떤 통찰력도 비춰지 않으셨기 때문입니다. 따라서 사람들은 특정 경험에 대해 사실을 부풀려 생각하는 전형적인 행태를 보였던 것입니다.

이 싸움이 알려지자 귀신 들린 자에 대한 분별력의 부재로 당혹스러운 결과가 초래되었습니다. 아버지는 자신이 싸운 이야기를 하면서 수시로 고틀리빈 디투스에 대해 언급했습니다. 고틀리빈은 수시로 비난의 대상이 되었는데, 사람들이 그녀를 아버지가 먹잇감이 된 사기행각의 당사자로 지목했기 때문입니다. 우리는 고틀리빈이라는 강력한 영적 인물 앞에서 자랐습니다.[39] 앞서도 언급한 적이 있지만, 우리는 살아 있는 진리의 조명을 받은 고틀리빈의 깨끗하고 순수한 영을 통해 하나님의 나라를 향한 박차를 가할 수 있었습니다. 그녀는 비록 많은 사람에게 멸시를 받았지만, 우리가 예전의 주장과 전통을 떨쳐 버릴 수 있는 만큼 유연하다면, 그녀 안에 있었던 영은 지금도 우리에게 감동을 줄 것입니다. 나는 고틀리빈에 관한 일을 드러내어야 한다는 아버지의 생각 때문에 그녀가 자신의 생전에, 그리고 오늘날까지도 비난의 대상이 되고 있다는 사실이 안타깝습니다. 나는 하나님께 살아생전에 고틀리빈에 대한 평판이 회복되기를 기도하지만, 그러기 위해서는 구주께서 우리의 삶 속에 진리와 공의를 가져오는 역사가 필요할 것입니다. 그렇게 되면 가장 존경받아야 할 대상이 부당한 비난을 받는 일은 더 이상 일어나지 않을 것입니다. 아버지와 함께 싸웠던 우리의 자매 고틀리빈과 같은 전사는 결코 악한 비난의 대상으로 영원히 묻혀 있을 수 없습니다. 이 싸움은 그녀의 의에 관한 것이 아니라 그녀 안에서 역사하신 구주를 증거하는 일에 관한 것이기 때문입니다.

계속되는 싸움

다른 집단의 사람들이 어떻게 생각하든 내버려 둡시다. 그날 이후 우리는 하나님의 나라를 위한 싸움을 계속해 왔습니다. 다른 신실한 그리스도인들도 다양한 방식으로 싸우고 있지만, 그들이 어떤 명령을 받았든, 하나님의 나라는 생명의 면류관을 받기 위해 딤후 2:3-5 자신의 전 생애를 바칠 준비가 된 군사를 요구한다는마 10:39; 16:24-25 사실을 알고 있습니다. 그런가 하면, 본성과 본능에 따라 사는 짐승과 달리 자신이 영적 전쟁의 현장에 휩쓸려가는 경험을 하는 사람들도 있습니다.

동물이나 식물이 타고난 본능을 바꾸어야 한다고 생각하는 사람은 없을 것입니다. 인간을 제외한 대부분 생명체는 발달상태가 어느 정도 완전합니다. 오히려 불완전한 것은 모든 피조물 가운데 가장 진보한 생명체라고 하는 인간입니다! 자세히 살펴보면 그 이유를 알 수 있습니다. 즉, 사람은 내적 자아와 외적 자아, 영과 육의 조화가 부족하다는 것입니다. 하나님의 형상대로 창조된 진정한 인간은 볼 수 없습니다. 때로는 우리의 육신이 영을 해치기도 하고, 때로는 반대로 우리의 영적인 감정이 육신을 해롭게 하기도 합니다. 이렇게 해서 육체적 삶과 내면의 영적인 삶 속에 거짓이 발생하는 것입니다. 가시적 세계에서 보이는 것과 보이지 않는 것이 조화롭게 작동하여 완벽한 그림을 만들어내는 동식물의 세계와 비교해보십시오. 동물의 몸은 생명의 박동과 함께 성장하여 완벽하고 조화로운 전체를 만들어내며, 식물도 본연의 모습으로 성장합니다. 그러나 인간의 경우, 모든 사람은 자신의 삶에 무엇인가 허전함을 느낍니다. 그 이유는 자아에 대한 높은 인식이 자신의 삶이 전개되는 방식에 만족하지 못하기 때문입니다. 사도 바울은 "내가 원하는 것은 행하지 아니하고 도리어 미워하는 것을 행함이라"롬 7:15고 말합니다. 모든 사람은 바울의 말에 어느 정도 수긍할 것입니다.

많은 사람은 자신이 상태를 깨달은 후 오직 개인적 삶의 완벽을 추구합니다. 그러나 하나님의 나라를 기다리는 그의 백성은 인류 전체를 위한 하나님의 완전함에 다가가려 합니다. 이 땅에서 그리스도의 의미는 바로 그런 것입니다. 하나님은 그리스도 안에서 그의 자비하심을 통해 인간의 불완전함이나 상대적인 완전함과 대조되는 온전한 인간성을 부여하심으로, 모든 신자가 하나님의 온전하신 선하심과 진리와 공의의 완전한 피조물의 출현을 기대할 수 있게 하셨습니다.마 5:48 그러나 우리는 하나님이 언제 어떻게 개입하셔서 이 땅의 불완전을 대체할 하늘의 온전함을 기적적으로 떨어뜨리실 것인지 기다리기만 하는 수동적 방관자가 되어서는 안 됩니다. 예수 그리스도께서 세상에 오신 것은 그를 믿는 자들이 그의 은혜로 말미암아 온전함을 추구하며 참된 의와 거룩함으로 사는 새로운 본성을 입기 위해엡 4:24; 골 3:12 이하 끊임없는 충동을 느끼게 하기 위함입니다. 이러한 내적 충동은 영원한 동력과 같습니다. 그것은 마치 믿는 자가 일반 사람이 할 수 없는 탁월한 성취를 이룰 수 있게 해주는 기어변속 장치와 같습니다. 사도와 선지자들의 성취가 다른 사람들보다 탁월한 이유는 보이지 않는 하나님을 자신의 내면에 모시고 그의 영광과 지혜를 위한 자리를 마련하기 때문입니다. 이러한 원리는 예수를 믿는 모든 자에게 적용할 수 있습니다.

선봉장의 필요성

하나님의 뜻을 위한 충동이 기존 사회의 저항을 초래하는 만큼, 갈등이 발생할 것입니다. 이 싸움은 내면의 삶에서 시작되어야 합니다. 우리는 내면의 삶을 깨끗이 씻어내고 온갖 장애물을 제거하면 깨끗하고 진실한 삶을 가시화할 수 있다는 사실을 믿어야 합니다. 악을 원하는 사람은 없다는 점에서, 이 싸움은 모든 사람에게 열려 있습니다. 그러나 선택을 받은 자는 소수입니다. 대부분 사람은 육신에 대해 죽어야 하는 믿음의 좁은 길을 받아들이려 하지 않습니다. 그들은 이 좁은 문을 이해하지 못할 수도 있습니다.

그러므로 선봉장이 필요합니다. 많은 사람을 대신하여 때로는 영적 장애물소위 "흑암의 권세"에 대항하여, 때로는 우리 안의 장애물소위 "육신"에 맞서 승리할 수 있는 전사들이 있어야 한다는 것입니다. 우리는 흑암의 권세가 사전에 어느 정도 파괴되었느냐에 따라, 그만큼 육신에 대한 승리가 가능하다고 생각합니다. 육신 안에서 일어나는 진리를 위한 싸움은 내적 충동이 거짓 영향으로부터 얼마나 벗어나 있느냐에 따라 자동적으로 수행됩니다. 다시 말하면, 이 땅에서 육신의 삶은 내적 생명이 참되고 영원할 때만, 참되고 영원한 형식을 취할 수 있다는 것입니다.

이러한 사실은 성경에 영적 전쟁이 기록된 자들의 삶 속에 잘 나타납니다. 그들은 모두 자신과 주변에서 진리와 경건한 삶을 방해하는 것들과 싸웠습니다. 하나님의 영은 세상의 영과 싸웁니다. 요한계시록은 적어도 우리가 이질적인 영들이 인간 세계에 들어왔으며 그것이 하나님의 원래적 의도가 아니라는 사실을 인정해야 한다는 사실을 분명히 보여줍니다. 그러나 이것은 우리가 이 낯선 영, 역사의 과정에서 소위 "귀신"과 그 정점에 있는 사탄의 세력과 맞서 싸워야 한다는 점에서, 하나님의 뜻이기도 합니다. 하나님의 사람들이 그들 내면의 악하고 거짓된 존재에 맞서 진리를 위한 싸움에서 이길 때, 그들의 외적 삶은 즉시 참되고 영원한 모습으로 나타날 것입니다.

하나님의 군사들이 걸어간 길

예를 들면, 아브라함은 혈육과 시대적 사고에 얽매일 수 있는 장애물을 스스로 극복하고 하나님을 믿음으로써 그의 삶 전체가 바뀌었습니다. 아브라함 안에 의로운 씨가 심어졌으며, 거룩한 정의와 공의가 자라나 온 세상을 위한 하나님의 정의와 공의를 품게 되었습니다. 야곱은 하나님 및 인간과의 내적 투쟁에서 이김으로써 하나님 및 그와의 교제를 확신했으며, 이스라엘이라는 전투 현장이 되고 미래에 대한 약속을 받아내었습니다. 창 32:28 모세는 내면을 감싸고 있던 어두움을 극복하고 자신을 하나님께 드림으로써 하나님으로부터 의와 진리의 말씀을 받았으며, 애굽을 이기고 애굽 전역을 누비는 진노의 천사로부터 구원을 받았습니다. 그러나 이스라엘 백성은 모세를 통해 싸워 승리한 하나님의 전능하신 손길로 애굽의 명에에서 해방되고 광야에서 보호하심을 입었으나, 개인적으로 내면의 악에 맞서 싸운 적이 없어 아무런 유익이 되지 못했습니다. 그들은 애굽의 악한 영과 함께 광야로 떠났습니다. 그들은 하나님의 사자들이나 그의 영보다 이 악한 영들을 더 바라보았기 때문에 다시 애굽으로 돌아가고 싶어 했습니다. 몇 사람만 내면의 싸움을 통해 살아남았으며, 나머지는 모두 광야에서 죽었습니다. 이스라엘의 모든 역사는 개인이 이러한 내적 싸움에서 바른 자리에 설 때만 하나님의 나라를 위한 열매를 맺었습니다. 하나님을 받아들이는 자가 있다면, 그는 선지자이며 이적과 기사를 행하였습니다. 열방과 악한 영들을 받아들이는 자는 백성을 멸망시키는 자가 되었습니다. 그는 악한 영의 형상을 취한 것입니다.

확실히 "육체의 소욕은 성령을 거스르고 성령은 육체를 거스르나니"갈 5:17라는 말씀 그대로입니다. 대부분 사람은 육체의 즐거움을 위해 심기 때문에갈 6:7-8, 즉 쾌락이 지배하는 현재의 욕망을 위해 살기 때문에, 자신이 원하는 것을 따름으로써 귀신이라는 거짓 영의 지배를 받게 되는 거입니다. 하나님의 영에 사로잡힌 이스라엘의 선지자들은 이러한 거짓 영들에 맞서 내적 싸움을 지속했으며, 자신과 그들을 하나님의 전사로 인정하는 사람들을 위한 진리의 싸움을 승리로 이끌었습니다. 그러므로 이스라엘 역사상 가장 어둡고 암울한 시기에도 내적으로 하나님께로 돌이킨 자는 외적인 구원을 받았습니다.

하나님의 아들이 얻은 승리

이 역사는 그리스도께서 오시기까지 계속되었습니다. 그리스도의 삶 역시 하나님과 그로부터 오는 참된 생명을 위한 끊임없는 싸움이었습니다. 우리는 그리스도께서 처음부터 이 싸움에 돌입했다는 확실한 추측을 할 수 있습니다. 그는 진정한 참 이스라엘이었습니다. 그리스도는 하나님이 이 땅에 임하시기를 끊임없이 간구했습니다. 그는 "하늘에 계신 하나님"을 아버지라고 부르며 "이름이 거룩히 여김을 받으시오며 나라가 임하시오며 뜻이 하늘에서 이루어진 것 같이 땅에서도 이루어지이다"라고 기도하셨습니다. 예수님이 오신 이유는 **이 땅에 하나님의 공의를 세우기 위해서**입니다. 이전의 어떤 선봉장보다 내적으로 강하셨던 그는 하나님과 하나이심이 분명합니다. 그는 참 하나님이시자 영원한 생명이며 인간 안팎에 존재하는, 하나님께 속하지 않은 모든 것에 맞서 싸우신 전사였습니다. 하나님의 피조물을 지배하고 인간 밖에서 역사하려는 사탄의 나라가 세워졌으며, 이 나라에 맞서 거둔 위대한 내적 승리는 예수님과 그의 공적 사역을 위한 길을 예비했습니다.

그러므로 이러한 예수님의 전쟁을 위해 등장한 세례요한은 "내

뒤에 오는 사람이 있는데 나보다 앞선 것은 그가 나보다 먼저 계심이라"요 1:30라고 선포했던 것입니다. 그가 백성들이 회개하여 죄 사함을 위한 세례를 받고 하나님의 나라를 기다릴 준비가 되었다고 생각한 것은 그 때문입니다. 이 길을 닦은 싸움에 대해서는 구체적인 언급이 없지만, 같은 정신으로 싸우며 하나님의 나라를 위한 준비를 위해 세례요한을 따르다가 나중에는 나사렛 예수를 따랐던 사람들에게서 확인할 수 있습니다. 세례요한이 거둔 승리는 완전하지 않았습니다. 그것은 이스라엘 백성이 전통적인 성전 예배에서 벗어나 성전에서 죄사함을 구하기보다 광야에 있는 사람과 함께 할 정도의 성공이었습니다. 이것은 "하나님은 영이시니 예배하는 자가 영과 진리로 예배할지니라"요 4:24라는 말씀의 성취를 준비했습니다. 전통적 형식의 예배는 곧 사라질 것입니다.

그러나 예수님에게는 그 이상의 싸움이 필요했습니다. 그의 내적 투쟁은 그의 모든 말과 행동에서 잘 드러나며, 복음서에는 이러한 암시가 많이 나타납니다. 그의 인격과 관련해서도, 사탄과의 강력한 싸움이 있었습니다.마 4:1-11 이 싸움에서 한 인격적 존재가 처음으로 분명하게 드러나며, 예수님은 이 인격과 함께 싸움에 뛰어드십니다. 하나님에게서 분리된 세상의 영은 이러한 인격 안에서 전면에 나섭니다. 그는 하나님을 인정할지 모르지만, 그를 원하지는 않습니다. 이러한 세상 권세의 지배를 받는 인간은 독립해서 자신의 힘으로 운명을 개척해 나가야 한다고 생각합니다. 우리가 이 영적 존재를 "하나님의 대적"이라는 뜻에서 사탄이라고 부르는 이유는 그 때문입니다. 그러나 예수님의 경우는 정반대로, 오직 하나님만 전면에 나서십니다. 예수님은 하나님의 절대적 주권을 주장하며, 하나님의 주권을 위한 싸움에서 승리합니다. 이 승리는 천사들이 그를 찾아와 섬기고막 1:13, 하나님이 "이는 내 사랑하는 아들이요 내 기뻐하는 자라"마 3:17고 말씀하실 만큼 성공적이었습니다. 영광스러운 승리로 끝난 이 싸움은 예수께서 다시 일어나서 그의 백성에게 하나님의 권리를 주장하기 전에 먼저 이루어져야 했습니다. 예수님이 성공을 기대하며 대중 앞에 나서기에 앞서, 먼저 이러한 내적 승리가 이루어져야 했다는 것입니다.

남아 있는 싸움

그러나 싸움은 끝나지 않았습니다. 예수님의 남은 생애는 전적으로 생명을 대적하고 인간을 지배한 혐오스럽고 거짓된 인격과 끊임없이 싸운 내적 전쟁의 연속이었습니다. 사실 이스라엘은 진정한 의미에서 더 이상 하나님의 백성이 아니었습니다. 전체적인 관점에서 볼 때, 이스라엘은 영적인 면에서 하나님의 백성이었던 적이 없습니다.롬 2:28-29, 9:6 참조 이스라엘은 오직 소망 가운데 그리스도께서 오실 때까지 살아남았습니다.갈 3:24 오히려 그들은 하나님을 대적하는 영적 세력의 손아귀에 붙들렸으며, "너희는 너희 아비 마귀에게서 났으니 너희 아비의 욕심대로 너희도 행하고자 하느니라"요 8:44라는 그리스도의 말씀대로 이기적 마음으로 대적을 따랐습니다. 그로 말미암아 이스라엘 백성은 겉으로는 살아 계신 하나님을 예배했지만, 이방인과 똑같은 사망의 슬픔 속에 있었습니다. 사람은 어떤 영생의 흔적도 느끼지 못했으며, 하나님 역시 백성으로부터 아무런 증거도 받지 못했습니다.

그러나 이제 하나님의 증인인 예수께서 영생을 가지고 나타나셨습니다. 이것은 오직 예수님만이 이 땅에 하나님의 심판을 가져오실 수 있다는 사실을 잘 보여줍니다. 이제 그는 자기 형제들을 위해 싸우십니다. 그는 먼저 이스라엘 집의 잃어버린 양들을 위해 싸우시지만마 10:5-6, 15:24, 영적으로는 이미 모든 잃어버린 자들을 그의 싸움터로 끌어들이고 있습니다.마 28:19

자세히 살펴보면, 예수님은 이 땅에서 하나님을 위한 이중적 전쟁을 하신다는 사실을 알 수 있습니다. 사람이 수행할 수 없게 된 전쟁을 하나님이 예수님의 이름으로 하신다는 것입니다. 한편으로 예수님은 성령을 통해, 인류를 얽매고 있는 보이지 않는 사탄의 나라에 맞서 **악한 영들과** 전쟁을 하고 있습니다. 그는 이 보이지 않는 영토를 조금씩 장악하고 있습니다. 사탄의 족쇄에 갇혀 있던 사람들을 구원하는 일도 이 전쟁의 일부입니다. 복음서가 귀신에 대해 자주 언급하는 것도 이 때문입니다.

그러나 예수님은 사탄의 세력을 진압하셨지만, 마귀로부터 개인을 구원하는 사역은 아직 상대를 제거하지 못한 인간 속에서의 두 번째 전쟁을 필요로 합니다. 이 전쟁 역시 내적 싸움으로 시작합니다. 문제는 오직 하나님을 위해 자신을 희생하고 하나님의 진리와 공의를 위해 사셨던 것처럼, 마귀로부터 해방된 사람들이 내면의 자아를 하나님께 기꺼이 바칠 수 있느냐는 것입니다.

이 마지막 전쟁은 가장 힘든 싸움이며, 처음에는 패배로 끝나는 것처럼 보였습니다. "그 정죄는 이것이니 곧 빛이 세상에 왔으되 사람들이 자기 행위가 악하므로 빛보다 어둠을 더 사랑한 것이니라"요 3:19 인간의 내적 자아는 정복되지 않았으며, 예수 그리스도 안에서 하나님의 승리가 밝게 빛나면 빛날수록 육신은 이 승리에 더욱 강력히 저항함으로써 다시 어둠으로 가득 차게 된 것입니다. 그 결과 주 예수님은 끔찍한 죽임을 당하셨으며, 이는 영과 맞서 싸운 육체의 가장 잔인한 행위였습니다.

그러나 주 예수님은 자신의 내적 자아뿐만 아니라 몸도 하나님께 바치는 법을 아셨기 때문에 승리를 잃지 않으셨습니다. 그는 몸의 변화를 위해 육신을 넘겨주셨으며, 썩음을 당하지 않았습니다. 육신의 죽음에서 해방되신 예수님은 무덤에서 나왔습니다. 죽은 자 가운데서 부활하신 예수님은 제자들을 껍데기 율법과 교리를 가진 외적인 종교 공동체가 아닌 영적 전사로 부르셨습니다. 이제 그들은 죽은 자 가운데서 살아나신 예수님처럼 한 편으로는 사탄의 권세에 맞서, 다른 한 편으로는 육신에 맞서 싸워야 합니다. 예수님은 이 전쟁을 통해 인간 속에 하나님의 주권을 확립하심으로써 인류를 재창조하실 것입니다.

싸움이 계속되는 곳

부활하신 예수를 만난 모든 제자와 사도들은 실제로 인간 영혼의 내면에서 싸우고 있는 전사들입니다. 한편으로는 우리가 보거나 이해할 수 없는 마귀의 세력과 권세가 우리의 내면에서 강력한 공격을 가하고, 다른 한편으로는 성경이 육신이라고 부르는 인간 본성이 끈질기게 하나님에게서 벗어나려 합니다. 사도 시대가 이러한 전투에 대한 언급으로 가득한 이유는 그 때문입니다. 우리의 싸움은 무엇보다도 "혈과 육을 상대하는 것이 아니요 통치자들과 권세들과 이 어둠의 세상 주관자들과 하늘에 있는 악의 영들을 상대함"엡 6:12이지만, 동시에 우리를 가로막는 장애물이자 우리가 얽매이기 쉬운 죄와 육신에 맞선히 12:1 싸움입니다. 이것은 우리 가운데 계신 하나님을 위한 싸움이며, 하나님과 그의 공의와 나라를 위해 일할 수 있는 믿음을 위한 싸움입니다.

사도들은 우리에게 몇 가지 단편적인 암시만 주기 때문에 그들의 내적 싸움이 어떤 형식과 모습으로 전개되었는지는 자세히 알 수 없습니다. 이러한 내적 싸움을 국가 간의 충돌을 바라보는 관점에서 볼 수는 없습니다. 전장의 전체적인 모습은 전사들조차 알 수 없습니다. 그들 역시 눈에 보이는 존재며 눈으로 보는 것에 의존하기 때문에 자신을 대적하는 보이지 않는 적을 완전히 이해할 수 없습니다. 또한 눈에 보이는 인간에게 보이지 않는 세계의 역사를 알려주거나, 사탄과 그의 졸개들의 역사에 대해 구체적으로 설명하는 것도 그들의 관심사가 아닙니다. 그러나 그들은 사탄의 영역에서 온 것이든 육신에서 비롯된 인간의 반발이든, 하나님을 대적하는 저항을 만나면 담대히 맞서 싸움으로써 믿음직한 하나님의 군사임을 입증해야 하는 부르심을 받았습니다. 그들은 이 땅에 하나님의 통치가 이루어지기만 바라며, 예수님이 하늘과 땅과 땅 아래에 있는 자들의 주가 되셔야 한다는 목표마 28:18; 빌 2:10 참조에 모든 초점을 맞추는 사람이 되어야 합니다.

하나님의 전신 갑주를 입음

그러므로 그들은 정사와 권세, 마귀와 악한 영들의 출현에 대해 생각할 필요가 없습니다. 다만 그들은 인간의 생존 세계 외에 다른 세계가 있다는 것과, 이 다른 세계가 하나님을 대적하고 사람들을 끌어들이려 한다는 사실만 알면 됩니다. 어쨌든 그들은 적군의 전반적 현황을 몰라도 되는 병사와 마찬가지로 개별 전투의 전사일 뿐이며, 최고 사령관으로부터 언제 어디서 싸워야 하는지 듣는 것으로 충분합니다. 최고 사령관의 지시로 사탄의 영역의 보이지 않는 원수와 싸우든, 보이지 않는 육신의 욕구와 싸우든, 언제나 전열을 가다듬어야 합니다. 예수의 제자는 본질상 군인이며, 그의 삶은 내적 싸움의 역사입니다. 그는 하나님 나라의 위대한 목표를 향해 끊임없이 노력하며, 이러한 경험이 쌓일 때마다 점점 더 빛납니다. 이 역사의 끝은 생명의 면류관입니다.계 2:10 하나님은 피조물에게 안식일을 되돌려 주시는 면류관을 씌우실 것입니다.

하나님 나라의 외적이고 눈에 보이는 장애물에 대한 승리는 이러한 내적 투쟁 역사의 결과로 따라와야 합니다. 종교적이거나 세속적인 모든 관행, 관습, 풍습은 육신에서 비롯되었거나 적어도 육신에 의해 오염되었습니다.[40] 이러한 것들이 이 땅에서의 참된 삶에 방해가 된다는 것은 그 때문입니다. 그러므로 이러한 것들은 하나님의 온전한 계획과 완전한 질서를 위해 마땅히 제거되어야 합니다. 때가 되면, 즉 하나님의 백성이 수행하는 내적 싸움이 완성되면, 모든 열방과 이방인은 하나님의 생명 질서를 구현한 시온으로 몰려올 것입니다. 그러나 우리는 하나님과 함께 그리스도 안에 감추어져 있는 시온이 부활하신 예수 그리스도의 재림으로 공적으로 드러날 때까지, 수 세기 동안 이어지고 있는 이 싸움의 의미를 완전히 이해하지 못할 것입니다.

우리가 말할 수 있는 것은 사도 시대 이후, 이 싸움은 교회의 우선순위에서 밀려났다는 것입니다. 물론 이 싸움을 완전히 중단하지 않은 소수의 사람도 있지만, 우리는 기독교를 표방하는 자들이 인간 속에 잠재된 하나님의 나라를 가로막는 내적 장애물을 극복하기보다 기독교의 외양 전파에 더 열중하였다는 인상을 지울 수 없습니다.

이렇게 해서 한편으로는 기독교 국가가 세계열강으로 발돋움하면서, 다른 한편으로는 악한 세력이 다시 들어오고 육체도 아무런 방해도 받지 않고 파괴를 계속하고 있는 것입니다. 기독교는 인간적 요소와 마귀적 요소에 의해 훼손되었으며, "크리스천"이 된다고 해서 더 이상 그리스도의 교회를 장악한 사탄의 화신이 아니라는 보장이 될 수 없었습니다. 그리하여 육신이 영을 이겼습니다. 말하자면 그리스도를 **다시 십자가에 못 박은 것**입니다. 그리스도는 이 땅에서 더 이상 부활하신 주로 드러나실 수 없었습니다.

종교개혁이 머문 곳

그러나 시대마다, 부활하신 예수를 다시 죽이는 행위에 저항한 흐름이 있었을 것입니다. 그들은 사람들의 입맛을 충족시키는 살찐 기독교에 저항했습니다. 이러한 역류 가운데 가장 대표적인 사례가 종교개혁입니다. 루터를 비롯한 종교개혁자들에게 내적 싸움은, 비록 사도들만큼 분명하게 드러난 것은 아니지만 어떤 외적 현안보다 긴급하고 중요한 문제였습니다. 루터가 사탄과 인간적 업적에 맞서 싸울 때 먼저 마음 중심에 하나님의 능력에 대한 확신을 가지지 못했다면, 만일 그가 먼저 하나님의 진리에 대한 확고한 옹호자가 되지 않았다면, 교회의 오류에 대한 그의 공적인 반대는 내적 승리를 완성하지 못한 자들의 저항처럼 거의 성공하지 못했을 것입니다. 그러나 한편으로 종교개혁자들은 여러 가지 시대적 모호함과 육체의 일을 극복하지 못했기 때문에 진리를 완전히 드러내지는 못했습니다.

흔히 있는 일이지만, 첫 번째 승리를 거둔 개척자들이 승리의 전리품에 집착한 나머지 아직도 많은 싸움이 기다린다는 생각을 못 했다는 것은 참으로 안타까운 일입니다. 아직 최종적 결과물을 얻지 못한 그들은 다른 주장들을 판단할 권리로 눈을 돌리기 전에 더 많은 승리를 거두어야 할 것입니다. 그러므로 첫 번째 승리는 모든 저항이 물거품으로 돌아갈 만큼, 기독교를 위한 진리의 빛을 비추는 데 실패했습니다. 그리고 모든 진보는 멈추고 말았습니다. 오늘날 많은 사람은 자신의 주장이 옳다고 주장하지만, 하나님은 그들에게 다른 사람을 무시할 권리를 주지 않으셨습니다.

확실한 것은, 종교개혁이 하나님 나라를 향한 전진의 기초가 되었다는 것입니다. 우리는 계속해서 전진해야 합니다. 그러기 위해서는 새로운 교회가 아니라 등불을 밝히 켜고 주를 기다리는 공동체를 세우기 위해, 하나님을 위한 새로운 군사와 동역자들이 나서야 합니다. 하나님의 전사들은 예수님의 이름으로, 마음에 비췬 빛을 통해 사방에서 밀려오는 악한 영들과 사탄의 거센 유혹을 물리칠 수 있는 사람들을 모아야 합니다.

예수님은 수많은 사람을 위해 다시 전면에 나섰습니다. 우리는 그의 임재를 느낄 수 있습니다. 말하자면 그는 다시 살아났으며, 예전 교회가 세운 수많은 장벽은 더 이상 그를 제거할 수 없다는 것입니다. 적어도 예수님이 거하실 공간은 만들어진 것입니다. 그러나 우리는 다시 같은 위기에 처해 있습니다. 사람들은 하나님을 위한 내적 싸움과 승리보다 예전 교회와의 싸움을 통해 개신교를 확장하는 일에 더 많은 관심과 힘을 쏟고 있습니다. 그 결과, 개신교 교회에서도 교회는 예수보다 더 중요해졌습니다. 대부분 그리스도인은 교회의 복음 전파를 위해 싸웠습니다. 사탄과 육신에 대한 완전한 승리를 거두고 그리스도의 부활에 이르는 길을 여는 미완의 과업을 맡은 사람은 거의 없었습니다.

그러므로 오늘날까지도 부활하신 예수 그리스도는 드러나지 않으시며 개신교 교회에서조차 보이지 않습니다. 재림도 불가능해 보입니다. 전체적으로, 옛 교회와 마찬가지로 새로운 그리스도인 역시 영원한 빛을 비추지 못하고 있습니다.

개신교는 다른 교회들과 신앙 고백이 다르므로, 신조의 외적 형식에 모든 힘을 쏟습니다. 따라서 시간이 지남에 따라 그들은 예수님과 사도들이 시작한 내적 싸움을 계속해야 한다는 사실을 잊어버렸습니다. 그들은 이 싸움이 예수 그리스도께서 쟁취하신 생명을 위한 승리의 절정에 해당하며, 이 땅에서 하나님 나라를 시작하는 출발점이라는 사실을 깨닫지 못했습니다. 복음의 증인들조차 각자가 전사임을 입증했음에도 불구하고 대부분 그러한 사실을 깨닫지 못했으며, 마치 하나님의 나라를 위해 싸우듯이 싸워온 특정 신조에 매달리게 되었습니다. 따라서 교회나 자신의 영혼을 위해 싸우는 사람들은 자신이 하나님의 나라를 위해 싸우고 있다고 생각했으며, 사탄과 육신에게 넘어가고 있다는 사실을 깨닫지 못했습니다.

정복해야 할 더 많은 땅

뫼틀링겐의 목사였던 아버지는 처음에는 교회의 복음을 회중에게 가르치는 사역에 전념했습니다. 그는 이러한 가르침을 통해 믿음이, 믿음에서 삶이, 그리고 삶에서 하나님의 나라가 나타나기를 바랐지만 곧 자신이 틀렸다는 사실을 깨달았습니다. 아버지는 타고난 열정과 개인적 확신으로 수년간 일한 후 영적인 슬픔에 빠졌습니다. 자신도 알지 못하는 사이에, 하나님의 나라를 위한 전쟁은 서서히 정상적 기독교를 넘어서게 되었던 것입니다. 아버지는 교회 중심의 기독교가 잘못되었다고 생각했으며, 이것은 그에게 특별한 경험을 대비하게 했습니다. 그는 갑자기 영혼 깊은 곳에서 분출하는 늪을 만났습니다. 그것은 그가 한 번도 만난 적이 없는 수렁이었습니다. 그보다 앞선 다른 사람들은 마귀와 악령에 대해 많은 것을 알고 있었으며, 축귀는 선호하는 건강 요법이라고 말할 정도였습니다. 지역적으로는 온갖 거짓으로 난무한 마법이 성행했습니다.

아버지는 예수님 안에 살아 계신 하나님 외에는 지상의 누구도 최종적인 권위를 가질 수 없다고 확신했습니다. 마귀의 덫과 조우한 그는 이 일에 연루된 자는 복음의 진리를 알았던 자라 할지라도 주 예수에 대한 마음을 빼앗겼다는 사실을 깨달았습니다. 영적인 눈으로 인간 내면의 모든 영역이 사탄의 권세에 사로잡힌 것을 본 아버지는 누구와도 의논하지 않았습니다. 다른 사람들과 달리,

아버지는 사도들과 선지자들로부터 싸워온 하나님을 위한 전쟁에 돌입했습니다. 그가 자신의 생애를 건 이 싸움을 다시 시작하면서, 거룩한 빛의 인도하심과 힘주심에도 불구하고 이 싸움의 한계가 어디까지인지 몰랐다는 것은 놀라운 일이 아닙니다. 인간이 사탄의 포로가 될 수 있다는 것을 아는 사람이라면 태초에 보이지 않는 세계에서 미혹하는 영이 나타나 보이는 세계에 영향을 미쳤다는 사실에 놀랄 필요가 없습니다. 이 악한 영들은 사람을 속이고 교란하며 잘못된 길로 들어서게 합니다. 이 모든 일에도 불구하고, 아버지는 언제나 전사였으며 실수도 있었지만 대체로 옳은 길로 갔습니다. 옳은 길은 그를 "예수님은 승리자"라는 유일한 초점으로 몰아갔으며, 다른 모든 것은 멈추었습니다. 나는 아버지가 자신을 위해 싸우지 않고 오직 예수 그리스도의 승리와 그를 통해 주신 하나님의 메시지를 위해 싸우셨다는 사실을 인정합니다. 그는 생명의 위험을 무릅썼으며, 조롱과 비웃음을 참고 거짓과 오류에 맞서 실망하지 않았으며 자신의 실수를 깨달았을 때도 약해지거나 지치지 않았습니다. 대신에, 그의 태도는 언제나 "내가 아니라 예수 그리스도께서 통치하셔야 한다"는 것이었습니다. 싸움이 한창일 때 누군가 이해해주든 안 해주든, 상관없습니다. 결과가 모든 것을 말해 줄 것입니다.

5장 / 의도하지 않았던 결과

나는 앞서 아버지가 인간 내면의 감정적 영역에 대한 자신의 경험을 외부에 공표한 후, 어떤 어려움이 있었는지에 대해 언급한 바 있습니다. 그러나 여기서 더욱 상세히 밝히고자 합니다. 아버지가 교회 감독들의 요청에 따라 제출한 비망록의 서문에도 나타나듯이, 그는 이러한 공표가 문제를 일으킬 수 있다는 것을 알았습니다. 아버지는 "고틀리빈 디투스의 질병에 대한 보고"라는 제목으로 다음과 같이 기록했습니다.

지극히 존경하는 공의회에 다음과 같은 보고서를 제출하면서, 나는 지금까지 누구에게도 말하지 않았던 경험에 대해 대담하고 솔직하게 진술해야 할 의무감을 느낍니다. 가장 친한 친구들조차 마치 이 이야기를 듣기만 해도 위험에 처할 것처럼 나를 의심쩍은 눈으로 바라볼 때마다, 나는 완전한 침묵을 지키지 않을 수 없는 난처한 처지에 놓였습니다. 그러나 나는 악전고투하는 동안 전전긍긍하며 염려해준 그들이 감사할 뿐입니다. 대부분 내용은 내가 무덤까지 가져갈 수 있을 만큼 공개되지 않은 비밀로 남아 있으므로 나는 보고할 내용을 임의로 선택할 수 있었으며, 따라서 나는 이 글을 읽는 누구에게도 상처를 주지 않는 보고서를 제출할 수 있게 되었습니다. 그러나 나는 그렇게 할 수 없었습니다. 나는 문장을 마칠 때마다 모든 것을 있는 대로 밝히는 것이 성급하고 경솔한 행동이 아닌지 떨리는 마음으로 자문해 보았지만, 그때마다 "전부 말해"라는 내면의 음성이 들리는 듯 했습니다.

따라서 나는 승리자이신 예수님의 이름으로 모든 것을 밝히기로 했습니다. 특히 이 문제에 있어서, 나에게 솔직함을 기대할 권리가 있는 공의회를 위해서뿐만 아니라 이 싸움을 시작하게 하신 주 예수를 위해서도 정직하고 솔직하게 보고해야 할 책임이 있다고 생각했습니다. 나는 이 일을 처음으로 솔직하게 말하면서, 이 내용이 친한 친구들 사이의 비밀처럼 은밀하게 다루어지는 것이 덕스러울 것으로 생각합니다.

두 번째 요구 사항은 보고서 전체를 여러 번 읽어 본 후에 판단하시라는 것입니다. 나는 사람의 마음을 가지신 권능의 주님을 의지합니다. 여러분이 어떤 판결을 내리든, 나는 예수님이 승리자라는 철석같은 확신과 함께 가감 없는 진실을 말했음을 밝혀둡니다.[41]

사건의 진상

『드 발렌티 박사에 대한 변증』*Written Defense against Dr. de Valenti*에는 아버지의 비망록에 대한 자세한 언급이 나타납니다.

우리는 오래전부터 귀신이나 투시력에 관한 이야기를 많이 들어왔으나 합리적인 결론에 이르지 못했습니다. 따라서 내가 좀 더 신중해야 했으며 자만심으로 비칠 수 있는 내용은 모두 보고서에서 제외해야 한다는 지적에 대해 충분히 이해합니다. 그러나 나는 이 부분에 대해 잘 알고 있으며, 따라서 내가 어리석게도 모든 내용을 여과 없이 드러낸다고 생각해서는 안 됩니다. 그들이 요구한 이상, 그리고 내가 밝힐 수밖에 없는 상황인 이상, 나는 결코 이 사건을 지난 수십 년 동안 자주 보고 들었던 것과 같은 또 하나의 조작된 내용으로 둔갑시켜 진실을 왜곡하지 않을 것입니다. 나는 다른 세상에서 일어난 일을 가지고 어리석은 장난을 일삼는 위험한 망나니 가운데 한 명으로 간주되는 것이 수치스러웠을 것입니다. 나는 하나님을 경외하는 마음으로 이 문제에 접근했으며, 만약 나의 경우가 다른 유사한 사건들보다 훨씬 심각한 성격의 사례라면, 나는 자신을 정당화하기 위해서라도 감독들에게 그 점을 분명히 했을 것입니다. 일단 글을 쓰기로 한 이상… 모든 내용을 기록해야 했으며, 따라서 내가 어떻게 생각하고 행동했는지를 하나도 남김없이 솔직하게 진술했습니다. 또한 나는 이런 식으로 더욱 떳떳하게 결과를 기다릴 수 있었습니다. 나에게 잘못이나 오류나 거짓이 있었다면, 그것을 판단할 수 있는 위치에 있는 감독들이 알 것입니다. 일부 거짓된 조류와 악한 무리는 소리 없는 장벽을 세우고 그 속에서 온갖 은밀한 일을 획책하며 그들의 편에 완전히 가담하지 않은 자들이 안을 들여다볼 수 없게 하지만, 나는 그런 장벽을 세우지 않을 것입니다. 나의 대의는 빛으로 드러나고 빛의 조명을 받아야 하지만, 비밀을 보장한다는 전제하에 감독들에게만 그렇게 할 것입니다. 나는 그들에게는 밝히겠지만, 당분간 다른 사람에게는 드러내지 않을 것입니다. 나도 약속을 지켰습니다.[42]

이것은 아버지가 회중 가운데 많은 사람이 미신을 믿고 악령에 사로잡혀 있다는 사실을 알고 자신의 태도를 밝힌 후 얼마나 많은 어려움이 있었는지를 보여줍니다. 우리는 오늘 그의 말을 통해, 무엇보다도 예수 그리스도의 교회 안에서 일어난 어떤 일도 감출 수 없었던 어린아이와 같은 사람의 순수함을 보게 됩니다. 아버지는 자신이 교회의 자녀라고 생각했으며, 교회를 회중이 서로의 경험을 모두 나누는 대가족으로 인식했습니다. 따라서 아버지에게, 자신의 내적 삶뿐만 아니라 주변의 모든 것을 먼 나라에서도 알 수 있을 만큼 철저하게 변화시켰던 경험을 숨긴다는 것은 부정직해 보였던 것입니다.

성경적 증거와 권위

아버지도 이 사건이 성경 기사와 맥을 같이 한다는 생각에 공개적 토론에 대한 필요성을 느꼈습니다. 우리는 예수님의 삶을 마음속에 구체적으로 그리기 전에 다음과 같은 궁금증을 가지지 않을 수 없습니다. 구원받은 사람들을 사로잡고 있었던 귀신의 정체는 무엇인가? 구원받은 후 육체적 치유가 따랐던 이유는 무엇인가? 이러한 이야기들은 주 예수 자신과 당시 사람들의 속임수였는가, 아니면 모든 민족과 개인의 죄와 사망에 빛을 비추는 진리의 불꽃을 감추고 있는가? 우리는 둘 가운데 하나를 선택해야 합니다.

일반적으로, 아버지는 외부의 악한 영이나 귀신이 사람을 신체적으로나 정신적으로 상하게 할 수 있다는 성경의 개념을 자신의 경험이 확인해 준다는 사실을 깨닫게 되었습니다. 특히, 그는 예수님 당시와 마찬가지로 오늘날에도 악한 영들이 진리와 의의 나라를 훼방하고 있다는 사실을 알았습니다.

아버지는 사람들이 귀신에게 사로잡히는 주된 이유가 미신을 믿기 때문이라는 분명한 증거를 제시해야 한다고 생각했습니다. 기독교 공동체가 세 가지 관점에 동의하느냐 마느냐는 작은 문제가 아닙니다. 물론 공감대를 형성하기는 쉽지 않습니다. 왜냐하면 많은 사람은 세 가지 관점을 옹호하는 것조차 미신적이라고 생각하기 때문입니다. 세 가지 관점을 요약하면, [1] 예수님은 결코 잘못 판단하지 않았다. [2] 악한 영들에 사로잡힐 위험은 당시는 물론 모든 시대에 실제로 상존하며, 오늘날에도 쉽게 유혹에 넘어가는 사람들이 많다. [3] 미신과 우상 숭배는 사람들을 정신적으로나 육체적으로 상하게 할 수 있다는 것입니다. 그러나 많은 사람은 미신을 인정하고 반대하는 것조차 미신적이라고 생각합니다.

사람들은 아버지를 매우 부당하게 대했습니다. 그들은 아버지가 미신에 대한 대중의 잘못된 인식에 얼마나 강력하고 처절하게 맞섰는지에 대해 마음에 두지 않았습니다. 아버지는 미신적 행위에 대한 전방위적 공격의 필요성을 알리기 위해 글을 썼습니다.[43] 그는 미신에 대한 경각심을 일깨우기 위해 글을 쓰고, 예수님의 이름으로 미신을 비판했습니다. 그는 사람들에게 마녀와 마술사와 무당이 행하는 혐오스럽고 유혹적이며 정신을 마비시키는 일을 조심해야 한다고 호소하였습니다. 그는 대중에게 "이교도의 부적으로 무슨 어리석은 짓을 하느냐? 왜 마력과 부적으로 당신의 집과 가축과 아이들을 보호하려고 하느냐? 살아 계신 하나님이 당신을 도우신다는 사실을 깨닫지 못하느냐?"라고 외쳤습니다. 아버지는 죄나 지옥이나 죽음이나 마귀가 아니라 "예수님은 승리자"라는 슬로건으로 수많은 사람에게 영원한 자유의 복을 전하려 했습니다. 그러나 이 모든 수고와 노력이 어느 한 영역으로부터 철저히 외면당했으며, 아버지는 귀신을 믿는 정체불명의 반동분자라는 낙인이 찍혔습니다.

그러나 아버지는 귀신이나 마귀를 믿지 않았습니다. 예수님만이 길이요 진리요 생명이시기 때문에요 14:6 귀신이나 마귀는 아무것도 아니라고 생각했기 때문입니다. 나는 귀신을 믿는다는 이유로 아버지에게 등을 돌린 그들이 은밀히 미신적 행위에 물들어 있다는 사실에 고통스러웠습니다. 나는 어릴 때 한 그리스도인 가정으로부터 식사 초대를 받은 적이 있습니다. 그들은 참석할 식구의 숫자가 열셋이라는 말에 두려움을 느끼기 시작했습니다. 결국 한 사람의 좌석은 따로 마련해야 했습니다. 아버지가 그와 그의 가족과 친구들을 그런 어리석음에서 해방해주었음에도 불구하고, 그들은 아버지를 비난하고 정죄했던 것입니다.

불과 몇 년 전, 우리는 우리가 기거하는 곳 중 한 곳에 전기 호출 장치를 설치했습니다. 전기 기사는 13번은 가져오지도 않고 1에서 12번까지나 14번부터 선택하게 했습니다. 우리는 13번을 선택했습니다. 우리가 13번을 뺀 이유를 묻자, 그는 많은 사람이 13이라는 숫자를 두려워하기 때문에 그 번호를 설치하지 않으려 한다고 대답했습니다. 그런 사회가 아버지를 정죄했다는 것입니다! 우리는 교육받은 사람들조차 그러한 미신에 사로잡혀 있으면서 마치 계몽된 사람처럼 행동하는 사례를 얼마든지 들 수 있습니다.

나는 아버지가 자신과 다른 사람들을 그런 어리석음에서 철저히 해방한 공로를 인정합니다. 그는 미신의 위험성에 대해 반복적으로 이야기했는데, 그것은 미신을 믿어서가 아니라 너무나 많은 사람이 미신을 버리지 못하고 실제로 몸과 마음이 손상되었기 때문입니다. 이 시대는 사람들에게 일반적인 미신에 대해 열심히 교육하고 있지만, 미신적 개념들이 얼마나 터무니없고 어리석으며 그것에 얽매인 자들에게 얼마나 위험한지를 반드시 선포해야 합니다. 나는 아버지가 이 문제에 얼마나 진지하고 열정적이었는지를 너무나 잘 압니다. 이런 나를 미신적이라고 생각할 사람이 있을지 모르지만, 그렇지 않다는 것은 누구보다 내가 잘 압니다.

교회의 실패

나는 오늘날 하나님의 능력보다 보이지 않는 세력에 더 많은 관심을 가지고 심지어 그 권세에 복종하는 많은 사람이 어떤 위험에 처해 있는지는 더 이상 언급하지 않겠습니다. 내가 여기서 말할 수 있는 것은, 사람들이 아버지가 얼마나 마귀를 믿지 않고 진리의 사람이신 그리스도를 철저히 믿었는지 알았다면 그의 글이 훨씬 좋은 결과를 산출했으리라는 것입니다. 우리에게는 성령 충만한 교제와 함께 그 안에서 무슨 일이 일어나든 형제애로 받아들이고 유익한 것으로 여길 수 있는 교회가 있다는 아버지의 전제가 옳았다면, 논쟁을 초래할 수도 있는 문제들까지 기탄없이 나누는 것이 바람직할 것입니다. 그것은 사건이 발생했느냐의 여부에 관한 문제가 아니라, 그 사건이 영속적인 가치가 있는지 아니면 잊히는 것이 더 나은지를 검증하는 차원의 접근이 필요했을 것이기 때문입니다. 그러나 안타깝게도, 아버지의 전제는 잘못되었습니다. 우리에게는 하나님이 예수 그리스도의 교회의 유익을 위해 사용하실 수 있을 만큼 모든 것을 판단하고 정화할 수 있는 성령 충만한 교제가 없었으며 지금도 마찬가지입니다. 그러므로 우리는 이 모든 문제를 초래한 아버지의 정직성에 대해 비판적으로 접근 해야 할 것입니다.

예수 그리스도의 교회가 온 세상을 포함해야 한다는 생각은 처음부터 잘못된 것입니다. 그것은 사도들이 교회를 세울 때 품었던 본래 의도가 아닙니다. 교회가 세상의 소금이 되는 것과 마 5:13 세상 이 교회가 되는 것은 다릅니다. 현시점에서 세상을 교회로 세우고 싶다면, 그들에게 동조하는 교회를 세울 수밖에 없습니다. 그러나 세상은 미신적이며, 따라서 교회는 미신을 받아들이고 우상 숭배 사상과 관습을 허용해야 할 것입니다. 그렇게 되면 교회는, 사람들 이 성령 충만한 교제를 통해서만 이해할 수 있는 진리를 받아들일 수 있을 만큼 충분히 성숙하기까지 많은 진리를 포기해야 할 것입 니다. 지상의 나라들은 그리스도 안에 있는 하나님의 계시를 이해 할 수 없을 뿐만 아니라 그것이 개인에게 미치는 영향, 즉 하나님을 위해 사는 사람들에게 주어진 참된 자유를 내다볼 수도 없습니다.

그러므로 오늘날에도 우리는 하나님으로부터 온 것이 분명한 무엇을 인식할 때마다 그것과 관련된 당사자들의 영역에 직접 전 달할 수 없다는 사실 때문에 어려움에 빠지곤 합니다. 대신에 우 리는 공표된 내용이 교회를 거쳐 교회의 이름으로 온 나라에 전달 됨으로써 그 내용과 무관한 많은 사람이 알게 되는 난처한 상황에 처해 있습니다. 그것을 들은 사람들은 교회의 이름으로 반대에 나 섭니다. 그들은 교회에서 자신의 입맛에 맞고 이해할 수 있는 이야기만 듣고 싶어 하기 때문입니다. 사람들은 아버지를 외면했는데, 그와 교제하면 소위 교육받은 기독교 세계에서 바보 취급을 받을 것으로 생각했기 때문입니다. 더구나 아버지의 신앙은 당시 개신교까지 침투한 교회 내 미신적 관행에 대해 매우 비판적이었습니다.

아버지의 딜레마

아버지는 서문을 기록할 때 이러한 분위기에 대해 잘 알고 알았습니다. 그는 자신의 경험을 공표하는 것이 바람직하지 않은 결과를 초래할 수 있다는 두려움을 떨쳐 버릴 수 없었습니다. 아버지가 한편으로는 담대히 "모두 말해야 한다"즉, 공동체 내 형제자매들에게라고 생각하면서도 다른 한편으로는 "아무 말도 해서는 안 된다"즉, 온 세상에 대해라고 생각한 것은 그 때문입니다. 우리는 양극단의 벼랑 끝에 서 있었던 그를 볼 수 있습니다. 한쪽 벼랑, 또는 위험은 침묵을 지키는 것이었습니다. 왜냐하면 만일 아버지가 마치 세상에는 말씀을 순종하며 사탄의 영향력을 알고 있는 형제들이 한 명도 없는 것처럼, 진리를 드러내지 않고 붙들고만 있다면 그것은 확실히 잘못된 것이며 아버지 자신에게도 심각한 상처가 되었을 것이기 때문입니다. 아마도 그의 개인적인 내면의 삶은 이런 식의 진실하지 못한 행위로 말미암아 정체되고 말았을 것입니다. 또 하나의 벼랑 끝은 그 이야기를 공표하는 것이었습니다. 그렇게 되면 그것을 들어야 할 사람뿐만 아니라 아버지가 하는 사역의 복을 앗아갈 다른 영역에까지 전달될 것이기 때문입니다. 결국 온 세상 사람들이 아버지가 경험한 일에 관여했으며, 아버지에 대한 결정적 비난은 하나님의 영광을 위해 싸운 사람의 거룩한 경험에 대해 발언할 자격이 없는 그룹에서 나왔습니다. 아버지가 전제했던 교회는 결코 존재하지 않았습니다.

오늘날도 마찬가지지만, 이 결정적인 목소리의 주인공은 당시의 지배적인 과학 이론을 신봉하며 기존 교회에서 권위를 행사하던 집단에 속한 사람들이었습니다. 확실히 많은 사람은 아버지를 통해 미신적 사고에서 해방되었을 뿐만 아니라 그리스도에 대한 견고한 믿음을 통해 기적을 경험했습니다. 그러나 그들은 점차 침묵을 지켰으며 미신적으로 생각하고 주장하는 사람들에게 둘러싸이게 되었습니다. 그들은 귀신에 대한 자신의 생각을 정당화하기 위해 아버지의 이야기를 이용했습니다. 그들은 오늘날까지도 지워지지 않은 허구를 덧붙였습니다.[44]

이러한 상황으로 인해 아버지가 공표한 내용은 원래 생각했던 것보다 훨씬 더 위험해졌습니다. 사람들은 사악하고 왜곡된 사실에 초점을 맞추었으며, 영적 전투 내내 그의 곁을 지켰던 거룩하고 따뜻한 사랑의 인도하심은 간과했던 것입니다. 불가해한 사건에 익숙해진 그들은 아무런 자격도 없이 귀신을 쫓아내려고 했으며, 그 과정에서 아버지가 소환될 수밖에 없었습니다. 그들은 아버지와 달리 하나님의 부르심이나 인도하심에 대해 전혀 몰랐습니다. 그러나 이러한 인도하심이 없이는, 사람이 감지할 수 없는 것들을 건드리는 것조차 불가능합니다. 그렇더라도 아버지는 다른 사람도 자기처럼 어린아이와 같을 것으로 생각하는 실수를 범했으며, 그들도 자신과 같은 싸움을 할 수 있다는 주장에 동조했습니다. 그러나 특별한 부르심과 빛의 인도를 받지 않는 한, 하나님 나라의 유익을 위해 좋은 열매를 맺을 수 없습니다.

어쨌든 아버지의 후기 사역은 수천 명의 사람과 연결되었으며, 그들은 모두 그가 이 땅에서 매우 단순한 삶을 살았던 분별력 있는 사람이라고 생각했습니다. 그것은 악한 영들과의 치열한 싸움이 그의 영혼 심층부까지 영향을 미치지는 못했다는 충분한 증거가 될 것입니다. 아버지의 발아래에서 끊어져 버린 귀신의 사슬은 더 이상 주목의 대상이 되지 못했습니다. 진리와 함께 하나님 나라의 빛이 그의 앞에 비취었으며, 그 빛은 사람들을 죄와 사망의 진흙탕에서 건져 올렸습니다. 그러나 그림자 뒤에 숨은 해악도 있었다는 것은 부인할 수 없는 사실입니다. 아버지가 묘사한 귀신 이야기는 미신을 믿는 많은 사람에게 의도하지 않은 반응을 불러일으켰던 것입니다. 빛으로 가득한 설교에도 불구하고, 그의 뒤에는 항상 "결국 마귀와 귀신 이야기"라는 비난이 끊이지 않았습니다. 이런 불신은 지금까지 이어지고 있습니다. 시간이 지나면서 이러한 상황은 더욱 악화되었습니다. 기사를 입수한 불법 단체들이 거짓 내용까지 덧붙여 정기 간행물이나 뷔르템베르크에서처럼 특별판으로 출간함으로써 아버지의 복 된 기억을 훼손한 것입니다.[45]

물론 이 무지한 사람들의 잘못은 아닙니다. 그들 가운데는 아버지의 경험을 통해 보이지 않는 존재와의 잘못된 싸움을 바로 잡으려 한 사람들도 있었습니다. 어떤 사람들은 이야기를 비웃었습니다. 잘못은 전적으로 아버지에게 있다는 사실을 부인하지 않겠습니다. 비록 의도한 것은 아니지만, 귀신 이야기를 공표함으로써 하나님이 그를 통해 드러내시려던 증거가 빛으로 드러나지 못했기 때문입니다.

오늘날의 미신과 사탄

오늘날의 관점에서 볼 때, 나는 아버지의 본래 의도에 더욱 충실히 따라야 한다고 생각합니다. 그러므로 독자들에게 부탁하고 싶은 말은, 악령에 대한 소문을 들을 때 하나님 나라의 사람들은 이러한 이야기가 단지 배후에 있는 영적 전쟁을 보여주는 증거라고 간주해야 한다는 것입니다. 또한 예수 그리스도를 소망하는 사람들의 신앙은 이러한 외적 현현에 어떤 영향도 받지 않아야 할 것입니다. 하나님과 그의 참된 피조물에 대한 믿음이 악한 영들과 마귀가 왜곡한 자연에 대한 미신적 믿음과 뒤섞이는 것은 결코 바람직하지 않습니다. 이러한 미신적 신앙은 훨씬 더 파괴적입니다. 이런 부류의 신앙은 육에 속한 사람에게 더 큰 관능적 즐거움을 주기 때문입니다. 사람은 미신을 통해 흐릿한 환상에 빠지며 자신의 왜곡된 본성을 거짓으로 정당화하기도 합니다. 하나님에 대한 믿음과 마귀에 대한 믿음이 혼합되면, 자신의 악한 행동이 마귀 때문이라고 생각하는 결과를 낳습니다. 이것은 완전한 이교 사상입니다.

아버지는 귀신이나 사탄에 관한 이야기를 이해하고 싶어 하는 것이 하나님에 대한 신앙에 해가 된다고 생각했습니다. 그렇게 하면 예수님을 통해 하나님의 영광을 비추는 생명의 빛보다 인간 본성의 어두운 면이 더 큰 역할을 하게 될 것입니다. 만일 아버지의 전기에 실린 귀신 이야기로 인해 어두운 것들에 대한 찬사가 쏟아져서 나의 의사와 상관없이 내가 잘못된 관심과 찬사를 받아들이는 많은 사람과 공범이 되었다면, 뫼틀링겐에서 빛으로 드러난 오랜 미신과 주술의 더러움과 전혀 다른 무엇에 모든 초점을 맞추어야 한다는 사실을 더욱 강조하지 않을 수 없습니다. 우리가 육신의 죄의 참상을 보고 싶어 하고 그것을 놓치지 않으려 하면서 순수하고 정직하고 거룩한 것은 경시하는 태도는 인간 본성의 불행한 성향입니다. 당시 뫼틀링겐의 집은 소위 모든 쓰레기를 치우고 정리해서 깨끗한 집이 되었습니다.마 12:44 그러나 사람들은 깨끗한 집을 누리기는커녕 몇 번이고 쓰레기 더미를 뒤져 오물을 찾아내었습니다. 이러한 충동을 떨쳐 버립시다. 그리고 이 과정에서, 한때 미신으로 가득한 아우게이아스 왕의 외양간Augean stables 46을 치우라는 부르심을 받은 한 인물의 중요성을 간과하고 있다고 생각하지 마십시오. 오늘날 우리는 인생의 어두운 면에 관심을 기울이기보다, 처음에 아버지의 일을 시작하게 했던 그것에 전적인 초점을 맞추어야 할 것입니다.

살아 있는 말씀의 힘

소위 "싸움"을 하는 동안, 아버지에게 가장 중요한 것은 살아 있는 하나님의 말씀을 직접 접하는 것이었습니다. 하나님의 말씀은 그를 선지자처럼 준비시켰습니다. 당시 아버지는 주 예수를 통한 하나님의 계시의 빛을 위해 남은 생애를 쏟을 만큼 하나님의 말씀으로 가득 차 있었습니다. 그는 "사탄은 크고 강하며 대단하다"라고 생각하지 않았습니다. 그에게 동기를 부여한 것은 "예수는 승리자"였으며, 다른 모든 것은 사라졌습니다. 이러한 소망과 믿음은 남은 생애 동안 사람들과의 모든 관계를 형성하는 축이 되었습니다. 그는 더욱 높은 수준에 도달했습니다. 더러운 귀신에 몰입하여 싸웠던 이전 단계는 얼마든지 정당화될 수 있습니다. 그 것은 어쩔 수 없는 일이었다는 것을 그를 아는 사람이라면 누구나 인정할 것입니다. 그러나 그때나 지금이나, 다시 그 수준으로 되돌아간다는 것은 옳지 않으며 정당화될 수도 없습니다. 어느 시점에서, 하나님이 주 예수 안에서 성령을 통해 거두신 승리만 중요해졌으며 반드시 일어나야 할 일로 남았습니다. 그 일을 맡은 한 사람을 통해, 더러운 악령이 예수의 이름에 굴복하여 쫓겨났습니다.

그러나 지금 중요한 것, 우리에게 반드시 일어나야 할 일은 그 곳에 갇혀 머물지 않는 것입니다. 오히려, "예수는 승리자"라는 성취에 근거하여 우리 앞에 기다리고 있는 다음 단계로 넘어가야 합니다. 사람을 가둘 수 있는 껍질, 악한 영의 어두운 껍데기는 파괴되었습니다. 알맹이는 자유를 얻었습니다. 우리는 왜 빈껍데기에 관심을 가져야 합니까? 이제 우리는 육체를 가진 인간 알맹이에 대한 작업에 나서야 합니다. 육신의 난폭한 행위와의 싸움은 사탄과 싸우는 것보다 더 중요합니다. 사탄이 정복당했음에도 불구하고 우리가 자신을 정복하는 싸움을 회피한다면, 조만간 다시 껍질이 생길 것이며 이교도적 악한 세력이 우리의 영을 다시 흐리게 하여 미신과 우상숭배로 되돌아가게 할 것이기 때문입니다.마 12:43-35; 눅 11:24-26

처음에 아버지는 귀신과 맞서 싸웠으나, 모든 상황은 급변했습니다. 그는 귀신의 공격으로 내면의 상처를 입은 자들과 마주했습니다. 그들은 하나님께 악한 영들보다 더 큰 장애물이었습니다. 처음에는 사람들을 해방시키기 위해 그들을 뒤덮고 있는 악한 영들과 싸웠던 아버지가 나중에는 해방된 그들과 맞서 싸워야 했던 것입니다. 이것은 오늘날 우리에게도 적용됩니다. 어두운 덮개는 저절로 벗겨질 것입니다. 하나님의 빛과 구원 안으로 들어온 자가 누구를 두려워하겠습니까? 보이는 것이나 보이지 않는 것이나 현재 일이나 장래 일까지도롬 8:38 참조 구주께 속한 자를 어찌할 수 없습니다. 그들은 자신의 육체에 대한 구주의 승리를 경험하고 예수 그리스도를 통한 하나님의 진리와 의를 위한 공간을 자신의 삶속에 마련했기 때문입니다.

6장 / 계속되는 싸움

아버지의 사역은 그의 회중이 새로운 영으로 성장하는 열매를 통해 입증되었으며, 그는 쉼을 얻었습니다. 그러나 이 쉼은 휴식 시간이 아니었습니다. 초대하지 않은 방문객들의 발걸음이 끊이지 않은 데서 볼 수 있듯이, 그의 삶은 급류처럼 소용돌이쳤습니다. 내적인 문제나 육신적 필요를 가진 찬 수천 명의 사람이 확신에 차서 뫼틀링겐으로 몰려들었으며, 아버지는 일거리를 찾을 필요도 없었습니다.[47] 아버지는 하나님의 영의 완전한 권위를 지닌 영적 상담가가 되었습니다. 그는 사람들을 찾아다닐 필요가 없었습니다. 사람들이 아버지에게 와서 그의 조언을 들었기 때문입니다. 하나님 나라에 대한 사랑으로 이 사역에 동참한 사람들이 고되고 번거로운 일이었음에도 하나같이 안식일과 같은 편안함을 느낀 것은 놀라운 일이 아닙니다. 또한 학습하거나 모방할 수 있는 패턴이나 인간적 지침이 없다는 사실에 놀란 사람들이 많았다는 것도 이상한 일이 아닙니다. 아버지의 삶과 일과는 필요에 따라 달랐지만, 언제나 시냇물과 같은 한 가지 마음으로 대했습니다. 그의 삶은 죽는 날까지 전쟁이었으며, 그것은 많은 사람의 영적 상담가이자 자애로운 친구로서 그의 모든 활동의 결정적인 요소였습니다. 이 싸움은 욥의 경우처럼1:6-12, 2:1-6 자신의 권세를 휘두를 수 있는 허락을 받은 사탄의 공격을 받는 한 사람에게서 불타올랐습니다.[48] 일단 불이 붙은 싸움은 하나님의 인도하심 아래 결코 멈출 수 없는 사역으로 발전했습니다.

정복당한 세력의 반격

아버지가 첫 번째 싸움에서 성취한 업적은 그가 만나는 모든 사람과 교제할 수 있는 자격을 갖추게 했습니다. 보이지 않는 세력과의 숨은 내적 싸움은 그에게 짐을 가져오는 순간 긴장이 해소되고 편안해졌습니다. 이 보이지 않는 세력은 다양한 방식으로 사람들을 붙들어 매고 영향을 미쳤습니다. 사람들은 그들을 알지 못했지만, 이 악한 영들은 영적 조언자와 맞서게 될 것입니다. 아버지에게 도움을 베푼 존재는 지성이나 경험, 성경 지식, 인간적인 논리나 치료가 아닙니다. 그것은 사람들을 붙들어 매고 있는 보이지 않는 영들과 맞서 싸우는 전사였습니다. 목회자이자 상담가인 아버지는 처음에 단 한 사람을 위해 "예수는 승리자"라는 슬로건과 씨름하게 했으나 나중에는 특별히 치열한 전투 없이, 그를 찾아온 많은 사람 모두를 위해 싸웠습니다.

적군의 장수를 제거한 최고 사령관은 적의 노예가 된 군대와 개별적으로 맞서 한 사람씩 무장해제 시켜야 합니다. 첫 번째 승리를 거둔 아버지가 그런 식이었습니다. 그의 모든 성공은 첫 번째 승리와 이어진 승리의 결실이었습니다. 정신적으로나 감정적으로 불안한 많은 사람이 아버지를 찾은 것은 그 때문입니다. 그러나 이러한 정신적 속박으로 인해 신체적 질병을 앓고 있는 사람들도 아버지를 전적으로 신뢰하며 자신의 필요를 모두 털어놓았습니다. 그들은 보이는 세계로부터 보이지 않는 세계까지 다스리시는 하나님의 도움을 얻고 싶어 했습니다. 이러한 사정을 알지 못했던 사람들은 아버지가 비책을 가진 돌팔이 의사라고 생각했습니다. 그러나 그는 하나님으로부터 온 권위를 가졌기 때문에 결코 비난의 대상이 될 수 없었습니다. 그는 오직 이러한 권위에 의존하여 바트볼에 보호소를 설립할 수 있었습니다. 나는 바트볼에 가장 잘 어울리는 이름은 "전장"이라고 생각합니다.

쉴 수 없는 시간

한마디로 아버지에게는 잠깐의 휴식이 주어졌지만 쉴 틈이 없었습니다. 많은 싸움이 기다리고 있었으며, 더 많은 사람이 오면서 새로운 형태의 감정적 속박이 드러났습니다. 그 가운데 일부는 그에게 내적 고뇌와 신체적 피로라는 양면적 고통을 안겼습니다. 그것은 그에게 비친, 모든 어두운 권세를 비출 수 있는 빛을 끝까지 붙들어야 하는 문제였습니다. 그러나 아버지를 둘러싼 세상은 그 빛을 꺼버리려 했습니다. 대부분 사람은 아버지와 그를 돕는 자들이 시간이 가면서 이 빛이 일상적 삶의 압박으로 꺼지지 않게 얼마나 치열하게 싸워야 했는지 몰랐습니다. 물론 아무도 이 일에 대해 더 이상 언급하지 않았습니다. 뫼틀링겐에서 일어난 일은 모두 드러났으며 더 이상 숨길 수 없게 되었습니다. 그러나 그 후에 일어난 일은 비밀에 부쳐졌는데, 그것은 그런 내적 싸움을 적절하게 묘사할 말을 찾을 수 없었기 때문입니다. 따라서 이러한 내적 투쟁을 공표한다는 것은 유익을 주기보다 방해가 될 가능성이 큽니다. 굳이 알고 싶은 사람이 있다면, 이처럼 은밀한 내적 싸움은 권위 있는 전사들이 치러야 할 매우 정당한 싸움이라고는 사실만 알면 될 것입니다. 이 싸움의 결과는 하나님의 뜻대로 우리에게 베푸신 그의 은혜에 대한 간증을 통해 드러납니다. 우리는 이러한 결과를 아버지의 업적으로 여겨서는 안 됩니다. 그것은 오직 하나님이 하신 일이며, 모든 찬사는 아버지가 아니라 주께 돌려야 할 것입니다.

영적 조언자인 아버지는 그 후로 대중에게 중보기도의 사람으로 알려졌습니다. 그의 기도는 그의 치열한 싸움과 연결되었으며, 아버지를 통해 무엇인가를 경험한 사람들이 가장 주목한 것은 그의 기도였습니다.[49] 그러나 우리는 그러한 결과를 초래했던 아버지의 기도가 오늘날의 중보기도와 다르다는 사실을 말하지 않을 수 없습니다. 승리자이신 그리스도의 능력은 하나님의 뜻에 따라 특별한 중보 없이 기꺼이 기적을 행하셨습니다. 바트볼은 결코 신앙을 치유하는 장소라고 말할 수 없습니다. 그런 일은 나중에, 그리고 다른 장소에서 나타났습니다. 아버지는 기도가 치료제로 전락하는 것을 참을 수 없었습니다. 그는 중보 기도하는 사람들이 어떻게 하나님이 원하지 않는 것도 악착같이 기도하면 얻어낼 수 있다고 생각하는지 이해할 수 없었습니다. 따라서 아버지는 긴박하고 압박적인 기도에 대해 경고하는 한편, 예수님의 말씀을 상기시켰습니다. "그런즉 너희는 먼저 그의 나라와 그의 의를 구하라 그리하면 이 모든 것을 너희에게 더하시리라"마 6:33 "구하기 전에 너희에게 있어야 할 것을 하나님 너희 아버지께서 아시느니라"마 6:8 아버지는 중보기도 대신 전장으로 나갔습니다. 그는 다른 사람을 위해 최전선으로 나가 싸웠습니다. 그러나 사람들이 이 싸움에 기꺼이 동참하지 않거나, 그들이 어떤 삶을 살든 하나님의 나라를 위해 자신을 전적으로 희생할 수 없을 때, 모든 간구는 수포가 되고 말았습니다.

다른 사람을 위한 기도가 의사의 손에 들린 약처럼 기계적으로 작동할 것으로 생각하는 사람은 없을 것입니다. 사실, 사람의 강력한 현존이 영향을 미칠 수 있지만, 이것은 다른 것이며, 인간의 강압에 의해 강요되는 모든 심리학적으로 유도된 기적적인 치료와 마찬가지로 조만간 육체로 완전히 돌아갈 것입니다. 그러므로 구주께서도 그의 이름으로 기적을 행하는 자들을 조심하라고 경고하십니다.마 7:22-23 하늘에 계신 아버지의 뜻을 이해하지 못하고 최우선하지 않으면서 단지 사람들의 필요와 더 나은 삶을 위해 중보하는 자들이 행하는 권능은 불법이라는 것입니다.

하나님이 공급하시는 힘

아버지는 평생 싸웠습니다. 때로는 질곡 많은 삶으로 인해 전쟁이 중단되고 전쟁에 필요한 빛이 사라지는 것처럼 보였습니다. 내가 부탁하지 않았는데도 아버지를 부양할 기회가 주어진 것은 바로 그런 때였습니다.[50] 당시에 나는 아버지의 영혼이 여전히 세상을 돌아다니는 사탄의 강력한 힘에 맞서 얼마나 고뇌하고 있었는지를 이해할 수 있었습니다. 그의 은사를 이용하고 싶어 한 사람은 너무 많았습니다. 그것은 마치 몇 개의 불쏘시개 위로 젖은 짚과 나뭇잎을 던지는 것과 같았습니다. 나는 아버지도 시간이 지나면서 하나님의 나라에 유익이 되지 않을 만큼 지나치게 사람을 생각하는 실수가 있었음을 알았습니다.

이와 관련하여, 나는 이러한 실수가 계속 문제가 되었다는 사실을 말하지 않을 수 없습니다. 나중에는 우리도 하나님과 그의 나라를 위한 열심에서, 모든 것을 사람의 뜻에 따라 약간씩 조정했음을 인정합니다. 우리는 이런 실수를 범할 때마다 부담감을 느꼈습니다. 확실히 우리는 여전히 하나님을 섬기고 있지만, 하나님을 위해 가치 있는 일을 할 시간은 얼마 남지 않은 데 비해 사람들의 필요와 소원을 충족시키기 위해서는 훨씬 많은 시간과 노력이 들어갈 만큼 바람직하지 않은 상황으로 흘러갔습니다. 우리는 경험을 통해 하나님은 결코 그의 종들에게 과중한 짐을 지우지 않으신다는 사실을 알아야 합니다. 우리의 짐이 과중하다면, 그것은 사람들이 우리에게 짐을 지우기 때문입니다. 하나님만 섬기기 위한 일처럼 보일지라도, 다른 사람이 지우는 짐을 받아들이고 있는 것입니다. 오직 자신을 위해 예수 그리스도 안에 있는 하나님의 은사와 교회의 예배를 요구하는 오지랖 넓은 존재는 바로 악한 육신입니다. 이러한 은사는 한 개인을 위한 것이 아니라 의와 진리의 진보를 위한 것이어야 함에도, 결국 하나님은 사람을 위한 종이 되었으며 그리스도 역시 개인의 필요를 위한 구주가 되고 말았습니다.

이러한 관점은 아버지와 대조되는, 오늘날 필자의 입장을 잘 보여줍니다. 그러나 과중한 짐이 실수였다는 사실을 깨달았을 때, 나는 이미 짐에 눌려 기진맥진한 상태였습니다.[51] 나는 그때 어디서 잘못되었는지 되돌아보았으며, 하나님이 나에게 과중한 짐을 지우지는 않으셨을 것이라는 확신이 들었습니다. 예를 들어, 나는 나의 과도한 전파 사역이 하나님께 유익이 되지 않는다는 사실을 알게 되었습니다. 그 일을 한 것은 사람들이 좋아했기 때문이지만, 그들은 나의 희망과 달리 기쁜 마음으로 들은 하나님의 말씀을 실천에 옮기지 못했습니다. 그래서 말씀에 치중하는 사역을 중단했습니다. 우리는 사람들이 만족할 만한 다른 일도 했지만, 하나님이 우리에게 두려움을 주신 후 더 이상 사람을 기쁘게 하려고 시간을 보내지 않았습니다.

남아 있는 내적 싸움

이것은 사람들이 주목한 나와 아버지의 다른 점에 대해 많은 것을 설명합니다. 또한 당시의 싸움이 덜 자유롭고 덜 순수했으며 거의 사멸했던 이유도 보여줍니다. 그러나 하나님의 뜻은 사멸이 아닙니다. 하나님은 특정 사건을 통해 그의 종에게 다시 한번 깨닫게 하시고 새로운 싸움을 시작하게 하십니다. 당시에 나는 아버지 곁에서 개인적으로 하나님의 나라에 대한 은밀한 반대를 수없이 경험했으나 구원의 현장도 많이 목격했습니다. 겉으로는 사람들이 바트볼로 몰려든 시기였지만, 속으로는 말할 수 없는 고민과 어려움과 고통에 밤낮으로 시달렸습니다. 하나님이 특별한 능력으로 우리를 붙드시지 않았다면, 우리는 육체적으로 허물어지고 말았을 것입니다.

이 시기에, 앞서 언급한 실수는 또 하나의 문제를 일으켰습니다. 사람들을 위해 너무 많은 시간과 힘을 쏟았기 때문에 사역의 부담이 두 배로 가중된 것입니다. 우리는 이 일을 줄일 엄두도 못 내었기 때문에, 얼마 되지 않아 더 이상 사역을 지속하기 어려운 상태에 이를 수밖에 없었습니다. 따라서 우리는 싸움이 끝나기를 간절히 바랐으며, 온갖 종류의 인간적 속박에 과감히 맞서야겠다는 충동도 느꼈습니다. 그 결과, 우리는 자신의 길을 추구하기도 했습니다. 우리는 하나님의 때가 아닌데도 어떤 일을 억지로 추구할 때가 종종 있었음을 인정합니다. 그렇게 함으로써 잘못된 일들이 슬그머니 끼어들어 곤욕을 치르기도 했습니다. 모든 경건한 일, 특히 불순종으로 비취는 일에는 반드시 대가가 따르기 때문입니다. 하나님은 자신의 종들을 위해 열심을 내십니다. 그는 보복하시는 분입니다. 이렇게 말하는 것은 하나님의 신실하심을 찬양하기 위한 것입니다. 그의 의가 없었다면 우리는 무너졌을 것이기 때문입니다. 그러나 이 모든 과정에서 예수 그리스도의 빛은 계속 비취었으며 격려와 위로도 많았기 때문에 마음에 깊은 상처를 받았을 때도 여전한 확신으로 이 싸움의 끝을 바라볼 수 있었습니다. 우리는 우리가 아니라 예수 그리스도께서 싸워 승리를 거두신다는 사실을 날마다 배워야 했습니다.

이와 관련하여, 아버지 역시 이 영적 싸움의 결말을 맛보았습니다. 그는 세상을 떠나기 직전에 그가 섬기도록 부르심을 받은 주님에 대한 환상을 보았으며, 이것은 전환점이 되었습니다. 그는 모세와 비슷한 일을 경험했습니다. 순례 여정의 종착지인 약속의 땅에 이른 모세는 느보산에서 그 땅을 바라볼 수 있었으나 백성과 함께 그곳에 들어갈 수는 없었습니다.신 34:1-4 마찬가지로 아버지는 그의 영을 통해, 그토록 오랜 세월 싸워왔고 지금도 간절히 소망하는 피조세계의 임박한 회복을 보게 되었습니다. 그는 이 환상을 통해 마치 하나님의 말씀과 같은 음성을 들을 수 있었습니다. "이 땅에 영원한 평화가 이를 것이다. 이 땅의 저주는 축복으로 바뀔 것이다. 시온이 나타날 것이며, 너는 그들과 함께 노래할 것이다."52 그 날 이후 아버지는 특별한 일에 대비했습니다. 그는 자신이 전환점에 있다는 사실을 알고 모든 것을 정리했습니다. 그는 자신에게 무슨 일이 일어났거나 일어날 것인지 알 수 없었기 때문에 자신을 하나님의 손에 맡겼습니다. 얼마 지나지 않아 심한 병이 찾아와 그의 몸을 사로잡았습니다. 1880년 2월 25일 아버지는 하나님의 부름을 받았습니다.[53]

아버지는 세상을 떠나기 전까지, 하나님의 나라에 대해 받은 영적인 위로를 간직했습니다. 그러나 아버지의 죽음은 자신에게나 우리에게 고통스러운 경험이었습니다. 우리는 아직 싸움이 끝나지 않았다는 것과 아버지가 자신이 바라던 목표를 누리지 못했다는 사실을 잘 알고 있었습니다. 지나치게 열정적이었던 우리도 암울한 시절에 대한 책임을 통감합니다. 그러나 고통스러운 치유라는 성령의 심판을 통해 우리에게 새로운 빛이 비취었습니다. 우리는 이전에 알지 못했던 실수를 적어도 부분적으로나마 깨닫게 되었으며, 우리를 책망하신 하나님은 다시 새로운 은혜의 길로 우리를 인도하셨습니다. 우리는 새로운 빛과 새로운 희망으로 계속해서 싸울 수 있었습니다. "예수는 승리자"라는 슬로건은 우리에게 더욱 큰 동력으로 다가왔습니다.

육신과의 싸움

우리가 사탄의 온갖 세력과 맞서 싸운 후 자유롭기를 원했을 때, 이 싸움의 또 하나의 영역, 즉 육체와의 싸움이 서서히 모습을 드러냈습니다. 처음에는 이 싸움이 불분명했습니다. 우리는 여전히 정사와 권세에 맞서 싸우느라 많은 고통을 겪었기 때문입니다. 이 경험에 대해서는 더 이상 언급하지 않겠습니다. 당시에는 우리도 그 문제에 대해 깊이 생각하거나 온전히 이해하려 하지 않았습니다. 사실 우리는 그것에 대해 지나치게 생각할 권리도 없었습니다. 따라서 다른 사건에 대한 언급으로 이처럼 은밀한 경험을 묘사할 필요가 없으며, 그렇게 할 수도 없었습니다. 한 마디로, 뫼틀링겐 시절부터 지속되어왔던 어두움과의 싸움이 끝난 것입니다. 우리는 굴곡적 삶으로 인해 고통을 받기도 했습니다. 아버지에 이어 예전의 동료들까지 모두 세상을 떠나자[54] 우리는 혼자라는 생각이 들었습니다. 그러나 우리는 견고한 기초 위에 서서, 주 예수께서 예전에 역사하셨던 것처럼 강하신 손으로 모든 일에서 우리를 인도하실 것이라고 확신했습니다. 그는 우리와 온 세상을 위해 자신의 대의를 승리로 이끄실 것입니다. 우리는 내적으로 자신을 하나님께 온전히 맡기고 장차 올 일에 대비할 것입니다.

우리는 오래 기다릴 필요가 없었습니다. 하나님은 우리의 태도가 바뀌어야 한다는 것과, 뫼틀링겐에서 시작된 전투가 끝난 시점에서 어떤 식으로 바뀌기를 원하시는지 아주 분명하게 보여주셨습니다. 우리에게 새로운 빛이 비취었습니다. 새롭게 하나가 된 우리는 새로운 길을 모색하기를 주저하지 않을 만큼 확실한 하나님의 뜻을 느꼈습니다. 우리는 사탄과의 싸움은 끝났을지라도 육신의 이기적인 본성은 여전히 하나님을 대적하고 있다는 분명한 인식을 통해 새로운 길을 볼 수 있었습니다. 이러한 인식은 하나님이 주신 것입니다. 형언할 수 없을 만큼 거대하고 거룩한 무언가가 엄습하면서 우리는 큰 두려움에 사로잡혔으며, 앞으로 다가올 일에 대한 기대와 놀라움에 가슴이 벅찼습니다. 마치 "너희는 내 이름으로 사탄과 지옥에 맞서며 죽음 앞에도 설 수 있으나, 너희 안에 내가 온전히 거하지 않는 한 내 앞에 설 수는 없다"라는 음성이 하나님의 성소로부터 들리는 듯했습니다.

이제 우리는 그 어느 때보다도 육신이 얼마나 큰 장애물인지를 깨닫게 되었으며, 실제로 자신의 살과 피에 맞서 싸우는 것이 중요해졌습니다. 우리는 거부하지 않았으며, 따라서 사람들은 이러한 우리의 태도 변화를 곧 알아차렸습니다. 많은 사람은 이해하지 못했지만, 하나님은 우리의 길을 분명하게 보여주셨습니다. 그리하여 우리의 싸움은 새로운 양상을 띠게 되었습니다. 그것은 사람들에게 "당신이 죽어야 예수님이 사신다"라고 도전하는 싸움이었습니다.

당시 우리의 개인적 삶은 오랜 기간 어려운 상황에 처해 있었습니다.[55] 겉으로는 아무도 느끼지 못했지만, 우리의 내적 존재는 죽음마저 느꼈습니다. 그러나 하나님은 우리의 생각과 마음을 오직 그리스도의 죽음에 동참하는 일에 집중하게 함으로써 우리 안에 예수님이 사시고 우리가 자신을 위해 사는 존재가 되지 않는 은혜를 주셨습니다. 우리는 시련을 통해 오직 예수님만 지배권이 있으며 우리는 예수 안에서만 설 수 있다는 사실을 더욱 확실히 깨닫게 되었습니다. 어느 날 우리 가족 중 한 사람이 사경에 이른 적이 있습니다.[56] 우리는 많은 사람이 알고 있는 이 사건을 통해 기적적인 치유를 경험했으며, 이것을 예수 그리스도께서 우리를 거부하지 않으실 것이라는 증표로 생각했습니다. 우리는 조용히 하나님의 나라를 위해 계속 싸워야 했습니다. 우리는 더 이상 어둠의 권세와 싸우지 않고 자신에 맞서 싸움으로써, 예수께서 하늘과 땅과 땅 아래 있는 모든 권세와 정사와 권위를 다스리시는 것처럼 우리 안에서 우리를 다스리시게 했습니다.

오늘날 우리의 위치

우리는 독자들이 오늘날 우리의 입장을 스스로 판단할 수 있도록, 뫼틀링겐 시절부터 지금까지의 삶에 대한 역사적 언급을 해야 할 의무가 있습니다. 우리는 이러한 언급이 쉽게 오해받을 수 있다는 사실을 잘 알고 있습니다. 그러나 우리는 이 역사의 영적인 측면을 호소하지 않을 수 없습니다. 최근 우리의 가족은 무거운 심판을 받아 우리의 대의가 무의미해진 것처럼 보일 수 있으므로 더욱 그렇습니다.[57] 여기서 말할 수 있는 것은 이것이 우리에게 약속된 정의의 한 부분으로 옳고 정당하다는 것입니다. 우리는 이것을 하나님의 새로운 통치의 일부로 받아들여야 했습니다. 이러한 사실을 우리에게 확실히 깨우치기 위해 심판이 필요했던 것입니다. 우리를 관통하는 육신의 본성을 근절할 수 있는 다른 방법은 없습니다. 우리는 이 모든 과정을 통해 이러한 심판이 우리에게 무엇을 의미하는지 깨닫고, 심판의 당사자들이 넘어지거나 자신의 삶을 완전히 바꿔야 할지라도 우리는 저항하지 않고 하나님을 찬양할 것입니다. 우리는 이런 일로 혼란스러워하지 않아야 하며, 오히려 우리가 알고 있는 진리가 삶을 통해 드러날 것이라는 확신을 가져야 할 것입니다. 하나님의 뜻을 위해서라면 어떠한 희생도 마다하지 않을 것입니다. 그러나 이것은 결코 우리나 우리의 이야기에 관한 것이 아니라 하나님 나라의 진리를 위한 싸움에 관한 것입니다. 오늘날 예수 그리스도와 그의 이름을 사랑하는 모든 사람은 하나님의 나라가 이 싸움에 개입하기를 기다리고 있습니다. "죽으라 그러면 예수께서 살리라"라고 말하는 우리가 옳은지 스스로 판단해 보십시오.

우리 주 예수 그리스도의 싸움은 죽음으로 끝났으나, 이는 하나님이 그의 부활을 통해 자신의 영광을 드러내시기 위함이었습니다. 결국, 그의 교회도 모든 성도가 자신을 그들의 주께 온전히 바치는 것 외에는 어떤 방법으로도 승리를 거둘 수 없습니다. 교회는 부활하신 예수 그리스도의 생명이 교회 안에서 살아나게 하고 이 땅에 온전히 드러나게 해야 합니다. 예수님은 다른 어떤 싸움보다 이 싸움에서 승리하는 것이 중요합니다. 설령 모든 것이 이루어져 사탄이 패배하고 죄 사함이 이루어지며 죽은 후 영광에 들어갈 수 있다고 할지라도, 이 땅에서 육신을 정복하지 못하고 인간의 본성이 하나님의 뜻에 복종하지 않는다면 모든 것은 다시 수

포가 될 수 있습니다. 육신을 정복해야만 이 땅에 평화가 찾아오고, 오직 그럴 때만 모든 피조물에게 새롭게 임할 하나님의 안식일을 누릴 수 있을 것입니다. 이러한 최고의 목표에 모든 초점을 맞추고 결코 낙심하지 맙시다. 우리는 모두 이 싸움을 위해 부르심을 받았으며, 싸울 때마다 언제든지 "예수는 승리자시다! 그는 살아 계신다!"라고 외칠 수 있습니다.

7장 / 미미한 시작

우리의 현재 입장에 대해 더 많은 것을 말하기 위해서는, 뫼틀링겐에서 계속된 아버지의 경험에 초점을 맞출 필요가 있습니다. 나는 아버지가 말한 "싸움"에 대해 오늘날 내가 느낀 바를 설명하려고 노력했습니다. 아버지는 이 싸움에 이어 회중의 "부흥"[또는 "각성"]이 찾아왔다고 했습니다. 췬델 목사는 아버지에 대한 전기에서, 이것을 "회개 운동"이라고 불렀습니다.[58] 아버지가 처한 모든 상황이 갑자기 바뀐 것은 1843년 성탄절입니다. "내가 속히 오리니"계 3:11, 22:7, 22:12, 22:20라는 구주의 말씀은 끝이 보이지 않고 바깥세상과의 관계가 악화 일로를 걷던 극한의 시점에 달한 이 전사에게 그대로 이루어졌습니다. 아버지는 "너도 귀신 들린 다른 모든 사람처럼 조롱과 수치를 당할 것"이라는 말을 얼마나 많이 들었는지 모릅니다. 그러나 아버지는 자신이 호기심이나 어리석은 종교적 열정 때문에 이 싸움에 뛰어들지 않았다는 사실을 잘 알고 있었습니다. 그는 내키지 않음에도 불구하고 순종적으로 따를 수밖에 없었습니다. 이러한 분별력이 없었다면, 아버지는 "모든 것을 내려놓고 가능한 한 빨리 이 모든 일에서 손을 떼라"라는 속삭임에 넘어갔을 것입니다. 앞서 언급했듯이, 그는 이 격렬한 싸움의 끝을 내다볼 수 없었기 때문입니다.

그러나 그때 "내가 속히 오리니. 예수는 승리자시다"라는 음성이 들렸습니다. 이 외침은 어두움의 권세와의 치열한 싸움이 절정에 달했을 때, 깊은 고통 가운데 빠져 신음하던 누군가의 입에서 처음 터져 나왔습니다.[59] 이 외침은 깨끗한 샘물처럼 뫼틀링겐 Möttlingen 회중의 영적인 삶을 관통했으며, 개인에 이어 모든 회중에게 큰 각성이 일어났습니다. 참된 생명을 죽인 미신과 모든 죄의 늪에 허우적대던 사람들은 하나씩 수렁에서 머리를 들고 두려운 마음으로 자신의 삶이 얼마나 잘못되었는지를 깨달았습니다. 그들의 머리는 "우리를 도와 치유하실 분은 오직 심판자이신 예수뿐"이라는 생각으로 가득했습니다. 그들은 한 치의 망설임도 없었으며, 자신의 죄와 자신이 가담한 공동체 전체의 타락에 대해 고백하기를 주저하지 않았습니다. 그들은 특별한 은혜의 말씀을 통해 자신이 간절히 원했던 깨끗함을 얻기까지 쉬지 않았습니다. 그들은 생명을 주는 그리스도의 영에 의한 신체적 치유를 통해 이러한 깨끗함을 확인할 수 있었습니다. 다음과 같은 찬양이 끊임없이 솟아 나왔습니다. "내 영혼아 여호와를 송축하라 내 속에 있는 것들아 다 그의 거룩한 이름을 송축하라 내 영혼아 여호와를 송축하며 그의 모든 은택을 잊지 말지어다 그가 네 모든 죄악을 사하시며 네 모든 병을 고치시며"[시 103:1–3]

영적 각성

　죄인과 병자가 그리스도의 영을 통해 깨어난 각성은 아버지의 사역의 초석이 되었습니다. 이러한 각성은 그에게 새로운 방식으로 하나님의 나라를 위해 일할 힘을 끊임없이 주었습니다. 회중의 각성은 그곳에서 벌어졌던 싸움을 이어받았습니다. 이 땅에서 미신을 믿는 자들의 배경에는 불신과 미신의 영들이 있습니다. 이 영들 속에 그리스도의 영이 임하자, 성령의 임재를 깨달은 살아 있는 사람들이 영적 각성이라는 반응을 보인 것입니다. 그로 인해 그리스도께서 그들의 육체 안에서 역사하심으로 그의 영광을 드러내실 수 있었습니다. 이러한 각성 역시 싸움으로 보아야 하는 이유는 그때문입니다. 그것은 영적 각성을 통해 모든 불의와 맞서 싸우는 전사가 된 자들 안에서 일어나는 내적 싸움이었습니다. 또한 외적으로, 이 싸움은 그리스도인이라고 칭하는 자들의 옛 관습과 습관에 도전을 주었습니다. 다른 신자들은 이 각성의 본질에 대해 의구심을 가졌습니다. 뫼틀링겐 회중의 각성은 자신의 신앙에 대한 자부심으로 평안과 만족을 누리며 사는 신자들의 문을 두드리는 심판과 같았습니다. 이것은 새로운 일을 시작한 아버지를 내키지 않아 했던 친구들의 씁쓰레한 증언을 설명해 줍니다. 아버지 친구 가운데 그 경험에 온 마음으로 기꺼이 동참한 사람은 얼마 되지 않습니다. 아버지는 공적인 인정을 받았으며 많은 사람이 멀리서부터 뫼틀링겐을 찾아와 그곳을 지배하는 진리의 영을 느꼈음에도 불구하고, 그는 여전히 이 두 번째 경험에서 벗어나 있었습니다. 그뿐만 아니라 아버지는 이 운동을 제한하고 와해시키려는 조치를 취했던 국교회로부터 이 일에서 손을 떼라는 강력한 경고를 받았기 때문에 언제든지 분파가 형성될 수도 있었습니다.[60]

아버지는 종종 난처한 처지에 처하곤 했습니다. 그는 마침내 다른 교회 성도를 집으로 맞이하는 행위까지 금지당했습니다.[61] 당시에 아버지가 분파를 형성하지 않았다는 것은 뫼틀링겐의 각성을 초래한 주체가 모든 사람에게 다가가기를 원하시는 그리스도의 영이라는 사실을 우리에게 분명히 보여줍니다. 그것은 결코 아버지의 인간적인 카리스마 때문에 일어난 일이 아니었습니다. 영적 각성은 내적 싸움의 결과며, 오늘날의 우리의 삶에 대한 모든 관점은 이 싸움을 특징으로 합니다. 또한 우리의 삶이 하나님과 그의 나라를 향해 진보할 때 다른 신자들에게 낯설어 보이는 방식으로 전개된다고 해도 어쩔 수 없습니다. 그때나 지금이나 이러한 각성에 대한 경험은, 때로는 격리된 상태에서, 대체로 은밀히 일어납니다.

아버지의 경험에서 발산된 고상한 힘은 감미로운 향기처럼 널리 퍼져 수많은 사람을 끌어들였지만, 소수의 당사자만 온전히 이해할 수 있었습니다. 그러나 이 작은 집단 안에서 오랫동안 햇빛이 비취었으며, 그 빛은 어두워지지 않았습니다. 먹구름 사이로 해가 나타났으며, 햇살을 받아 따뜻한 온기로 채워진 모든 사람은 새로운 생명으로 성장하며 번성하였습니다. 예전의 어두웠던 마음속에서 하나님의 은혜가 분출되어 구석구석 비취었으며 모든 것을 밑바닥까지 변화시켰습니다. 모든 고통과 유혹, 싸움과 그것에 대한 조롱, 더러움과 부패 등, 과거의 모든 것은 하나님의 능력으로 사는 회복된 회중이 싹틔운 새로운 생명 앞에서 잊히고 말았습니다. 신체적으로도 새로운 생명으로 깨어나 건강을 회복함으로써, 사망의 냄새는 생명의 향기로 바뀌었습니다.고후 2:15-16

하나님의 은혜를 저버림

특별한 노력이 없어도, 하나님의 말씀은 실제적인 삶에 영향을 미쳤습니다. 모든 것이 바뀌는 데에는 많은 말이 필요치 않았습니다. 하나님의 역사는 한마디의 말씀으로 시작되었습니다.[62] 하나님 아버지의 역사는 "기적"이라는 단어조차 꺼내기 어려울 만큼 확실하고 자연스러운 방식으로 모든 사람에게 드러났습니다. 이러한 역사는 길거리 어느 곳에서나 볼 수 있는, 자연스러운 삶의 일부였습니다. 그러나 이것이 사역에 유익을 초래한 것만은 아닙니다. 뫼틀링겐을 찾아온 수많은 사람 가운데는 단지 호기심이나 신체적인 도움만 바라고 온 사람들이 많았기 때문입니다. 장래는 밝게 빛났습니다. 그것은 사도들이 가졌던 희망으로 가득한 빛이었습니다. 누구나 하나님의 구원을 느낄 수 있었으며, 하나님의 성취가 쉽게 이루어지는 시작을 즐거운 마음으로 볼 수 있었습니다. 오직 예수님의 이름으로 나타난 이 은혜와 진리의 태양은 아버지의 삶에 대한 가장 유력한 증언으로 남아 있었습니다. 그것은 그에게 끊임없는 격려의 원천이었습니다. 아버지와 가까웠던 많은 사람에게 하늘의 일을 경험한다는 것은, 그들이 실제로 영원한 보화를 볼 수 있으며 앞으로도 계속해서 볼 수 있다는 것을 의미했습니다. 우리도 수십 년 동안 이 햇빛 아래에서 살 수 있을 것입니다. 이 빛은 계속해서 우리를 관통하며 우리를 소생시키고 우리에 대해 증거하며, 시대의 아들인 우리를 하나님의 나라를 위한 싸움으로 불러 그 나라를 경험하게 할 것이기 때문입니다.

그러나 바로 이러한 싸움 및 계속되는 경험 때문에, 아버지는
그리고 아버지에 우리도 구주와 함께 한 부흥에 경탄하고 있을 수만은 없었습니다. 아버지는 회중이 부흥을 경험하는 이 행복한 시기에 단계마다 정복되지 않은 인간적 영역을 만났는데, 이것은 그에게 내적인 두려움과 걱정을 불러일으켰습니다. 무엇이 잘못되었는지를 제대로 파악하지 못한 아버지는 이 싸움을 하는 내내 하나님의 길에 장애가 되었으며, 결국 이러한 온 회중의 회심이라는 방식을 통해서는 하나님의 나라를 위한 확실하고 완전한 것을 얻을 수 없다는 사실을 알았습니다. 그는 두려움에 떨었습니다. 사람들에게 더 이상 아무 일도 일어나지 않는다면 이 운동은 끝날 것이며, 모든 경험은 이 땅의 하나님 나라에 아무런 도움도 되지 못한 채 하나의 기이한 현상으로 고립될 것이 분명했습니다.

그렇다 하더라도 영원으로부터 무엇인가 나온 것은 사실입니다. 그것은 하나님의 나라와 관련된 성경적 약속에 대한 구체적인 증표와 위대한 사상을 가져왔습니다. 선지자들의 영이 살아났

습니다. 이사야가 품었던 시온을 향한 소망이 나타나고 모든 민족의 구원을 위한 열망이 드러났습니다. 이러한 정신은 전적으로 성경적이며, 개인의 구원을 바탕으로 한 것이었습니다. 각 나라의 사람들이 뫼틀링겐에 이어 바트볼의 목사관으로 몰려들었습니다. 그러나 아버지는 여전히 불안함을 떨쳐버리지 못하고 하나님께 "위로부터 성령을 새롭게 부어주지 않는 한, 지금의 은혜와 진리로는 충분하지 않습니다"라고 부르짖었습니다. 더구나 뫼틀링겐에서 받은 은혜와 진리는 전통적인 기독교와 대립하는 경향이 있었기 때문에 효과가 반감되었습니다. 뫼틀링겐 운동은 어떤 교회나 분파와도 어울릴 수 없었기 때문에, 기독교 내에서 위험한 위치에 있었으며, 따라서 잊혀질 가능성이 컸습니다. 전통적인 교회나 교파가 진심으로 받아들이지 못한 것은, 이 운동이 처음부터 교회의 특정 의식이나 전통에 반대함으로써 신앙을 고백하는 모든 교인의 반감을 샀기 때문입니다.

더 큰 목적

무엇인가 빠진 것이 분명했습니다. 아버지는 뫼틀링겐 운동이 그대로 지속된다면, 그리고 외부의 시각이 바뀌지 않는 한, 소멸할 위험이 있다는 사실을 알았습니다. 이것이 그가 뫼틀링겐Möttlingen이나 바트볼Bad Boll에 사람들을 불러들이지 않은 이유입니다. 오히려 아버지는 이 운동 너머를 가리키며, "이 모든 것은 작은 시작에 불과하므로 여기에 갇히지 말아야 한다"고 말하는 듯했습니다. 우리는 신적인 힘에 떠밀려가는 느낌을 받았으며, 이처럼 재촉하는 힘을 통해 우리는 더욱 큰 목표를 향해 이 운동을 추진하게 되었습니다. 이렇게 떠미는 힘을 느끼면서도 앞으로 나아가지 못하고 그것을 돌아보며 감탄만 하고 있다면 어리석은 사람입니다. 이것은 아주 오래전부터 내려온 고질적인 실수가 아닙니까? 사람들은 어느 정도 은혜를 받은 후, 최종 목표를 위해 앞을 향하기보다 돌아서서 자신이 받은 은혜에 감탄하며 결국에는 그것을 우상화하지 않았습니까? 사도들과 선지자들도 이런 식으로 우상이 될 수 있습니다. 마찬가지로, 사람들은 16세기의 종교개혁을 하나의 추진력으로 삼기보다 개혁의 최종 성과로 흠모했습니다.

이것은 자신을 가두는 행위입니다. 이처럼 갇히거나 꼼짝하지 않고 머물러 있거나 자신이 받은 은사나 은혜에 경탄만 하는 행위에 대해서는 아버지도 속수무책이었습니다. 그는 앞으로 나아가기 위해 어떻게 해야 할지 몰랐습니다. 그러나 곤궁에 처한 아버지는 적어도 하나님께로 돌아서서 자신과 회중을 심판에 맡기는 바람직한 모습을 보였습니다. 아버지는 결코 희망의 끈을 놓지 않았습니다. 그는 단순한 "기독교" 정신으로는 불가능한 일, 곧 높은 것과 깊은 것을 진동하며 온 인류까지 변화시킬 수 있는 성령의 역사하심을 간절히 바랐습니다. 그는 이러한 소망을 통해, 부러지지 않는 유일한 지팡이[63]를 발견했습니다. 이 소망은 그의 구원이었습니다. 그것이 없었다면 아버지는 무너졌을 것이며, 우리도 끝까지 인내하지 못했을 것입니다.

아버지가 온전히 깨닫지 못했던 한 가지, 우리가 오랜 시간 동안 바라며 기다린 후에야 깨달았던 한 가지 사실은, 이러한 성령의 부으심은 인간의 특정 조건이 충족될 때만 일어날 수 있다는 것입니다. 아버지는 어두움과의 싸움이 최후의 전쟁이 아니라는 사실을 온전히 깨닫지 못했습니다. 모든 상황을 고려해볼 때, 결국 보이지 않는 흑암의 권세는 보이는 세계에서 역사하시는 하나님을 막을 수 없습니다. 악한 권세는 사람들을 위한 하나님의 뜻을 결코 방해할 수 없다는 것입니다. 그러나 원래 하나님이 불어 넣으신 생기로 이 땅에서 사는 인간은 하나님의 길에 자아를 깊숙이 심어 양육함으로써 하나님이 영을 주시는 것을 방해할 수 있습니다. 그러나 우리가 육신 안에서 멸망하는 것을 원치 않으시는 하나님은 우리에게 성령을 주시기 원하십니다. 결국 중요한 것은 보이는 세상에서 육신과의 싸움, 일종의 인간적 이기심과의 싸움입니다. 사람들은 자신이 그토록 바라는 복을 위해 하늘로 잠입하여 하나님을 종처럼 부리고 싶어 합니다.

우리는 이 자리에서 '성령의 새로운 부으심'에 대한 아버지의 소망은 "우리에게 성령을 주소서"라는 기도만으로는 얻을 수 없다는 사실을 솔직히 고백합니다. 그렇다고 해도 구주는 "성령을 구하라"고 말씀하십니다. "너희가 악할지라도 좋은 것을 자식에게 줄 줄 알거든 하물며 너희 하늘 아버지께서 구하는 자에게 성령을 주시지 않겠느냐"누가복음 11:13 물론 육신을 사랑하는 자나 정욕을 위해 구하는 자의 기도는 듣지 않으신다는 전제가 따릅니다. 구주와 사도들이 말하는 기도하는 자는 당연히 자신과 싸워 이긴 사람들이며, 그리스도와 함께 죽고 그와 함께 새로운 생명으로 부활한 자를 전제합니다. "기도할 때에 무엇이든지 믿고 구하는 것은 다 받으리라"마 21:22; 요 14:13, 15:16, 16:23는 약속은 바로 그런 자들에게 주어진 것입니다. 우리가 하나님께 구하는 은사가 크면 클수록, 심판은 더욱 깊이 우리의 육신을 파고들 것입니다. 거룩한 은사는 우리의 육신이 철저히 죽은 후에야 주어질 것입니다. 하나님은 온갖 죄와 악행으로 가득한 더러운 그릇에 은사를 담아주지 않으실 것입니다. 거룩한 은사를 담을 수 있는 그릇은 깨끗해야 합니다. 사람은 자신을 섬기고 싶어 하는 이기주의에서 벗어나야 합니다. 그들은 하나님을 위해 완전히 불타올라야 하며, 그렇지 않으면 성령을 위한 기도는 헛될 것입니다. 마찬가지로, 뫼틀링겐Möttlingen과 같은 영적 운동은 매우 깊숙한 곳에서 천천히 흐르다가 결국에는 모래 속으로 사라질 수 있습니다. 그렇습니다. 이런 영적 운동은 다음 결과를 향해 더 나아가지 않는 한, 즉 사람이 아니라 하나님께 영광을 돌림으로써 예수님이 살아 통치하시는 진정한 증언으로 이어지지 않는 한, 유익은커녕 해를 끼칠 수도 있습니다.

잘못된 생각을 바로잡음

이와 관련하여, 많은 사람은 흔히 "하나님의 영은 이미 부어졌다.

이처럼 성령을 부어주신 것은 예수님처럼 육신에 대해 죽을 수 있게 하기 위한 것이 분명하다"라고 말하지만, 잘못된 말입니다. 이렇게 말하는 사람들은, 하나님과 언약을 맺은 사람들이 예수 그리스도의 마지막 계시를 대비할 수 있게 이 땅에서 변화시키시는 계시의 기간 64을 부여하신 성령의 능력이 얼마나 높고 깊은지를 제대로 알지 못하고 있습니다. 이러한 변화는 새 하늘과 새 땅에 들어가기 위한 전제 조건입니다. 성경에 기록된 하나님 나라의 역사는 하나님이 사람을 통해 일을 시작하실 때 먼저 육신에 대한 죽음을 요구하며 그 과정이 어느 정도 완성된 후 약속을 성취하신다는 사실을 보여줍니다.

아브라함은 약속에 대한 확증과 맹세가 이루어지기 전에 자신의 모든 것, 심지어 하나뿐인 아들까지도 버려야 했습니다.창 22:1-19 모세와 주변 사람들은 위대하신 하나님과 구주에 대한 계시의 영광이 애굽에 대한 승리를 보장하고 율법을 통해 인생의 기본적인 지침을 제시하기 전에, 하나님의 인도하심을 통해 이기적인 마음을 깨트려야 했습니다. 이 지침을 지키지 않는 한, 더 이상 약속은 성취될 수 없습니다. 그러나 우리는 성경 역사를 통해 이스라엘 민족에게 주어진 수많은 약속에 대한 증거에도 불구하고 약속의 성취를 받아내지 못한 사실을 보면서도히 11:1-39, 이러한 사실을 제대로 깨닫지 못하고 있습니다. 약속된 메시아를 영접한 유일한 백성은 광야에서 외치는 한 음성에 귀를 기울여 들은 후사 40:3; 요 1:23 육신에 대한 죽음을 말씀하신 예수의 음성에 전적으로 순종한 자들입니다. "자기의 생명을 사랑하는 자는 잃어버릴 것이요"요 12:25; 마 10:39, 16:25; 눅 17:33라는 말씀은 약속의 내용과 상관없이 하나님의 역사에 있어서 근본적인 원리입니다. 사도들은 성령의 부으심을 위해 자신에 대해 죽어야 했습니다. 자신을 온전히 죽이지 못한 사람들도 사도들이 받은 은혜에 동참할 수 있었지만, 이것은 어디까지나 그들이 구주와 함께 있을 때 범했던 실패를 되풀이하지 않을 것이라는 전제를 깔고 있습니다. 그들은 자신에 대해 죽지 않으면 다시 성령을 잃을 수 있다는 사실을 알았습니다. 실제로, 유대 전통육신을 가리킨다을 지켜야 한다고 생각한 유대교적 그리스도인은 하나님의 진리를 드러낼 성령을 점차 잃었습니다. 초기 그리스도인이 받은 계시에서 출발한 일부 "기독교" 정신이 근근이 버티고 있지만, 새 생명과 계시의 영인 성령이 물러날 수밖에 없었던 것도 그 때문입니다. 이 "기독교" 정신은 국가와 물질의 힘이라는 세속적인 수단에만 의존해 계시의 영보다 세계 복음화를 앞세우는 방식으로 연명해 왔습니다. 인간의 이기심이 발동하거나 사로잡힐 때마다, 하나님의 뜻을 드러내실 성령은 멀어졌습니다. 그러므로 하나님의 약속이 성취되기 위해서는 그에게 약속을 상기시키기만 하면 된다고 생각하는 자들과 똑 같은 실수를 범하지 않도록, 하나님의 보호하심을 구해야 할 것입니다.

영적 운동의 중요성

앞서도 말했지만, 이것은 많은 사람이 하나님의 나라를 동시에 추구하는 운동이나 집단적 행위를 무시해도 좋다는 말이 아닙니다. 많은 사람은 이런 경종이 그들의 정상적인 교회 생활을 방해할 뿐이라고 생각합니다. 그들은 세월이 가도 말씀과 성례만 안전하게 유지될 수 있다면 충분하다는 오류에 빠져 있습니다. 그들은 불신자와의 만남에서 자신이 옳다고 믿는 것을 방해하는 것은 아무것도 없다고 생각합니다. 왜냐하면, 그것은 그들의 원천이 되는 교회의 신조이기 때문입니다. 이 신조는 세대를 이어 보존되어야 합니다. 그것은 조금의 동요도 용납되지 않고 바람 한 점 없어야 하며 모든 사람은 얌전히 앉아서 교회의 조직에 복종하고 은혜의 방편에 참여해야 한다는 것입니다.

나는 단지 인간적 노력의 결과에 불과한 새로운 삶을 추구하기 위해 얼마나 많은 열정적인 시도가 있었는지 잘 압니다. 확실히 이러한 시도들은 유익을 주기보다 해를 끼칩니다. 그러나 나는 수 세기 동안 이어진 어두운 시기에 구원의 길을 제시해왔던 전통적인 교리와 규정을 과소평가할 의도는 없습니다. 이러한 규례들은 종종 일정한 환경에서 견과류처럼 딱딱한 나무 열매의 알맹이를 싸고 있는 껍질에 비유할 수 있습니다. 알맹이는 싹을 틔우고 열매를 맺을 수 있습니다. 껍질은 속에 있는 알맹이를 보호합니다. 그러나 우리는 껍질에 싸인 이 알맹이가 언젠가 씨앗으로 뿌려질 것이며 그곳에서 껍질을 터뜨리고 싹을 틔울 것이라는 사실을 알고 있습니다. 이제 기독교가 예수라는 이름으로 이 살아 있는 알맹이를 보존해 왔다고 생각해 보십시오. 이 알맹이는 하나님의 아들입니다. 그는 육신을 입고 이 땅에 거하시며 표적과 기사를 통해 동시대인에게 하나님의 생각을 전하신 예수님이십니다. 그는 하나님의 나라가 이미 임했으며 온 세상에 하나님의 구원을 가져오기 위해 다가오고 있다고 말씀하시며 천국을 전파하신 예수님이십니다. 그는 우리의 육신과 악한 생각을 죽이기 위해 모든 인류를 대신하여 돌아가신 예수님이십니다. 그는 맏아들로 부활하셔서 "내가 살아 있고 너희도 살아 있겠음이라"요 14:19고 말씀하신 예수님이십니다. 그는 생명의 주의 유일하고 참된 뜻을 따라 하나님 보좌 우편에 앉아 모든 무릎이 예수의 이름에 꿇을 때까지 왕 노릇하시며 승리하실 예수님이십니다.고전 15:24-28; 빌 2:10 이하 그는 하나님의 마지막 임무를 수행하기 위해 다시 오셔서 모든 인류와 피조물을 심판하고 그들을 죄와 사망의 고통에서 건지실 예수님이십니다. 그렇다면 기독교가 이 알맹이를 지금까지 수 세기 동안 안전하게 보존해 왔다고 할지라도, 그것이 알맹이가 영원한 신비로 껍질 속에 머물러야 한다는 의미가 될 수 없을 것입니다. 확실히 이 알맹이는 때가 되면 싹을 틔울 것이며, 그러기 위해서 먼저 피조물 속에 이 씨앗을 심어 모든 세계가 예수 안의 생명을 통해 다시 한번 진정한 신적 존재를 회복해야 할 것입니다.

그렇다면, 때때로 껍질 속의 알맹이가 미동할 때 놀랄 필요가 없습니다. 어쨌든 그것은 생명이 있으며 껍질을 깨트리고 나오려 할 것입니다. 이것은 하나님 나라를 구하는 사람들 안에 살아 계신 예수님의 본능적 충동입니다. 이러한 충동이 사람들의 일그러진 아집에 이용당할 때, 생명력을 소멸하는 흉측한 모습으로 나타날 수 있습니다. 그러나 하나님은 때때로 성장이나 운동을 촉구하심으로 알맹이 안에 있는 생명력이 살아나게 하십니다. 그러므로, 하나님의 나라를 향한 대중 운동은 하나님이 시작하신 참된 운동일 수도 있고 인간이 만들어낸 거짓 운동일 수도 있습니다. 나는 종교개혁이나 그것에 바탕을 두고 그리스도인의 삶에 새로운 방향을 제시한 운동들은 하나님의 뜻에 의한 것으로 생각합니다. 조심스럽지만, 뫼틀링겐에서 일어난 사건도 같은 범주에 포함할 수 있을 것입니다. 비록 이 사건의 영향력이 작은 집단에 한정되고 많은 사람이 범기독교적 차원에서 사소한 일로 보지만, 우리는 이 사건을 통해 그리스도의 영, 곧 은혜와 계시의 정신을 볼 수 있는 충분한 이유가 있습니다.

습관이 사람을 가둡니다. 따라서 우리는 이러한 습관 뒤에 숨어 있는 상반된 이기심에 끊임없이 맞서 도전해야 합니다. 우리는 거짓이라고 생각되는 것마다 과감히 버릴 줄 알아야 합니다. 그렇게 할 때마다, 그 일을 하는 여러분 주변에 많은 사람이 모여들 것입니다.

하나님의 역사에 대한 인식

우리는 하나님이 운동을 시작하실 때 감동을 받은 사람들이 그 운동을 초래한 성령보다 운동 자체를 더 중요하게 생각하는 경향을 조심해야 합니다. 그것은 하나님의 나라에 있어서 간과할 수 없는 위험입니다. 인기 있는 대중 운동은 우리의 눈을 멀게 할 수 있으며, 새롭다는 이유만으로 온갖 거짓 형식이 급속히 발전하여 우리의 찬사를 받을 수 있습니다. 견과류를 심을 때 열매를 결정하는 것은 알맹이입니다. 종교 운동도 마찬가지입니다. 하나님의 나라를 위한 열매를 맺기 위해 결정적으로 중요한 것은 운동이 아니라 알맹이입니다. 하나님의 나라를 위한 대중 운동의 지도자들은 그리스도의 영으로부터 나오지 않는 어떤 성장도 경계해야 합니다. 그들은 예수 그리스도의 생명이 아닌 어떤 생명에도 여지를 주지 않아야 합니다. 그렇지 않으면 이기적인 거래의 문이 다시 열릴 것이며, 육신의 정욕이 성수 뿌림을 받을 것입니다.

진정으로 하나님의 나라를 추구하는 운동인지 구별하는 방법은 점점 더 커지려고 노력하지 않는다는 것입니다. 그것은 다른 종교 단체들 사이에서 주도적인 위치를 차지하기 위해 애쓰지 않습니다. 불순한 요소를 받아들이기보다는 차라리 점차 소멸하는 것이 낫습니다. 불순한 요소는 외부로부터 해를 끼치기보다 그리스도의 공동체 안에서 더 많은 해를 끼칠 수 있기 때문입니다. 기본적인 진리를 보유한 분파라 할지라도 개종자를 위한 열정, 즉 새로운 신자를 자신의 집단으로 끌어들이려는 노력은 지상에 있는 그리스도 공동체 안에서의 연합을 위해서뿐만 아니라 그 분파가 가지고 있는 진리 자체에도 위험합니다. 사실을 말하자면, 하나님은 자신이 원하는 사람들을 교회에 더해 주십니다.행 2:47 우리는 자신을 위한 전도가 하나님을 위한 전도라는 생각으로, 우리에게 다가오는 사람들을 강압적으로 개종시키려 해서는 안 됩니다.

진정으로 하나님 나라를 추구하는 운동인지 분별하는 또 하나의 방법은 그 운동을 통해 분출되는 힘에도 불구하고, 예수님과 사도들처럼 온유함과 겸손함을 유지하느냐는 것입니다. 하나님의 나라가 인간에게 가져다주는 혁명은 사람이 아니라 하나님이 주관할 것입니다. 세례요한이 시작한 하나님의 나라를 위한 운동과 예수님을 중심으로 일어난 운동은 당시의 종교적 관점에 역행하는 것으로, 동일한 삶의 원리를 담고 있습니다. "깨우침을 받은 너희는 이리 가운데 있는 양과 같다.마 10:16 참조 너희는 이빨도 없고 다른 무기도 없다. 하나님이 전부 다 하실 것이기 때문이다. 너희가 할 일은 오직 진리를 따르는 것뿐"이라는 것입니다.

이러한 삶의 원리는 역사에 나타난 하나님의 나라를 추구하는 모든 운동을 판단하는 준거가 됩니다. 운동 자체는 중요하지 않습니다. 중요한 것은, 하나님의 공의로 나타난 그의 진리에 관한 원리들이 드러나서 세상을 비추어야 한다는 것입니다. 우리가 필요로 하는 것은 그리스도인의 자질이 새로운 형태로 잠시 되살아나는 것이 아닙니다. 우리는 교회 확장에만 매달리는 방식으로만 낙을 찾으려는 것이 아닙니다. 아니, 종교 운동에서 가장 중요한 요소는 예수님과 성령이 주시는 영원한 은사입니다. 나는 사도 시대의 교회들이 어떻게 생겨나고 발전해 왔는지에 관한 관심을 소홀히 할 수 없었습니다. 나의 관심은 사람들이 예수의 이름으로 발견하고 그들의 삶을 지배했던 정의와 진리의 생명력에 집중되었습니다. 이 생명력은 영원하며 오늘날까지 하나님의 나라를 위한 열매를 맺고 있습니다. 이러한 생명력을 가진 운동들은 "주께서 오신다"는 하나의 외침이 온 세상을 뒤덮을 마지막 큰 운동이 도래할 때까지 계속해서 일어날 것입니다.

이러한 사례는 구약 시대 이스라엘의 하나님 나라 역사에서도 찾을 수 있습니다. 하나님을 위해 싸운 사람들 개개인을 통해, 회개의 움직임이 끊임없이 일어나 예언의 말씀과 표적을 통해 모든 사람에게 하나님의 빛을 비추었습니다. 사무엘의 이야기를 생각해 보면 충분히 이해될 것입니다. 그러나 어떤 운동이 교회 규정을 흔들면서까지 가치 있는지에 대한 성경적 증거를 제시한다는 것은 논지에서 벗어나게 할 것입니다. 또한 새로운 형태와 새로운 그릇을 찾고 있는 사람들이 하나님의 나라를 위한 생명의 폭발을 정죄하는 것이 틀린 이유를 설명할 시간도 없습니다. 나는 뫼틀링겐 운동에 대한 입장의 정당성에 대해서는 충분히 제시했다고 생각합니다. 또한 뫼틀링겐 운동은 인간이 의도적으로나 잘못 시작한 것이 아니라 하나님의 뜻이었다는 주장 역시 옳다고 생각합니다. 하나님은 예수께서 사도 시대에 살아 있는 말씀을 통해 표적과 기적을 행하시며 승리하신 것처럼 지금도 예수님이 살아 계시며 승리를 거두신다는 진리를 다시 한번 보여 주신 것입니다. 나는 뫼틀링겐이 모든 신자에게 주는 교훈은 신앙생활이 축복을 향한 한가한 걸음이 아니라는 것임을 굳게 믿습니다. 우리는 이러한 한가한 여정에서 벗어나, 예수 그리스도의 승리와 이 땅에서의 주 되심, 그의 오심, 그리고 하나님 나라가 완성될 그날과 같은 객관적 실재들을 향한 간절한 열망을 가져야 할 것입니다.

8장 / 승리에서 경건한 자아주의로

우리는 이 시점에서 이 운동의 신적인 측면으로부터 인간적인 측면의 결과인 실수로 눈을 돌려야 합니다. 우리는 하나님을 위해 이 일을 함으로써 아무도 "이 운동이 하나님의 역사였다면 결과가 전혀 달랐을 것"이라는 말을 하지 못하게 해야 할 것입니다. 반대로, 우리는 인간의 잘못이 하나님의 진리와 생명의 흐름을 방해할 수 있다는 사실을 알아야 합니다. 인간적 언어로 표현하자면, 이러한 인간적 오류가 부흥에 이어지는 다음 단계의 신적 사역을 가로막은 것입니다. 우리는 실수를 인정함으로써 앞으로의 행동을 위한 교훈으로 삼아야 할 것입니다. 우리는 하나님 앞에서 죄책감을 느끼고 공개적으로 죄를 고백함으로써 다른 사람들이 같은 실수를 범하지 않게 해야 할 것입니다.

아버지가 성령을 기다리며 기도한 것은 확실히 옳았습니다. 성령은 이미 회개 운동을 통해 역사하고 계셨으나, 신적인 의를 추구하며 하나님의 나라를 향한 진정한 전진 운동을 하는 경건한 삶을 위해 더 많은 성령의 역사가 필요했습니다. 그러나 아버지의 간절한 바람과 기도는 아무런 성과도 거두지 못한 것 같았습니다.

적어도 아버지는 자신이 바라던 것을 경험하지 못했습니다. 그렇다면 누구의 잘못입니까? 그의 생각이 틀렸던 것입니까? 그렇지 않습니다. 다만 우리는 성령께서 더 많은 은혜와 계시를 부어주시는 방식으로 이 운동에 반응해야 한다는 것을 몰랐을 뿐입니다. 그렇다면 어디서 실수가 있었던 것입니까?

쓰임을 받으려는 의지

뫼틀링겐은 그 모든 신선한 바람에도 불구하고 여전히, 하나님의 나라에 영구적인 가치가 없는 낮은 기초 위에 있었습니다. 그것은 수 세기에 걸쳐 발전해 온 기독교 사상의 기초였으며, 아버지가 처음부터 뿌리를 내리고 성장해온 신학이었습니다. 확실히 하나님은 교회가 지금까지 믿어왔던 교리와 신조라는 익숙한 수단과 방법을 통해 얼마나 많은 성취를 이룰 수 있는지 보고 싶어 하셨습니다. 하나님은 마지막으로 아버지를 사용하시어, 말하자면 사람들에게 익숙한 교리와 예배 형식을 통해 자유를 얻을 수 있는지 시도해보신 것입니다. 우리는 악한 본성의 저주에서 해방되어야 합니다. 그런 후 하나님 나라의 진정한 지체, 살아 계신 하나님만이 예수 그리스도를 통해 다스리시는 참된 하나님의 백성이 되는 자리까지 나아가야 합니다.

우리는 뫼틀링겐에서 구주께서 어떻게 직접 개입하셔서 교회의 교리와 전통에 따라 발전된 모든 종교 사상의 밑바닥까지 이르셨는지 보았습니다. 그는 우리의 유일한 "영혼의 목자와 감독 되신 이"벧전 2:25로서 개입하셨습니다. 이제 모든 것은 이 은혜를 경험한 사람들, 즉 은혜의 특권과 즐거움을 누리고 있는 사람들이 구주의 선한 종으로 쓰임 받으려는 의지에 달렸습니다. 오랫동안 영원한 저주 아래 놓여 있었던 자들이 하나님의 풍성한 은혜와 사랑을 느끼고 구원을 받을 수 있는 자리에 이르게 된 것입니다.

우리는 종이 주인에게 이잣돈을 돌려드린 것처럼마 25:14-28, 구원받은 자가 자신이 받은 것을 되돌릴 수 있을 것인지 기대하며 기다려야 했습니다. 이제 우리는 구원받은 자들이 자신으로부터 시선을 돌려 어떻게 하면 새로운 생명을 도구를 주신 구주께 유익한 종이 될 것인지에만 집중하는, 자기 부인을 실천할 것인지 지켜볼 것입니다. 그들은 하나님이 각 사람에게 지정하신 포도원에서 일꾼이 되어야 합니다. 그러나 그들은 자신이 열매를 누리는 것이 아니라 주인을 위해 열매를 맺도록 도와야 합니다.막 12:1-12 죄는 용서를 받아야 하며, 징조가 나타나야 할 것입니다. 부활하신 예수 그리스도가 사망 권세를 정복하셨으므로막 16:17-19 고통당하는 자와 병든 자의 치유를 통해 하나님의 나라가 드러나야 할 것입니다. 그러나 우리는 이처럼 놀라운 표적에 도취하여 월계관에 안주해서는 안 됩니다. 오히려 이러한 표적을 통해 힘을 얻어, 더욱 충성하고 자기를 부인하며 자신에게 유익하던 모든 것을 배설물로 여김으로써빌 3:8 오직 만물을 충만케 하실 그리스도와 하나님의 일만 보고 느낄 수 있어야 합니다.

하나님은 이런 일이 일어나기를 바라십니다. 그러나 우리는 아직 그것을 감당할 수 없었습니다. 우리는 돼지가 먹는 쥐엄 열매로 배를 채우며 아버지의 사랑을 기억하는 탕자와 같았습니다.눅 15:11-24 그러나 탕자는 아버지의 사랑으로만 자신을 위로하지 않았습니다. 또한 그는 단지 먹고 마시며 풍족한 삶을 누리기 위해 아버지에게 돌아온 것이 아닙니다. 집으로 돌아와 아버지의 사랑을 느낀 그는 "나를 품꾼의 하나로 보소서"라고 했습니다. 안타깝게도 뫼틀링겐에서 죄사함과 놀라운 표적과 기적을 경험한 자 가운데 이 단계에 이른 사람은 얼마 되지 않습니다.

경건한 자아주의의 독

그러나 우리는 육신이 내면적으로 어떤 해를 끼치는지 알게 되었습니다. 육신은 하나님이 그의 나라를 위해 주시려는 모든 것에 맞서 머리를 들었습니다. 우리가 예수님을 통해 경험한 모든 것은 우리를 하나님 나라의 임재로 인도해야 할 증거며, "너희가 받은 은혜를 자신을 위하여 사용하지 말라! 그것은 하나님을 위해, 그의 목적을 위해, 그의 목표를 위해 사용하라"고 외칩니다. 그러나 우리의 육신은 "내가 원하지 않는 것은 필요 없다"고 말하며 반대합니다. 이에 성령께서는 "모든 것은 하나님과 그의 진리와 공의를 위하여 열매를 맺어야 한다. 그렇지 않으면 복을 받아도 아무 소용이 없다"고 말씀하십니다.

불행하게도, 육신의 소리는 기독교 안까지 침투해 들어왔습니다. 소위 많은 그리스도인은 그리스도의 오심과 그의 은혜에 대한 소망을 오직 자신의 행복에 도움이 되느냐는 관점에서만 볼만큼 철저히 육신에 붙들려 있습니다. 구원받은 자 가운데 자신으로부터 눈을 돌려, 오직 하나님의 종이 되어야 한다는 소명을 깨닫고 하나님의 동역자로서 이 땅에 하나님의 나라를 건설하는 자는 많지 않습니다. 많은 사람은 "나는 죄사함을 받아 심판을 받지 않기를 원한다. 나는 기적적으로 다시 회복되기를 원한다. 나는 하나님의 모든 은혜와 계시를 원하며, 하늘의 천군 천사와 함께 하늘을 거닐기를 원한다. 나는 하나님의 아들이 육신 속에 살기를 원하며, 그렇게 해서 구원만 받으면 된다"고 생각합니다. 이러한 자기중심적 성향은 뫼틀링겐에도 만연해 있었습니다. 그리고 이러한 성향과 함께 또 하나의 이기심이 자리 잡고 있었습니다. 그것은 기존 교회의 교인들은 하나님의 뜻에 따라 은혜와 계시로 주어진 것은 무엇이든 자신의 목적을 위해 사용하고 싶어 한다는 것입니다. 따라서 사람들은 이 두 가지 관점 중 하나로 뫼틀링겐 운동을 평가하려는 경향이 있었습니다. 어떤 사람은 "그것이 국교회에 무슨 유익이 됩니까"라고 묻습니다. 다른 사람은 "그것이 내 구원에 무슨 유익이 있습니까"라고 묻습니다. 사람들은 새로운 교제를 기존의 종교적 상자 속에 집어넣으려 했습니다. 그러나 새롭게 싹트는 성령의 생명은 모든 성격상 새로운 형태를 요구했습니다.

우리는 여기서 하나님 나라의 일을 위해 부르심을 받은 자가 범하는 중요한 오류 가운데 하나를 볼 수 있습니다. 그들은 분명히 하나님의 은혜로 말미암아 부르심을 받은 자입니다. 이스라엘 백성은 이미 이러한 오류를 범했습니다. 그들은 "모세를 따름으로써 무엇을 얻을 것인가"라고 묻습니다. 그들은 하나님의 영광을 목도하고 그의 이름이 이 땅에서 높임을 받는 것을 보았을 때 마땅히 새로워져야 했습니다. 그들은 궁핍과 유혹에도 불구하고, 이제는 하나님이 모든 것을 주관하실 것을 확실히 알았기에 만족해야 했습니다. 그러나 그들은 육체적 필요가 충족되지 않을 때마다 완고하게 불평했습니다.출 14:10-12, 16:2-3, 17:2-3 세례요한과 예수님과 사도들을 따르는 자들도 마찬가지였습니다. 무엇이 문제였습니까? 그들의 대다수는 자신의 유익만 구했다는 것입니다. 그들은 참된 회개의 열매를 맺으려 하지 않았습니다.마 3:8 예수께서 그들에게 이것은 자신을 죽이고 하나님과 그의 나라를 위해 일하는 문제임을 지적하셨을 때, 즉 그들이 자신을 희생하고 십자가를 져야 할 순간에마 10:37-39; 눅 17:33; 요 12:25, 거의 모든 사람이 그를 떠났습니다.요 6:66 그들의 이기적인 동기는 충족될 수 없었으며, 오직 소수의 사람만이 그것을 받아들였습니다. "하나님을 위해 나를 죽여야 한다고요? 사양합니다. 그건 옳지 않습니다."

　서기관과 바리새인과 사두개인이 주 예수를 판단한 기준이 무엇입니까? 그들은 "그가 우리의 종교 제도와 교회 이기주의에 어떤 도움이 되는가"라고 물었습니다. 그들은 오랫동안 예수가 그들에게 복종하는 종이 되기를 바랐습니다. 그랬다면, 그들은 그에 대해 만족했을 것입니다. 그러나 예수께서 그들의 대열에 합류하지 않고 "새 포도주를 낡은 가죽 부대에 넣는 자가 없나니"막 2:22라고 말씀하시자 그들은 그를 해치려 했습니다.막 3:6 예수께서 암탉이 그 새끼를 날개 아래에 모음같이 모으려 했던 백성들마 23:37이 이러한 죄를 범했다는 것입니다.

우리는 뫼틀링겐의 위대한 경험에 동참한 자들 가운데서 동일한 죄를 볼 수 있습니다. 그들은 대부분 자신에게 유익한 것을 받은 후에 만족했으며 확신을 가졌습니다. 그들은 자신이 받은 것에 대해 기뻐하는 것 자체가 예배라고 생각했습니다. 그들은 만족한 나머지 더 이상 할 것이 없다고 생각했습니다. 그러나 이러한 행동은 하나님께 매우 부당한 반응에 해당합니다. 하나님의 나라가 이 땅에서 온전한 효력을 발휘하기는 어렵습니다. 그만큼 육신의 이기심이 은혜의 토양 위에 뿌리를 내리고 오직 자신만 드러내려 하기 때문입니다.

개인적 경건을 넘어

앞서 언급한 문제는 시간이 지나면서 뫼틀링겐 운동의 중요한 변수가 되었습니다. 아버지는 놀라운 경험을 통해 기쁨을 누리는 동안에도, 처음부터 무엇인가 빠졌다고 느꼈습니다. 말로 표현하기 어려운 불안감이 그를 미래에 대한 염려로 몰아넣었습니다. 그는 부흥 운동이 철저하고 광범위하지만, 더 큰 목표를 위한 준비에 불과하다는 사실을 잘 알고 있었습니다. 그러나 아버지 자신도 영향을 받아 "이 운동이 국교회에 어떤 도움이 되는가" 또는 "그것이 경건주의에 어떤 유익을 줄 수 있는가"라고 묻는 실수를 범한 것으로 보입니다. 어쩌면 그는 "그것은 그토록 비참한 삶을 영위하는 많은 사람에게 어떤 도움을 줄 수 있는가"라는 생각을 했는지도 모릅니다. 따라서 아버지도 뫼틀링겐 운동의 높은 파고를 그 시대의 사상, 전통적 형태의 기독교 신앙 및 삶과 조화시키기 위해 최선을 다했습니다. 그는 종종 고동치는 심장을 안고 오직 한 가지만을 위해 버틸 수 있었습니다. 그는 어디를 가든지, 어떤 반대에 직면하든, 우리의 기도와 성령의 능력을 통해 예수 그리스도께서 승리하실 것이라는 위대한 사도적 증언에서 우리가 벗어나 있다고 주장했습니다. 그러므로 아버지는 새로운 성령의 부으심을 기대하며 모든 관심을 거기에 집중해야 한다고 주장했습니다. 그는 위로부터 오는 이 영은 더러움이 남아 있는 그릇에 붓기에는 너무나 순결하고 거룩하다는 사실을 제대로 알지 못했습니다. 기독교 세계의 중요한 관심사가 "하나님과 그리스도와 성령이 나에게 어떤 유익을 줄 것인가"에 집중된 한, 더 큰 은사와 능력을 받을 만큼 충분히 깨끗한 그릇이 아님이 분명합니다. "그런즉 이제는 내가 사는 것이 아니요 오직 내 안에 그리스도께서 사시는 것"갈 2:20이라고 고백할 수 있는 자, "나의 모든 관심은 나의 유익이 아니라 오직 예수 그리스도 안에서 하나님 아버지의 유익에 있다"라고 말할 수 있는 자, 성령은 오직 그런 사람 안에 거하시며 그들의 몸과 영혼을 정결케 하시고 그들 안에 계신 아들을 통하여 하나님 아버지께 영광을 돌리게 하십니다.

이것이 그리스도 안에서 사는 자들이 가져야 할 태도입니다. 이 땅에서 참으로 하나님께 유익한 종, 자신을 잊고 사는 종, 자신이 받은 것은 구주와 그의 영광을 위해 사용하는 종은 모두 이러한 태도를 보여야 합니다. 불행하게도, 뫼틀링겐 회중에게는 이러한 회개와 죄 사함의 도리가 사라졌습니다. 오직 소수의 남은 자들만이 받은 은혜에 안주하지 않고 하나님을 향한 간절한 마음을 간직했습니다. 이것은 하나님과의 살아 있는 연결의 원천이 되었던 뫼틀링겐의 놀라운 역사가 세상을 뒤흔드는 영향을 미치지 못하고 다시 모래 속으로 사라진 이유를 설명해 줍니다.

하나님의 대의를 위한 그리스도의 승리는 오직 소수의 사람을 통해서만 지속적으로 역사하고 있습니다. 그리스도의 승리는 이 소수의 사람 가운데 순수한 전사들을 세웠습니다. 우리는 그들로 말미암아, 하나님의 은혜를 시현하는 연결고리를 완전히 상실하지 않았습니다. 세월이 지나면서, 나는 그리스도인은 어떤 형태의 자기중심적 사고도 버려야 한다는 사실을 더욱 확신하게 되었습니다. 우리는 하나님의 공의를 생각하며 그의 의에 주리고 목말라 해야 합니다.마 5:6, 6:33 우리는 다가오는 하나님의 나라를 위해 하나님의 도우심을 바라야 합니다. 한편으로 우리는 인내로써 우리 앞에 당한 경주를 하며, 육신과의 싸움에 최선을 다해야 합니다. 우리는 우리가 낙심하며 얽매이기 쉬운 죄에 맞서 피 흘리기까지 대항하지는 않았다는 사실을 잘 압니다.히 12:1-4 나는 하나님의 일이 그 일을 맡은 자의 자기중심적 태도 때문에 방해를 받는 것은 심각한 죄라고 생각합니다. 어쨌든 우리는 여기서 자신의 죄를 깨닫고 하나님의 심판을 포함하여 그 결과를 받아들이고자 합니다. 하나님의 자비는 오늘날 기독교가 처한 비참한 상태에서 우리를 건져낼 수 있지만, 우리가 하나님의 모든 진리와 그의 의를 자신의 삶 속에 받아들이기 전에는 더 이상의 자비를 기대하는 것이 아무런 필요가 없다고 확신합니다. 이것은 우리의 자존심을 무너뜨릴 수 있습니다. 우리의 자기애는 깨어져야 합니다. 우리는 하나님이 친히 오셔서 우리를 다스리기 전에, 결코 이기적이지 않은 순수한 마음으로 하나님을 찾아야 합니다.

예수 그리스도만 섬김

하나님은 우리를 회개로 인도하시기에 앞서 종종 큰 은혜와 복을 경험하게도 하십니다.롬 2:4 그러나 우리는 이 모든 것을 자신의 구원을 위한 것으로 생각하는 사람이 되고 싶지 않습니다. 중요한 것은 죄사함이나 복을 받는 것이 아닙니다. 특히 이러한 복이 이기심으로 이어진다면 더욱 그럴 것입니다. 오늘날 하나님은 우리에게 이렇게 말씀하실지 모릅니다. "나는 너희의 육체를 심판함으로써 나의 진리와 의를 더욱 드러낼 것이다. 지금까지 나는 너희를 은혜와 구원으로 대했으나 너희는 그 모든 것을 이기적으로 사용했다. 따라서 이제 나는 심판으로 너희에게 다가갈 것이며, 너희는 의를 찾아 내게로 와야 할 것이다. 그러면 다른 모든 것은 저절로 따라올 것이며, 너희의 구원에 대해서는 걱정할 필요가 없을 것이다."

이것은 우리가 뵈틀링겐과 바트볼에서 배운 것에 기초한 새로운 관점의 접근으로, 이러한 방향 전환은 얼마든지 가능하리라고 봅니다. 나는 그곳에서의 경험이 진부한 과거라고 생각하지 않습니다. 오히려 그것은 영원한 가치를 지니며, 지금까지 우리를 지탱해온 원동력입니다. 그러나 그러한 경험이 오늘날에도 사람들의 행복을 추구하게 하는 것은 아닙니다. 그것은 더 이상 사람들의 행복을 위해 하나님의 나라를 구하도록 촉구하지 않습니다. 오히려 그것은 우리에게 육신을 희생하면서까지 예수 그리스도가 참으로 누구신지를 찾으라고 도전합니다. 그것은 우리가 모든 기독교 신앙에도 불구하고 어떻게 하나님의 영광을 가렸는지 성찰하라고 도전합니다. 우리는 진리와 의에 대한 갈증을 느낍니다. 우리의 가장 큰 기쁨은 우리가 받은 복을 통해 살아 계신 하나님과 그의 의를 인정하는 것이어야 합니다. 그렇게 되면 하나님의 율법과 계명에 담긴 그의 약속이 어느 때보다 중요한 의미로 다가올 것입니다. 오늘날 우리는 하나님의 나라가 안식일을 통해 빛나며, 온 세상으로 확산하며 의와 진리를 세워나가는 것을 볼 수 있습니다. 이것은 오늘날 우리가 기대하는 것이지만, 예전에는 사람들을 구원으로 인도하기만 바랐습니다. 그 일도 일어나야겠지만,

피조세계 전체를 향한 하나님의 뜻을 인정한 후에야 가능할 것입니다.

새로운 삶의 방향

우리는 육신과의 싸움을 시작하면서 우리가 새로운 삶의 방향을 추구하고 있음을 알았습니다. 이것은 우리가 하나님의 나라를 위한 전사가 되었다는 사실을 보여 준다고 생각합니다. 새로운 방향은 진정한 의미에서 구주의 말씀에 의해 결정됩니다. 우리는 사람을 평가할 때 더 이상 그리스도인인지 아닌지를 묻지 않습니다. 대신에 우리는 자신의 삶 속에 하나님의 진리와 권위를 위한 공간을 마련해 놓았는지 묻습니다. 우리는 그가 단지 하늘로 가는 순조로운 길을 위해 "주여, 주여"하는지마 7:21; 눅 6:46, 아니면 참으로 하나님 아버지의 뜻을 행하며 자신은 죽고 예수께서 살기를 원하는지 묻습니다. 나아가, 누군가의 신앙이 진실한지를 알기 위해서는 그가 기도하느냐의 여부가 아니라 무엇을 위해 기도하는지를 묻습니다. 만일 그가 더 나은 삶이나 은혜로 받은 구원을 느끼기 위한 이기적인 기도만 한다면, 우리는 그에게 예수께서 가르쳐주신 대로 기도하는 것이 아니라고 말해줄 것입니다. "당신은 몇시간 동안 무릎을 꿇고 기도하지만, 자신을 점검해 보십시오. 당신의 기도에서 가장 중요한 것은 무엇입니까? 고통당하고 있다고 생각하는 자신의 소중한 자아입니까? 그것이 당신이 구주를 깨워

도와달라고 기도하는 이유입니까? 그런 식으로 도움을 받으면 만족합니까? 아니면, 하나님의 나라와 그의 의가 당신에게 가장 중요합니까?" 자신을 위한 기도로는 경건한 자가 될 수 없습니다. 오직 하나님의 나라만 구할 때, 순전히 하나님의 나라를 위한 열매를 맺기 위해 몸과 영혼을 위한 도움을 구할 때만, 성경적 의미에서 참되고 신실한 신자가 될 수 있습니다.

또한 우리는 그리스도인의 열정만 요구하는 것도 아닙니다. 누구나 열심을 낼 수 있지만, 무엇을 위한 열심입니까? 다른 사람들의 믿음과 반대되는 자신의 믿음을 위한 열심입니까? 여러분이 추구하는 프로그램이나 노력에 대한 열심입니까? 곰곰이 생각해 보십시오. 혹시 하나님의 나라보다 당신 자신을 위한 열정이 아닙니까? 이기심과 야망은 그리스도인의 열정 배후에 숨은 동기가 될 수 있습니다. 그 경우, 우리는 생각이 다른 사람을 향해 난폭한 짐승처럼 돌변할 수 있습니다.

이것이 모든 것을 경험한 우리가 할 수 있다고 생각하는 관점의 변화입니다. 그리고 이것은 최근 몇 년 동안 많은 사람이 우리를 이해하지 못했던 내용이기도 합니다. 안타깝지만 어쩔 수 없습니다. 우리는 오늘날 이것을 위해 살고 있습니다. 우리의 생각과 소망은 그리스도와 함께 죽는다는 것이 무엇을 의미하는지, 우리는 죽고 그리스도가 사는 삶빌 3:10이 어떤 의미인지를 찾는 데 집중되어 있습니다. 비록 우리가 육신에 내린 하나님의 심판으로 인해 고통을 겪을지라도, 그의 대의가 세상에 드러나 하나님께 영광이 되도록 그렇게 해야 할 것입니다. 우리는 하나님께 산 제물이 되어야 한다는롬 12:1-2 의미를 깨닫기 위해 노력하고 있습니다. 우리는 온전한 제물이 되기를 원합니다. 우리의 영과 혼과 육은 물론 그동안 편안하게 지냈던 집과 세간까지 제물로 바칠 수 있어야 합니다. 우리는 모든 것을 하나님께 돌려드림으로써, 살아 계신 하나님이 이 땅에 거하시고 그리스도께서 하나님의 나라를 위해 자신을 나타내실 수 있는 깨끗한 그릇으로 준비되어야 할 것입니다.

구주께서는 "내가 율법이나 선지자를 폐하러 온 줄로 생각하지 말라 폐하러 온 것이 아니요 완전하게 하려 함이라"마 5:17라고 말씀하셨습니다. 제물을 바치는 것은 율법과 선지자의 일부입니다. 각 사람은 자신의 자아를 포기함으로써 하나님께 가까이 나아갑니다. 이것은 하나님의 어린 양이신 예수님에 의해 온전히 성취되었습니다. 예수님은 하늘에 계신 아버지께 자신을 제물로 바침으로써, 모든 권리를 맡겼습니다. 그는 지상의 어떤 것도 자신을 위해 이용하려 하지 않았습니다. 그는 하늘에 계신 아버지께 모든 것을 바쳤습니다. 예수께서 희생하신 것은 우리가 모든 것을 바치고 부활하신 예수 그리스도 안에서 하나님의 영광을 위한 것이 아니면 자신을 위해 어떤 것도 가지지 않도록 하기 위함입니다. 그리스도께서 우리를 위해 돌아가셨다는 말은 우리가 육신으로 살며 믿기만 하면 구원받을 수 있다는 의미가 아닙니다. 그리스도의 죽음이 의미하는 것은 그리스도의 피로 말미암아 우리 자신과 우리가 가진 모든 것을 하나님께 바침으로써, 진리와 의 안에서 새 생명으로 부활할 수 있는 길이 열렸다는 것입니다. 그리스도의 피가 우리 안에서 열매를 맺지 못한다면, 그것은 우리가 그리스도를 통해 하나님께 자신을 바칠 만큼 그의 희생이 우리 안에서 이루어지지 않았기 때문입니다. 고후 5:14-15 참조

자발적 희생의 필요

하나님은 우리에게 이러한 희생을 강요하실 수 없습니다. 하나님은 구약에서 실제로 희생을 요구하시지 않았으며, 백성의 자발적인 희생을 기대하셨습니다. 그러기에 하나님은 그들에게 자신의 소유 가운데 일부를 바치는 가시적인 방법을 제시하셨던 것입니다. 하나님은 소나 양의 피를 원하지 않았습니다. 나중에 사람들은 이런 희생 규례를 지킴으로써 하나님의 도움을 받을 수 있다고 생각하여 제물을 바쳤으나, 그들은 자신을 속였을 뿐입니다. 그들은 기꺼이 자신을 바쳤어야 했습니다. 그들은 하나님의 외적인 명령에 복종하는 데 그치지 않고, 전심으로 하나님의 백성이 되기 위해 내적인 노력을 기울여야 했습니다. 그들은 온 몸과 마음을 다해 하나님이 원하시는 백성이 되어야 했습니다. 삼상 15:22; 시 51:16-18; 렘 7:22-23; 호 6:6 또한, 하나님도 우리의 희생을 강요하지 않으실 것입니다. 하나님은 우리를 강제로 그의 아들과 함께 죽게 하지 않으신다는 것입니다. 그러나 하나님은 우리에게 그의

아들 예수를 통해 길과 진리와 생명을 보여주실 것이며, 우리가 육신을 죽임으로써 따라가야 할 그리스도의 피의 길을 받아들이기를 기다리실 것입니다.롬 8:17; 딤후 2:11-13 참조 이것은 우리가 온전한 진리를 깨닫고 영생과 부활을 경험할 수 있는 유일한 길입니다.

그러므로 우리가 예수 그리스도를 안 후 가장 먼저 해야 할 중요한 일은 하늘에 들어가는 것이 아니라, 육신에 대해 죽음으로써 산 제물이 되어 하나님의 기대에 부응하기 위해 온 신경을 곤두세우는 것입니다. 많은 사람이 제물을 가져오지만, 가장 귀한 것은 내어놓지 않습니다. 그들은 더 이상 쓸모가 없는 것만 바치며, 자신을 희생하는 사람은 거의 없습니다.

알코올 중독자를 예로 들어 보겠습니다. 그의 음주는 육체의 욕망에서 비롯됩니다. 그가 술을 즐기는 한, 이러한 육체적 욕망을 포기할 수 없을 것입니다. 그러나 술로 건강을 잃고 병상에 누우면 술 생각이 사라지고 기꺼이 포기하게 될 것입니다. 거짓말쟁이는 거짓말로 이익을 얻기 때문에 거짓말을 합니다. 그는 거짓말이 나쁘다는 사실을 잘 알지만, 거짓말로 이익을 얻는 한 정직과 진실을 위해 자신이나 이익을 포기하는 일은 없을 것입니다. 그러나 거짓말이 드러나 법정에 끌려가는 상황과 같은 처벌을 받아야 한다면, 자신의 이기적인 행동을 혐오하며 거짓말한 것을 후회할 것입니다. 영적으로 잘못된 길로 빠진 사람도 마찬가집니다. 그의 일탈은 그에게 명성과 영예를 안겨다 주었습니다. 그는 영향력과 힘을 가졌습니다. 그는 모든 것이 옳다는 생각은 하지 않지만, 사실을 인정하고 "내가 잘못되었습니다"라는 말을 하지는 못합니다. 그의 지위가 주는 영적 이점이 너무나 매력적이기 때문입니다. 그러나 모든 것이 드러나고 그의 혐의가 알려지면, 매력을 상실한 영적 자존심을 포기하려 할 것입니다. 마지막으로, 날마다 행복하게 사는 사람을 예로 들어 보겠습니다. 그는 종교적이지만, 자신의 안락한 삶 외에는 생각하지 않습니다. 그의 죄에 짓눌리지 않습니다. 그는 건강하며, 좋은 환경에서 살고 있습니다. 그는 현재 상태의 모든 것을 좋아하기 때문에 아무것도 희생하려 하지 않습니다. 그러나 그는 나이가 들면서 서서히 쇠약해집니다. 임종을 앞둔 그는 자신이 이 땅에서 하나님을 위해 한 일이 얼마나 적은지 깨닫습니다. 그렇습니다! 이제 그의 삶은 공허하게 느껴지며, 자신의 삶 전체를 하나님께 바지지 못한 것을 뉘우칩니다. 그러나 그의 삶은 이미 끝나버렸습니다. 이제 그는 더 일찍 모든 삶을 하나님께 바쳤더라면 될 수 있었던 종이 될 수 없습니다. 결론적으로, 우리는 많은 사람이 중요하지 않은 것만 바친다는 사실을 알 수 있습니다. 그들은 사랑하는 하나님께 썩은 달걀이나 다름없는 것만 바칩니다. 그러나 그들은 자신의 행복에 유용하다고 생각하는 것은 절대로 포기하지 않으려 합니다.

기억하십시오. 우리는 때가 되면 진정한 희생을 할 준비가 된 사람, 말하자면 자신은 죽고 예수로 사는 사람들을 가능한 한 많이 얻기 위해, 육신의 본능적 게으름과 맞서 싸울 결심을 해야 합니다. 그러면 예수께서 자신의 생명으로 우리 육신의 삶을 멸하고 우리 안에서 하나님의 나라를 세워가실 것입니다. 우리 가운데 기꺼이 자신을 희생할 수 있는 사람, 모든 민족을 위해 빛을 발할 사람들이 일어나게 해주시기를 기도합니다. 그런 사람들에게 적용될 수 있는 성경 구절이 있습니다 "일어나라 빛을 발하라 이는 네 빛이 이르렀고 여호와의 영광이 네 위에 임하였음이니라 보라 어둠이 땅을 덮을 것이며 캄캄함이 만민을 가리려니와 오직 여호와께서 네 위에 임하실 것이며 그의 영광이 네 위에 나타나리니 나라들은 네 빛으로, 왕들은 비치는 네 광명으로 나아오리라"사 60:1-3

자신과의 싸움

내가 이 문제를 이렇게 상세하게 제시하는 이유는 회심과 부흥의 시기에 뫼틀링겐을 비추었던 빛이 마땅한 열매를 맺지 못해 마음이 아팠기 때문입니다. 봄철에 햇살이 풀과 잎을 자라게 해서 가지가 꽃봉오리를 맺게 하면 모두가 기뻐합니다. 마찬가지로 뫼틀링겐에 나타난 하나님 나라의 첫 번째 표징에 모두가 환호했습니다. 그러나 이어서 매서운 북풍이 서리와 눈을 몰고 와 꽃봉오리를 시들게 하면 열매를 맺지 못합니다. 마찬가지로 하나님이 은혜를 베푸신 후, 우리의 얼음장 같은 이기주의는 하늘에 계신 아버지를 대적하고 영적 열매에 대한 약속을 팽개쳤으며, 영생이 훼손되었습니다. 영생은 마치 죽은 후에야 가능한 것처럼 보이기 시작했습니다. 이것은 우리에게 큰 고통이었습니다. 이제 우리는 얼음처럼 차가운 이기주의의 바람이 우리의 마음에서 나왔다는 사실에 큰 부끄러움을 느낍니다. 열매를 맺게 할 계시를 훼손한 북극은 바로 우리의 육신 안에 있었던 것입니다!

그러나 우리는 이러한 육신에 가로막혀 모든 것을 중단해야 합니까? 결코 그렇지 않습니다. 어쨌든 우리는 예수 그리스도의 이름으로 어둠과 사탄의 권세에 대항할 용기를 얻지 않았습니까? 우리는 사람들을 집어삼키려는 왜곡된 영적 세력에 맞서 예수님의 이름으로 승리하지 않았습니까? 우리는 확실히 자신과 맞서 칼을 뽑고, 자기중심적인 기독교를 근절하며, 예수 그리스도의 피로 기꺼이 육신을 죽임으로써 하나님께 영광을 돌릴 수 있는, 용기를 찾을 수 있습니다. 우리가 이 싸움에서 이기고 하나님의 승리가 드러나면, 지금도 예수의 이름으로 치장한 많은 사람을 공격하고 있는 부패가 드러나고 억제될 것입니다. 부활하신 구주의 생명은 승리의 표징이 될 것입니다.

9장 / 표면 너머

뫼틀링겐의 영적 운동과 관련하여, 나는 이 운동의 결과로 일어난 신체적 치유에 대해 언급하고 싶습니다. 이 치유는 큰 반향을 불러일으켰습니다. 많은 사람은 이러한 기적에 관심을 보였지만, 때로는 상처를 받기도 했습니다. 상처를 받은 사람은 주로 치유가 요구하는 것에 대해 진지하게 생각하지 않은 채 병 고침만 원했던 자들입니다. 시간이 지남에 따라 이 운동은 두 가지 흐름의 성격으로 발전했습니다. 어떤 사람은 자신의 죄를 깨닫고 용서를 구했습니다. 다른 사람은 질병에 시달리며 치유를 갈망했습니다. 두 부류의 사람 모두 많은 것을 받았으며, 치유를 목적으로 찾아온 사람들마저 순간적으로 휩쓸어 버릴 만큼 뫼틀링겐Möttlingen 운동과 이어진 운동의 영적 파고는 엄청났으며 신체적 치유는 종종 삶의 변화보다 빠르게 진행되었습니다.

소문과 과장

얼마 지나지 않아 하나님의 능력이 '모든 사람'을 돕고 있다는 과장된 소문이 퍼졌습니다. "모든 사람"은 과장된 표현이었습니다. 그러나 그 소문은 끊임없이 퍼져나가 많은 사람을 끌어들였으며, 자신의 영혼과 구원에만 관심을 가진 이기적인 사람들뿐만 아니라 오직 신체적 건강에만 관심을 가지고 치유만으로 만족하는 사람들도 있었습니다. 그런 자기중심적 사람들의 입에서 나온 거짓말과 과장된 이야기가 이 운동 전체에 해를 끼칠 만큼 파문을 일으킨 것은 놀라운 일이 아닙니다. 그러나 대체로 이 운동은 신실한 사람들에게 거룩한 역사로 인식되었으며 신체적 치유도 마찬가지였습니다. 하나님은 특히 치유에 관한 한 자신의 소관임을 분명히 하셨습니다. 하나님은 아버지가 누군가에게 건강 찾아줄 수 있는 기도를 할 수 있다는 생각을 못 하게 하셨습니다. 대신에 아버지는 안수로 축복한 후 병든 자가 회복될 때마다, 오직 하나님께 모든 영광을 돌렸습니다. 건강이 회복되는 정도는 그때그때 달랐으며, 때로는 느리게 때로는 놀라울 정도로 빠르게 치유되었습니다. 앞서 언급한 대로 아버지의 실수가 있다면, 누군가가 치유를 받지 못하면 필요 이상으로 상처를 받을 만큼 동정심이 많았다는 것입니다.

진정한 치유

다음은 기독교에 깊이 뿌리내리고 우리의 살과 피에 깊이 배어든 사상입니다. 그것은 하나님 나라의 가장 중요한 요소는 하나님이 영적으로든 육적으로든 항상 사람을 도우시는 것이라는 생각입니다. 그러나 우리의 생각은 다릅니다. 우리는 하나님 나라의 가장 중요한 요소는 우리의 삶에 대한 하나님의 지배권이라고 생각합니다. 하나님의 일차적 목표는 우리의 구원이나 육신의 행복이 아니라 그의 의입니다. 나머지는 저절로 따라올 것입니다.마 6:33 우리의 모든 시선은 하나님의 참된 성품이 우리 안에 자리를 잡는 것에 초점을 맞추어야 합니다. 하나님 앞에서는 설사 영적인 고통이나 육적인 고통 가운데 있다고 할지라도 하나님과 그의 의를 추구하는 의로운 자가 건강한 자입니다. 그렇습니다. 하나님 앞에서 고통하는 사람이 건강해 보이는 사람보다 더 건강한 경우가 많습니다. 하나님이 보시기에 의로운 사람은 이미 건강한 자이기 때문입니다. 신체적 건강이 즉시 따라올 수도 있지만, 그렇지 않을 수도 있습니다. 죽음이 완전히 정복된 것은 아니기 때문입니다.

복음서의 기사들은 이 점에 있어서 다소간의 오해를 불러일으켰습니다. 요약하면, 복음서는 주로 놀라운 기적을 행하시는 하나님을 찬양합니다. 그것은 예수께서 어떻게 자기에게 오는 "모든 사람을 고치셨는지"를 요약적으로 기술합니다.예를 들어, 마 4:23, 8:16; 눅 4:40; 행 10:38 "모든 사람"과 관련하여, 나는 예수님에게 있어서 "건강"은 하나님에게 있어서의 의미와 같다는 것입니다. 즉, 건강하다는 것은 "의롭다" "화목하다" "죄의 저주에서 구원받다" 라는 뜻입니다. 예수께서 병자에게 첫 번째 질문하신 내용은 "어

떻게 아프냐"가 아니라 "무슨 죄를 범했느냐"가 분명합니다.마 9:2
환자의 상태가 죄사함을 받을 수 있는 상태라면 −아무도 모르는
은밀한 죄든, 백일하에 드러난 명백한 죄든− 고침을 받았습니다.
그러나 그의 내적 상태가 잘못된 경우, 질병이 계속되거나 다시
병들 수 있었습니다.요 5:14; 마 12:43-45 참조 그러므로 만성 질환이
손가락 관절염보다 치유하기 쉬운데, 그 이유는 오랜 지병을 앓는
환자는 대개 이미 상한 마음을 가지고 있기 때문입니다. 반면에,
손가락 관절염처럼 경미한 부상이 낫기 어려운 것은 그것을 심각
하게 여기지 못할 만큼 마음이 부패했기 때문입니다. 구주께 나온
병자는 그의 위엄 앞에 내적으로 무너져 내림으로써 도움을 받을
수 있는 상태가 되는 것이 일반적입니다.

하나님의 온전하신 뜻

누군가에 대한 도움은 오직 하나님께 달려 있었습니다. 예수님
도 "이 사람이 불쌍하니 내가 고쳐주겠다"고 말씀하지 않았습니
다. 예수님은 하나님이 그를 고쳐 주시기를 간절히 기다렸을 것입
니다.요한 5:19 참조 그러므로 예수님은 "하나님이 하시는 일"요 9:4이
라는 말씀으로 치유의 영광을 하나님께 돌렸던 것입니다. 치유는
예수님이 탁월한 의사임을 보여주는 것이 아니라 하나님이 그와
함께 계심을 보여줍니다.요 9:31 확실히, 병을 고침 받지 못한 자들
도 있고막 6:5-6 책망을 받은 자들도 있습니다.눅 4:23-27

예수께서 많은 병자를 고쳤음에도 불구하고, 특히 그의 치유의

기적에 대해 그토록 악한 소문이 많이 퍼진 이유를 어떻게 설명할 수 있겠습니까? 어쩌면 바리새인은 치유를 받지 못해 불만을 품은 무리의 입을 통해 소문을 들었는지 모릅니다. 아마도 원하는 것을 얻지 못한 무리는 모두 속임수라고 외치며 돌아섰을 것입니다. 예수님은 귀신 들린 자로 불리는 것을 참아야 했습니다.막 3:22-30 복음서에는 내가 용기를 내어 채우고 싶은 공백이 있습니다. 우리는 사람들이 예수께서 다른 사람의 내적 상태를 고려하지 않은 채 단지 기적을 행하는 자로서 자신에 대한 이목을 집중시키기 위해 병자를 고치신다고 생각하게 함으로써 구주를 폄하하지 않을 것입니다. 그렇게 되면 고침을 받은 자가 악한 삶을 계속할 것이며, 하나님께 영광이 되지 않을 것입니다.

그런 생각은 예수님을 모욕하는 것입니다. 물론, 오늘날에도 위급한 상황에 부닥치면 급히 의사를 찾듯이 예수님을 부르는 그리스도인이 있습니다. 많은 사람은 주무시고 계신 구주께서 깨어나실 때까지 무작정 기도하거나 애원하고 매달려야 한다고 생각합니다. 그가 기적만 해도 다시 건강을 회복할 것으로 생각하기 때문입니다. 다시 한번 말하지만, 그것은 바람직한 태도가 아닙니다. 결과적으로, 고금을 막론하고 그리스도인은 병자의 내적 상태를 전혀 고려하지 않은 채 치유를 위한 기도를 미신적인 방식으로 사용해 왔습니다. 이러한 주술적 방식은 그림이나 십자가나 이교도의 의식처럼 그 자체로 효과가 있다고 생각했습니다. 사람들은 하나님을 인정하지 않은 채 치유만 원했습니다. 경건한 사람들조차 이런 사고방식을 가지고 있었고, 지금도 많은 사람이 그렇게 하고 있습니다. 많은 사람은 하나님의 영광과 그의 뜻을 인정하지 않은 채 기도를 통해 병자가 회복되기를 바랍니다. 그러나 우리가 구주의 영광을 가리지 않으려면, 그가 사람의 신체적 건강보다 의에 관심을 가지시며 그것을 우선하신다고 주장해야 합니다.

물론 예수님은 사람들에게 하나님의 권위와 자비를 보여주시기 위해, 하나님의 인자하심을 통해 그의 나라에 더욱 다가가게 하시려고 병자를 고치셨을 수 있습니다.롬 2:4 그리고 예수께서 특별히 깊은 생각 없이 많은 사람을 고치셨다 하더라도, 우리는 그가 단지 동정심만으로 치유하셨을 것이라는 망상에 현혹되어서는 안 됩니다. 많은 사람이 자신의 죄와 무관하게 병들거나 귀신에 시달리고 있는 것은 사실입니다. 그들은 구주나 사도들의 설교를 듣고 아무도 모르게 고침을 받는 경우도 많았을 것입니다. 건강은 내적 화해와 죄사함의 외적 표징이기 때문에시 103:3 참조, "건강한"이라는 용어는 "의로운," "하나님과 화목한," 또는 "죄와 어둠의 권세에서 해방된"과 같은 의미로 사용할 수 있습니다.

처음에는 그런 의미가 분명했으나, 나중에 그리스도인들은 진지한 의미로 받아들여 병의 근원을 찾아가는 대신 외적인 증상에만 더 많은 관심을 쏟았습니다. 따라서 건강 문제도 종교적 압력의 영향을 받은 다른 요소들과 마찬가지로 영적인 문제가 아니라 육신적인 문제로 남았습니다. 그러나 이것은 많은 사람에게 재앙을 불러올 수 있었습니다. 왜냐하면 육체의 건강을 위해 영적 능

력을 사용함으로써, 예전에 들어 본 적이 없는 새로운 질병이 발
생할 수 있기 때문입니다.

형식, 방법, 표징

나는 이 시점에서 아버지의 지혜에 찬사를 보내고 싶습니다. 그
는 일정한 틀의 구절이나 형식을 기도나 안수의 전형적 규범으로
삼지 않았습니다. 왜냐하면 그것이 남용되는 것을 두려워했기 때
문입니다. 아버지는 아무리 좋은 말이나 구절이라도 미신처럼 기
계적으로 사용하는 것을 두려워했습니다. 따라서 아버지는 오늘
날 기름을 바르는 행위에 대해 언급한 성경 구절막 6:13; 야고보서
5:14에도 특별한 의미를 부여하지 않았습니다. 당시[성경 시대]에,
기름을 바르는 행위는 일차적으로는 내적 정화의 상징이었으나,
간접적으로는 만성 피부염 치료제로 사용되었습니다. 이처럼 당
시에는 기름이 통상적인 치료제였기 때문에, 기름을 바르며 기도
하는 행위는 "무엇을 하든지 말에나 일에나 다 주 예수의 이름으
로 하고"골 3:17라는 말씀이나 "먹든지 마시든지 무엇을 하든지 다
하나님의 영광을 위하여 하라"고전 10:31라는 말씀과 같은 맥락의
의미로 받아들여야 할 것입니다. 기름을 바르는 행위는 나중에 피
상적인 형식이 되었으며, 오늘날에는 주술에 가까운 행위로 전락
했다고 생각합니다.

나는 여러분에게 뷔르템베르크에서 일어난 일에 대해 말하고자

합니다. 콘탈Korntal의 창시자로 많은 존경을 받는 호프만Hoffmann
65은 한때 하나님께 영광을 돌리고 형제의 증표로서, "여호와"라
는 이름을 새긴 작은 은메달을 만들 생각을 했습니다. 그러나 그
후 우리는 이 메달이 질병을 막기 위한 부적으로 착용되는 사례를
목격하게 되었습니다. 이것을 언급하는 이유는 우리가 외적인 것
을 사용할 때 얼마나 조심해야 하는지를 보여주기 위해서입니다.
심지어 성찬식에 사용된 떡이나 세례식에 사용된 성수도 미신적인
용도로 사용했습니다. 그런 행위는 우리의 영혼에 생각보다 큰 해
를 끼칩니다. 우리가 의를 최고의 건강으로 여긴다면, 예수의 이
름으로 하나님의 실제적인 능력이 임할 수 있습니다. 그러나 우리
가 미신을 믿고 하나님의 뜻을 인간적이거나 육신적이거나 악한
정욕을 위해 남용한다면, 하나님의 능력은 거두어들이는 것이 마
땅할 것입니다.

뫼틀링겐에서도 사물의 겉만 보려는 경향이 다분했습니다. 아
버지는 사람들이 외적으로만 치유되는 것을 원하지 않았습니다.
많은 사람이 찾아왔으나 그들 중 상당수가 육체적 건강만 추구했
다는 것은 부인할 수 없는 사실입니다. 이런 이유로 실패와 좌절
은 불가피했습니다. 신체적 질병이나 감정적 상처를 위해 잠깐 하
나님을 이용하는 행위는 사실상 하나님의 이름을 남용하는 죄에
해당합니다. 그것은 심각한 결과를 초래하는 정신적 왜곡으로 이
어질 수 있습니다. 우리는 뫼틀링겐에서 어떤 사람은 죄사함의 결
과로 육체적 건강을 회복했으나, 용서를 받아 양심의 평화를 누리

고 있음에도 불구하고 특정 악이나 저주가 해소되지 않은 특이한 경험을 했습니다. 이런 경험은 초창기에도 있었으나 갈수록 빈번했습니다.

하나님은 뫼틀링겐 회중 전체의 회심을 통해 표적과 기사를 행하실 수 있었습니다. 이것은 인간의 삶이 죽음의 속박에서 안전히 벗어났음을 보여주었습니다. 뫼틀링겐은 참으로 하나님의 놀라운 기사를 드러내는 빛이었으며, 이 빛은 위대한 날이 밝아오기까지 계속 타올라야 했습니다. 그러나 죄와의 싸움이 없이는 이 빛이 일어날 수 없는 것처럼, 모든 악을 정복할 예수 그리스도의 날도 사망과 손잡은 육신과의 싸움 없이는 일어나지 않을 것입니다. 만일 우리가 하나님이 몇 가지 표적과 기적을 행하셨기 때문에 전쟁은 끝났으며 기도만 하면 모든 것이 가능하다고 생각한다면 자신을 속이는 것입니다. 그렇지 않습니다. 우리가 충족해야 할 조건이 있습니다. 바울은 빌립보 성도들에게 보낸 편지에서, 자신은 이미 많은 것을 이루었으며 할 수 있는 것도 많지만 목표에 도달했다고 생각하지 않는다고 했습니다.빌 3:12-13 만일 우리가 계속해서 하나님께 자신을 맡기고 그리스도의 십자가의 길을 가며 그리스도와 함께 육체에 대하여 죽는다면, 그리스도의 부활로 말미암아 우리의 천한 몸이 그의 영광스러운 몸처럼 변화되기까지 모든 것이 하나님의 통치 아래 있음을 보여주는 표적을 보게 될 것입니다.빌 3:2; 고전 15:25-28 참조

10장 / 영혼과 몸

뫼틀링겐 운동을 이끈 핵심은 하나님의 나라와 그의 의를 향한 전진이었습니다. 건강의 회복을 비롯한 다른 모든 것은 이러한 핵심적 요소에 수반된 것입니다. 그러나 앞서 살펴본 것처럼, 이기적인 동기와 육신의 정욕을 가진 자들이 무리에 합류했습니다. 그들은 마치 하나님의 나라는 "기적"을 통해 저절로 들어갈 수 있는 것처럼, 치유에만 매달렸습니다. 나는 이러한 사실을 솔직히 인정하지만, 한편으로는 신적인 질서와 본성의 법에 대한 교회 당국의 심각한 오해가 있었음을 밝히지 않을 수 없습니다. 그들이 아버지에게 "신앙을 고수하라. 사람들을 위로하고 고난의 복과 인내의 가치에 관해 전하라"고 한 것은 이 땅에서 전개될 하나님의 나라에 대한 무지, 특히 예수님과 그의 제자들의 사역에 대한 완전한 무지를 보여줍니다. 다시 말하면, 그들은 아버지에게 의사가 제공할 수 있는 범위 안에서 오직 인간적인 도움에 대해서만 언급하고 신체적 질병에 대한 하나님의 도움에 대해서는 어떤 희망적 언급도 삼가게 했습니다.

하나님이 주신 법

몸과 영혼이 하나로 결속되어 있다는 것은 하나님이 부여하신 자연의 법칙입니다. 따라서 둘 가운데 하나를 돕고 싶다면, 다른 하나도 염두에 두어야 합니다. 몸과 영혼을 분리하는 것은 살인입니다. 육체에만 집중하는 것은 영혼을 죽이고 하나님이 주신 영혼의 권리를 짓밟을 수 있습니다. 반면에, 영적인 조언은 하나님이 주신 몸의 권리를 훼손할 수 있습니다. 불행히도 이런 일은 자주 발생했습니다. 관찰력이 있는 사람이라면 누구나 목회자가 성도의 영적 상태 외에는 어떤 질문도 하지 않는 분위기 속에서 교회가 발전해 왔다는 사실을 알 수 있을 것입니다. 이것은 하나님의 나라에 큰 해를 입히고 있습니다. 오늘날 "영적" 상담가는 정치적이든 사회적이든 의학적이든 내담자의 육신적 필요가 충족되는 즉시 자신은 배제된다는 안타까운 현실을 잘 알고 있습니다. 우리는 모든 중요한 문제에서 교회를 고려하지 않는 데 익숙해졌습니다. 우리는 "교회는 영혼만 돌보는 곳"이라고 생각합니다.

영적 필요를 돌보는 것과 육신적 필요를 돌보는 것이 전적으로 분리된 사회는 병든 사회입니다. 또한 종교가 현실과 분리된 채 자체적 영역 안에서만 움직이는 사회 역시 병든 사회라고 할 수 있습니다. 어느 한쪽만 돌보는 상황에서, 몸이 효과적인 지원을 하지 못하면 영혼이 말라 죽을 것입니다. 반면에, 영과 혼이 몸을 돌보는 일에 동참하지 않으면 육체는 쇠약해질 것입니다. 오늘날 많은 사람은 육체적으로 굶주리거나 영적으로 굶주리고 있습니다. 우리가 이전의 경험과 무관하게, 그리고 영적 필요를 채울 수 있는 장소인지와 관계없이, 갑자기 신체적 건강을 위한 시설에 가야 할 상황에 직면하는 것은 그 때문입니다. 그것은 육신의 문제만 고려한 긴급한 처방일 뿐입니다. 반대의 상황도 가정할 수 있습니다. 파괴적이고 불행한 경험으로부터의 정서적 구원을 위해, 신체적 편의를 고려하지 않거나 심지어 위태롭게 하는 상황에 놓일 수도 있습니다. 두 경우 모두 연약한 피조물은 이미 힘을 잃어버렸으며, 하나님의 참된 질서는 붕괴된 상태입니다.

육체적으로나 영적으로 손상되지 않은 온전한 상태에서는 몸과 영혼이 상호 의존하며, 몸이 아프면 몸과 영혼을 동시에 회복하는 방식으로 접근합니다. 유능한 의사에게 환자의 내적 삶을 고려하지 않고도 온전한 치료가 가능한지 물어보십시오. 또는 훌륭한 목회자에게 의사나 적절한 보살핌을 통해 몸을 돌보지 않고 영적 상담만으로 환자를 도울 수 있는지 물어보십시오.

편향적 접근을 넘어

육신과 영혼이 상호 연결되어 있다는 사실은 성경 여러 곳에 나타납니다. 성경 이야기에서 구원은 한쪽으로만 전개되지 않습니다. 이스라엘이 하나님을 믿고 내적인 영적 구원을 받자, 외적인 구원이 따라왔습니다. 하나님의 "영적 조언자"이자 그의 기름 부음 받은 "사역자"인 선지자와 사도들은 참되신 하나님에 대한 올바른 마음의 태도만큼 나라와 개인의 외적인 삶과 건강에 대해서도 관심을 가졌습니다. 확실히 하나님의 계명은 건강에 관한 규례라고도 할 수 있습니다. 그것을 철저히 지킨다면 건강해질 것입니다. 그렇지 않으면 병에 걸릴 것입니다. 하나님은 병든 나라가 아니라 건강한 나라, 치명적 위험이 제거된 장수하는 나라를 원하십니다. 이것이 하나님이 우리에게 율법과 계명을 주신 본질적 이유입니다. 따라서 질병이나 사고나 온갖 종류의 육체적 결핍은 하나님의 계명을 무시하였기 때문이라고 할 수 있습니다. 이스라엘의 제사장들은 신체적 질병을 치료하는 방법에 대한 특별한 지시를 받았습니다. 그리고 선지자들에 대해서는 전반적인 삶에 대한 도움과 조언뿐만 아니라 가난하고 병든 자들을 위한 기적을 기대했습니다. 하나님은 그의 계명을 통해 우리의 내적 삶이 바르게 되고, 바른 내적 삶으로부터 육신을 잘 돌볼 수 있는 근거와 은혜가 나오기를 원하십니다. 이런 의미에서 "나는 너희를 치료하는 여호와임이라"출 15:26라는 말씀을 하셨습니다. 이 말씀은 "건강을 위한 규례와 치료제를 모두 주겠다"는 의미입니다.

제사장과 선지자에게 주어진 일은 예수 그리스도 안에서 온전해졌습니다. 그리스도는 영적인 삶과 육적인 삶, 둘 다 하나님 앞에 가지고 왔습니다. 그는 하나님으로부터 둘 다 돌볼 수 있는 권세를 받았습니다. 성경 어느 곳을 보아도, 육신을 돌보고 치유하는 일이나 위대한 기적이나 심지어 죽은 자의 부활에 관한 기사까지 신체적 영역뿐만 아니라 심리적, 영적 영역에 기초한다는 사실에 주목해야 합니다. 사람을 돌보는 자는 단순한 의사가 아니라 예수님이나 사도들과 같은 하나님의 사람들과 선지자들입니다. 따라서 우리는 예수님의 제자 또는 영적 상담가로서, 의사가 하나님의 백성이 아닌 환자에게 영적으로 조언할 수 있는 것 이상으로 몸을 돌볼 권리를 가지고 있습니다.

성경 곳곳에는 영적인 것이 육적인 것에 미치는 영향이 분명하게 드러납니다. 그러나 과학적 접근을 주장하는 자들은 오히려 이런 생각에 진저리를 내거나 귀신과 관련된 말은 아예 들으려 하지 않습니다. 그들은 육신이 영혼을 위해 모든 것을 해야 한다고 생각하며, 영혼이 육신을 도울 가능성에 대해서는 전적으로 부인합니다. 그러나 "건강한 몸에는 건강한 영혼이 있다"라고 말할 수 있듯이, "건강한 영혼에서 건강한 몸이 나온다"라고 말할 수 있습니다. 물론 전자의 경우, "건강한"을 "의로운"이라는 뜻으로 받아들여서는 안 될 것입니다. 내적인 삶이 의롭든 말든 상관하지 않는 사람들, 즉 동물적 욕구만 즉흥적으로 충족하는 데에만 관심이 있는 사람들에게는 건강한 몸이 이 땅에서 원하는 전부일 수 있습니다. 그러나 조만간 그들의 삶은 완전히 잘못된 것임이 드러날 것입니다. 그들의 육신은 결국 쇠해 무너질 것이며, 영혼의 불안은 부패한 내적 삶으로 말미암아 더욱 가중되며 수치를 당할 것입니다. 반면에 신적인 인도하심을 따라 전인, 특히 내적 존재의 건강에 관심을 가진 자들은 세월이 지나 육체적으로도 무너질 때도 걱정할 필요가 없습니다. 그들에게는 "나를 믿는 자 –또는 내 안에서 의롭게 된 자– 는 죽어도 살겠고"요 11:25라는 예수님의 말씀이 성취될 것입니다.

의사이자 상담가이신 예수님

예수님은 육체적인 것과 영적인 것이 분리될 수 없다는 사실을 말과 행동으로 온 세상에 보여주신 대표적인 사례입니다. 그는 몸과 영혼이 서로 안에서, 서로를 위해, 서로와 함께 존재하는 상태를 보여주는 전형이십니다. 따라서 그에게 육체와 영혼의 분리, 즉 죽음은 부자연스러웠습니다. 사람들을 섬기는 사역과 관련하여, 그는 구주로서 신적인 힘을 가진 영적 상담가이자 신적인 힘을 가진 의사였습니다. 아버지에게 사람들의 신체적 필요에 관여하는 것을 금지한 교회 당국의 관점에 따르면, 예수님은 육체와 영의 상호 의존성을 분리하고 단지 "사람들을 위로하고 고난의 복과 인내의 가치에 대한 말씀만 해야" 했을 것입니다. 그렇다면 구주께서 왜 가장 위대한 육체적 기적을 행하셨겠습니까? 이것은 확실히 구주께서 우리가 이해하거나 헤아릴 수 없는 기적을 행하고 싶어서가 아니라, 몸과 영혼을 하나로 결합하는 심오한 신적 질서를 인간에게 정립하기 위해서, 또한 본성적으로 오직 이러한 신적 질서에 기초하여 일해오셨기 때문입니다. 그는 밖에서 안으로 향하는 사역이 아니라, 안에서 밖으로 향하는 사역을 했습니다. 그는 위대한 상담가이기 때문에 위대한 의사이지, 위대한 의사이기 때문에 위대한 상담가인 것은 아닙니다. 예수님 앞에서는 먼저 안이 깨끗해지고 내면의 삶이 치유되었습니다. 그런 다음에 저절로 또는 합당한 기도를 통해, 육체적인 회복이 따랐습니다. 구주의 감추어진 위엄 앞에서, 부도덕한 행위와 잘못된 삶으로 이끌었던 반항적이고 악한 내적 삶이 무너져 내렸던 것입니다. 회개는 진리와 생명의 샘으로 바뀌었습니다. 또한 진리는 해방을 가져왔으며, 육체적으로도 그러했습니다. 그렇기 때문에 예수님에게 누군가의 몸을 통해 하나님의 이름이 영화롭게 되는 생명의 말씀보다 쉬운 것은 없었던 것입니다.

현대 의학과 내적 도움

몸을 돌보는 일과 영혼을 돌보는 일을 분리하려는 경향은 오래 전에 시작되었으며 지금도 진행 중입니다. 그러나 시간이 갈수록 육체와 영혼을 분리해야 할 사례가 많아지고 있는 안타까운 상황에도 불구하고, 이러한 경향은 정당성을 인정받을 수 없습니다. 오히려 이것은 우리가 서 있는 기초가 밑바닥에서부터 뒤틀리고 일그러져 있어 육체적인 성장이나 영적인 성장이 가로막혀 있음을 보여줄 뿐입니다. 이 시대에 그런 의학이 넘쳐나고 세력을 얻고 있다는 것은 놀라운 일이 아닙니다. 그러나 이것은 영적 상담가들이 신체적 문제와 무관해야 한다는 것을 보여주는 것이 아니라,

단지 육신적 필요가 사역의 영역 밖이라고 생각하여 관심을 가지지 않았음을 보여줄 뿐입니다. 육체는 영혼만큼 중요하기 때문에, 하나님은 사람들이 육적인 필요에 무관심한 편향적 사역자들 때문에 신체적으로 망가지는 것을 원하지 않았습니다. 따라서 하나님은 의학자들이 몸을 돌보는 일에 최선을 다하게 하신 것입니다. 의학자들이 원래 상담가로 부르심을 받은 사람들보다 자신의 영역에서 더 큰 진전을 이룬 것은 그 때문입니다. 특히 몸을 연구하는 사람들이 솔직하고 정직한 방법으로 접근하자, 하나님은 자연스럽게 그들이 신체적 생명에 대해 더 많은 것을 발견하게 하셨습니다. 나는 종종 치유의 힘을 발휘하여 수많은 사람에게 유익을 주는 것은 과학적 지식이 아니라 본성의 법에 대한 일정한 민감성이라는 사실을 깨닫곤 합니다.

따라서 감정적인 문제만 다루는 상담가들이 소외당하는 이유는 대체로 그들의 사역이 지나치게 미묘하고 이해하기 어려우며 실체를 파악하기 어려운 영적 공간으로 옮겨가기 때문입니다. 이것은 바람직한 방식이 아닙니다. 구주의 예를 보십시오. 우리가 가장 가시적인 육체적 변화와 새 생명을 볼 수 있는 것은 영적 상담가의 돌보심을 받을 때입니다. 또한 우리는 여러 가지 갑작스러운 질환을 위해 몸을 돌보는 사람도 필요합니다. 그러나 의사는 삶과 죽음에 대한 결정을 내릴 수 없습니다. 그 일은 오직 하나님만이 하실 수 있습니다. 육체를 관리하는 자는 철도 관리인과 유사한 책임이 있습니다. 그는 육체의 생명을 위한 선로가 깨끗하게 치워져 있는지 확인해야 합니다. 선로 여기저기에서 나뭇가지나 돌멩이를 치워야 할 수도 있습니다. 혹은 철도 시스템 전반에 문제를 초래할 수 있는 장애나 위험에 대해서는 즉시 상부에 보고해야 합니다. 그러나 그는 기차의 기관사나 역장이 아닙니다. 그는 마음대로 멈추라거나 가라는 명령을 할 수 없습니다. 이러한 결정은 상부에서 하달합니다. 그러므로 우리는 아무런 문제 없이 "이것은 영혼을 위한 것"이며 "저것은 육신을 위한 것"이라는 말을 할 수 없는 것처럼, "이것은 의사를 위한 것"이고 "저것은 하나님을 위한 것"이라는 말도 할 수 없습니다. 이러한 슬로건은 하나님으로부터 온 것이 아니라 하나님의 본래적 질서에서 벗어난 인간의 이기적이고 비뚤어진 삶과 사상에서 나온 것입니다.

11장 / 최종 결정권자

교회 당국은 몸이 아픈 사람들을 도우려는 아버지의 노력을 짓밟았습니다. 아버지는 하나님의 나라를 위한 일에 최선을 다했으나, 그들은 그에게 그런 일을 할 권한이 없다고 생각했습니다. 안타까운 일이기는 하지만 시급한 문제가 아니므로 잠시 접어두고, 여기서는 교회 당국의 반발에 대한 아버지의 태도에 관해 언급하고자 합니다. 어쨌든 아버지의 일은 우리의 일이며, 그의 실수는 우리에게도 영향을 미칩니다. 그러므로 우리는 그러한 사실을 인정하고 공개적으로 시인해야 합니다. 그것은 아버지에게 상처가 되지 않을 것이며, 그의 경건한 사역에 흠이 되지도 않을 것입니다. 오히려 우리는 어두운 그림자처럼 맴돌았던 그의 실수를 솔직히 고백하고 그와 함께 우리 자신을 판단함으로써, 어두움을 제거하고 사역이 더욱 선명하게 빛날 수 있게 노력하고 있습니다. 아버지가 그의 실수를 인정한 우리에게 화를 내실 것이라는 생각은 꿈에도 해본 적이 없습니다. 오히려 아버지는 우리를 격려할 것으로 생각합니다. 그는 자신이나 자기의 신상에 대해서는 개의치 않았으므로 나도 그런 것에 연연하지 않을 것입니다. 나는 아버지처럼 오직 주 예수와 진리의 대의를 위해 섬길 것입니다. 그러므로 인간의 실수라는 허울이 벗겨지고 파괴되어 하나님의 진리의 알맹이가 드러난다면 아버지도 기뻐할 것입니다.

아버지의 실수

나는 아버지가 종종 하나님 앞에 바로서기보다 다른 사람들에게 지나치게 순종적이었다는 사실을 부인하지 않습니다. 앞서 언급한 교회 당국이 당시에 내린 지시에 대해서도 마찬가지입니다. 아버지는 그의 생각을 개인적으로 고수했어야 하며 실제로 그렇게 했으나, 공적으로는 순응해야 한다고 생각했습니다. 그는 사람들 앞에서, 특히 교회가 볼 수 있도록 공개적으로 우리에게 자신의 선언을 전해주지 못했습니다. 결과적으로 아버지는 자신의 치유 사역의 감동을 개인적으로 간직했음에도 불구하고 세인의 호응을 얻지 못했습니다. 물론 아버지는 자신의 외적 순종을 도의적 문제로 정당화합니다. 그러나 인간의 피상적인 논리에 의해 정당화된다고 해서 하나님 앞에서 정당화된다는 것은 아닙니다. 아버지는 하나님 앞에서 자신의 권리에 대해 알고 있었으며, 자신에게 가해진 부당함에 대해서도 잘 알고 있었습니다. 하지만 그는 침묵했습니다. 마침내 입을 열어야 할 필요성을 느꼈을 때, 그는 의로운 사람이나 분별력 있는 사람에게 말하지 않았습니다. 따라서 도움이 되기보다 부정적인 결과를 초래했습니다. 아버지는 처음부터 교회 당국자에게 "당신들은 올바른 기초 위에 서 있지 않기 때문에 지시를 따를 수 없다. 그렇지 않으면 우리는 함께 구덩이에 빠질 것이다. 하나님 나라의 대의는 중요하기 때문에 당신들의 말을 받아들일 수 없다"라고 말했어야 합니다.

안타까운 일이지만, 아버지는 형제와 친구들에 대해서는 물론 교회와 교회 지도자들에 대해 지나치게 순종함으로써, 마치 그들에게 "말 잘 듣는 아이"가 되는 것이 자신의 대의에 충실하는 것만큼이나 중요한 것처럼 보일 정도였습니다. 아버지가 형제들과 교회 당국의 비위를 맞추기 위해 얼마나 오랫동안 노력했는지는 출판 작업을 오랫동안 칼루Calw 출판사에 의존해 온 사실에 잘 드러납니다. 당시 바르트 박사[66]는 하나님의 나라에 관한 아버지의 독창적 원고를 임의로 편집하곤 했습니다. 이 일로 아버지는 큰 상처를 받기도 했습니다. 예를 들어, 바르트 박사는 아버지의 선교 역사를 편집하면서[67] 중요한 구절들을 잘라내거나 의미를 약화했습니다. 그러나 아버지는 하나님의 다른 명령에도 불구하고, 형제에 대한 사랑으로 그 일을 참았습니다. 그는 하나님의 부르심에 대해 담대히 증언했어야 하며, 또 그렇게 할 수 있었습니다. 아버지는 피상적인 문제에 매달려 다툼에 휘말리기보다 내면의 신앙적 확신을 가지고 간증했어야 했습니다. 그러나 그는 외견상 평화를 위해 양보하고 흔들렸기 때문에 평소의 명석한 통찰력은 무뎌졌고 모든 것이 멈췄던 것입니다.

하나님의 나라냐 교회냐?

그것은 큰 실수였습니다. 이 일은 앞서 심각한 영향을 미쳤다고 언급했던 오류를 완전히 깨닫게 해주었습니다. 아버지는 루터 교회의 일원이었으며 하나님의 나라는 기존 교회의 영역 안에만 존재한다고 생각할 정도로 루터 교회의 법과 본질에 깊이 젖어 있었습니다. 그는 자신의 모든 업적과 가장 거룩한 순간들을 교회와 교회 지도자들에게 맡겨야 할 의무가 있다고 생각했습니다. 아버지는 만일 그러한 유산이 교회 내 모든 사람을 위한 공동 재산이 되지 않는다면, 하나님 나라의 건설을 위한 공동 재산이 될 수 없다고 생각했습니다. 하나님은 이미 아버지의 행동을 정당화했으나, 그는 아무리 성스럽거나 세미한 사건이라도 교회 앞에서 자신의 행위가 정당화되어야 한다고 믿었습니다. 그는 하나님의 인정을 받은 경험이라도 교회의 승인이 있어야 정당화된다고 생각했습니다.

예를 들면, 아버지는 하나님 나라의 종이며 교회는 감독관이라는 것입니다. 주인으로부터 직접 지시를 받은 종은 감독관을 존중하는 마음으로 그에게 알려야 할 의무를 느낍니다. 그러나 오랫동안 자신의 판단에 따라 행동해온 감독관은 주인의 지시가 비현실적이고 부당하며 자신의 방식과 다르다고 생각합니다. 그래서 감독관은 종에게 주인의 명령과 전혀 다른 행동을 취하라고 명령했습니다. 종은 "각 사람은 위에 있는 권세들에게 복종하라"롬 13:1라는 말씀에 따라 감독관에게 순종해야 했습니다. 주인의 명령은 이런 식으로 감독관에 의해 사장되었으며, 종은 다시 정상 궤도로 돌아오기 위해 많은 어려움을 겪어야 했습니다.

이 어려운 시기에 맺은 열매 가운데 하나는 아버지가 교회 당국자의 손에 "일종의 은밀한 고백"으로 넘긴 비망록입니다.[68] 우리는 이 비망록을 통해 고뇌로 가득한 논쟁, 양심적 설명, 겸손한 정당화, 그리고 존경하는 감독관에게 "주께서 친히 주신 사명을 존중해 줄 수 있겠느냐"고 묻는 소심한 요청을 찾아볼 수 있습니다. 그러나 어차피 당국자들을 상대할 바엔, 미움을 살 각오를 하고서라도 적절한 때에 명확하고 솔직한 진술을 제시했어야 했습니다. 아버지는 감독관에게 주님의 명령에 순종하라고 말했어야 했습니다. 그는 여전히 이해하지 못하는 사람들에 대해 자신의 행동을 설명하고 이해시키려는 노력을 절감할 수 있었지만, 아버지가 현혹을 당한 것이라는 그들의 생각을 더욱 굳어지게 했을 뿐이었습니다.

그러나 그렇게 하지 못한 아버지는 좋든 싫든 "변론"을 하지 않을 수 없었습니다. 그러나 이러한 변론에서조차 아버지는 유서 깊은 교회의 질서와 법을 보호하기 위해, 당연했어야 하는 자유의 종이 아니라 감독관에 복종적인 종이 되었던 것입니다. 그의 변론은 아우크스부르크 신앙 고백, 교리 문답, 기독교의 지배적 흐름 등 교회의 권위 아래서 정당성을 찾았습니다. 다만 아버지는 간접적 권리로서, 주님에게서 직접 받은 사명을 소심하게 제시할 뿐이었습니다. 그는 자신이 받은 새로운 사명을 크게 훼손하지 않는 선에서 낡은 틀에 끼워 맞추려고 노력했습니다.

순종과 자유

이런 식으로, 아버지는 생베 조각을 낡은 옷에 붙이고 포도주를 낡은 가죽 부대에 부었습니다.막 2:21-22 이런 실수는 그와 우리 모두에게 많은 문제를 초래했습니다. 아버지는 주의 계명을 교회의 규례에 비추어 볼 것이 아니라 주의 계명을 중심에 놓고 교회의 규례를 조명하게 했었어야 했습니다. 먼저는 예수님이며, 당국과 교회와 신조는 그다음이어야 했던 것입니다. 후자가 예수님께 동의하지 않는다면, 잘못된 것은 예수님이 아니라 그들입니다. 결론적으로, 하나님의 나라에서 말하고 명령하고 결정을 내릴 수 있는 권한을 가진 자가 누구입니까? 국가나 교회 전통입니까, 주 예수입니까? 하나님이 수 세기 동안 그 나라의 보석들을 인간이 만든 낡고 썩은 그릇에 쏟아부어 썩게 하실 수밖에 없다는 것입니까? 이제는 그런 사고를 버려야 합니다. 어떻게 주 예수님을 오랜 세월 동안 인간이 심은 수많은 교회와 종파 가운데 하나에 끼어맞출 수 있겠습니까? 어떻게 하나님이 세상에 복을 주시려고 그런 선택을 하실 수 있겠습니까? 아마도 우리는 그가 자신을 위해 누구를 선택했는지 몰라 안절부절못할 것입니다.

우리는 전능하신 하나님이 예수님을 통해, 자신이또는 자신만이 구원을 제공한다고 생각하는 교회들이 줄 수 있는 것보다 더 많은 공간과 자유로운 통치를 원하신다는 사실을 인정해야 합니다. 예수님은 교회의 논쟁에 말려들지 않으십니다. 그의 나라는 한때 화석처럼 굳어버린 유대교를 덮고 있었던 것처럼, 다른 모든 것 위로 높이 솟아 있습니다. 우리는 바리새인들처럼 자신의 이익을 위해 이기적이고 교조적인 싸움을 원하지 않습니다. 그런 이기심이야말로 하나님 나라의 가장 큰 장애물이며, 유일하신 참 하나님의 소멸하는 불 속으로 던져야 한다고 생각합니다. 우리는 어떤 것도 더 이상 우리 것이라고 주장하지 않습니다. 우리는 "내가 너보다 낫다. 나의 믿음은 구원을 가져다주지만, 너의 믿음은 구원을 주지 못한다"라고 자랑할 수 있는 것이 없습니다.

차라리 형제로서 기꺼이 악수합시다. 희생할 준비가 된 한 몸이 됩시다. 하나님 앞에 서서 이렇게 고백합시다. "우리가 여기 있나이다. 우리는 모두 어리석고 가난하고 불쌍하고 눈멀고 벌거벗었나이다. 우리는 아무것도 아니며 당신은 전부입니다. 그러므로 우리는 더 이상 자신을 위해 어떤 것도 원하지 않으며, 오직 당신과 당신의 나라만 구합니다. 하나님이여, 우리는 당신의 참된 자녀가 되기를 원합니다. 당신의 도구를 주셔서 이 땅에서 나라를 위해 일하게 하소서." 이러한 겸손과 자기희생의 길이야말로 하나님이 사용하시는 백성으로 변화될 수 있는 유일한 길입니다. 그러면 하나님이 우리에게 사람들의 몸과 영혼을 새롭게 하여 질병과 죽음을 이길 수 있도록 도와줄 힘을 주실 것입니다.

무엇보다 먼저 하나님을 사랑하라

이 목표를 향해 전진합시다! 오, 우리의 마음이 불타오르게 하소서! 이것은 하나님의 진리와 의를 희생하면서 육신에 복종하는 이웃에 대한 "기독교적" 사랑을 말하는 것이 아닙니다. 자신을 희생하는 하나님의 사랑, 오직 하나님과 그의 나라만 섬기며, 같은 마음으로 이웃을 사랑하는 하나님의 사랑으로 불타오르기를 원합니다. 이런 사랑 안에서 언약적 교제의 손을 잡읍시다. 이 아가페적 사랑은 구주와 사도들이 실천했던 사랑입니다. 우리도 이러한 사랑의 내적 특성을 알아야 합니다. 하나님의 선물인 이 신적 사랑 없이는, 인류와 피조세계의 궁극적인 조화는 생각할 수 없습니다.롬 8:19-23 참조 이러한 신적 사랑의 깃발 아래, 모든 나라는 마침내 그리고 쉽게 형제자매로 연합할 것입니다. 그들은 사람의 종교나 정치적 분파가 만들어낸 장벽을 알지 못할 것입니다. 하나님의 깃발 아래 하나가 된 그들은 하나님의 자녀가 되는 놀라운 자유를 누리며 하나님이 이 땅에 세우시려는 시온을 건설하는 일을 도울 것입니다.

앞서의 진술에서 볼 수 있듯이, 우리는 새로운 영적 관점을 채택했습니다. 그 결과, 우리는 폭풍 같은 비난의 대상이 되었습니다. 그것은 회오리바람처럼 우리를 에워쌌으며, 할 수만 있다면 바트볼 전체를 날려버렸을 것입니다.[69] 그러나 우리는 그저 아버지가 회피한 것을 보충했을 뿐입니다. 아버지는 진지한 생각을 가진 그리스도인들로부터 어떤 비평도 받고 싶지 않았기 때문에, 그리스도의 사랑으로 그들의 뜻을 따랐습니다. 그리하여 나중에는 거의 모든 사람이 아버지를 환대했습니다. 적어도 그들은 "그의 독특성에도 불구하고" 그가 교회와 기독교 전체의 수호자가 될 수 있다는 사실에 만족했습니다.

그러나 오늘날 우리는 다릅니다. 우리는 어디를 가든, 사람들로부터 "바트볼이 완전히 변했다"는 말을 듣습니다. 이처럼 흉흉한 소문은 사람들의 분노와 연결되었습니다. 사람들이 분노한 이유는 우리가 하나님에 대한 사랑을 이웃에 대한 기독교적 사랑보다 우선했다는 이유 때문입니다. 우리는 이 새로운 관점을 통해, 우리 자신과 전통적인 기독교 관습에 잘못된 것이 많다는 사실을 봅니다.

우리가 누군가를 모욕하려고 한다고 생각하지 마십시오. 또한 우리가 인간관계를 비판함으로써 이 자리에까지 이르렀다는 생각도 하지 마십시오. 우리의 입장이 아버지와 다른 이유는 혹시 모를 아버지의 실수를 인정했기 때문이 아닙니다. 오히려 그것은 하나님의 진리와 의에 대한 새로운 통찰력 때문입니다. 하나님이 우리의 눈을 뜨게 해서 전에 범한 실수를 보게 하셨기 때문에, 우리는 하나님의 진리와 의를 위해 —그것이 우리에게 적합하든 그렇지 않든— 최선을 다하도록 부르심을 받았다고 생각합니다. 우리와 우리의 공동체에 임한 심판이 우리의 한계를 넘어서고 다른 사람들이 우리에게 충격을 받아 화가 났다고 해서 그것이 곧 우리가 틀렸다거나 이웃에 대한 기독교적 사랑을 훼손하려는 의도라고 볼 수는 없습니다. 덧붙이자면, 비록 고통스러운 경험이었지만 우리는 하나님을 위해 진리의 심판을 받는 것에 만족합니다. 사람들의 반응은 우리가 전통적인 기독교 정서의 틀에 얼마나 깊이 빠져 있었는지를 보여줍니다. 따라서 우리는 주변 사람들에게 아무런 고통을 주지 않으면서 자신을 변화시킬 수 있는 다른 방법을 찾을 수 없었습니다. 우리는 자신을 목표로 설정하는 방식으로 그들과 맞섭니다. 이것은 우리가 침묵해야 한다는 뜻입니까? 그렇지 않습니다. 우리는 더 이상 자신이나 기독교적 사랑을 위해 싸우지 않고 오직 하나님의 사랑, 아가페를 위해 싸우기 위해 헌신한 무리입니다. 이 아가페는 개인적으로 바라는 것을 뒤로하고, 먼저 하나님의 의와 진리를 생각합니다. 다음은 이처럼 헌신한 무리를 위한 시입니다. 이 시는 하나님의 나라를 위해 만물을 아가페 아래에 재정립하려는 간절한 열망에서 나온 것입니다.

아가페의 노래

일어나라, 아버지의 자녀여!
하나 되어 기쁨으로 나오라.
너희는 거룩한 시간에 모여
참되고 굳은 서약을 했나니.
너희는 일어나 하늘을 향해

주께서 비추시는 빛을 보라.
그가 사망과 어두움의 때에
생명과 사랑을 보내시리라.

너희도 광야에서 방황하려는가?
옛적 하나님의 백성처럼.
그들은 먼 길을 돌고 돌아
간신히 가나안 땅을 찾았으나
하나님의 음성에 귀를 막고
그의 명령을 외면했으니
여호와께서 진노하사
황무지에서 멸하셨도다.

하나님의 거룩한 얼굴에서 비취는
밝은 빛을 두려워하지 말라.
그는 신실하고 참되고 의로우시며
그의 공의는 은혜로 관을 썼으니
그가 너희의 교만을 찌르고
불로 심판할 때 불평하지 말라.
너희의 이기적인 자아가 깨어질 때
그가 너희의 행보를 기뻐하시리라.

하나님은 너희를 바른길로 이끄시고
약속의 땅을 향해 인도하실 것이라.
사망과 끔찍한 악몽의 두려움이
그의 말씀에 놀라 달아나도다.
조심하라. 너희의 이기심을 버려야만
유혹의 올무에서 벗어나리라
너희의 사랑을 점점 더 굳게 하라
사랑만이 죽음을 정복할 수 있도다.

하나님의 목적을 위해 모든 것을 바치는
희생적 사랑을 구하라.
이 사랑은 헌신적 섬김을 요구하나니
새 생명이 너희의 영혼을 채우리라.
덧없는 세속적 쾌락에서 돌아서서
담대히 거룩한 길을 걸어라!
너희는 알리라, 사랑만이 영원하며
언제까지든지 떨어지지 아니함을.

사랑은 힘이고, 사랑은 승리자다
사랑은 하늘에서 이 땅에 내려와
인간의 마지막 공포를 깨트리고
사망과 음부를 정복했도다.

하늘 높은 곳에 계신 하나님,
그의 가슴에서 나온 이 사랑은
우리에게 넘치는 기쁨을 가져왔도다.
이 복을 받은 자에게 영광이 있으리라.

사랑은 하나님의 마음에서 우리에게 다가와
그의 주 하나님을 선포하도다.
온 세상을 불태운 이 사랑은
다시 하나님께로 타오르도다.
지극히 높은 보좌 위에서
새 힘으로 불타오른 이 사랑은
이 땅 가장 깊은 곳까지 내려와
하나님의 위대하신 능력을 찬양하도다.

사랑은 자신의 평화를 위해 탄식하는
피조세계를 보고 느낄 수 있으며,
사랑은 시온의 언덕에 거침없이 올라온
호전적 국가들을 하나가 되게 한다.
모든 무릎은 함께 꿇을 것이며,
사랑은 공평과 자유를 베풀 것이다.
하나님 나라의 희년이 오면
하늘과 땅은 하나가 될 것이다.

거룩한 백성으로 모인 너희여
이 사랑의 인도하심을 구하라
한때 굳게 잠겼던 모든 문이
사랑의 손길로 활짝 열리리라.
너희는 사랑의 부르심을 받아
거룩한 무리를 이루어야 하니
그러므로 그의 나라에 들어가
지극히 거룩한 복을 받으리라.

제4부 • 전진: 다가올 나라에 대한 소망

12장 / 소망의 근거

우리가 어떤 과정을 거쳐 현재적 입장까지 이르게 되었는지를 보여주기 위해 살펴보아야 할 다음 단계는 아버지가 마셨던 또 하나의 깊은 샘에 주목하는 것입니다. 이 샘에서 솟아나는 생수는 구주의 숨결이 그와 주변 사람들을 에워싸고 큰 영향을 미쳤다고 할 만큼 아버지의 모든 싸움에 강력한 힘을 불어넣었습니다. 아버지가 유명해진 것은 그가 어두움과 싸운 것이나, 미신에 빠져 있던 회중이 죄 사함을 통해 부활하고 깨끗해진 것이나, 앞서 언급한 기적적 치유 때문만은 아닙니다. 그런 것들과 함께 아버지에게는 담대한 소망이 있었습니다. 그리스도께서 사마리아 여자에게 "내가 주는 물을 마시는 자는 영원히 목마르지 아니하리라"요 4:14라고 하신 말씀은 특히 이러한 아버지의 소망과 관련하여 성취되었습니다. 우리는 아버지에게서, 인간의 비극에 대한 모든 통찰력과 자신의 연약함에 대한 모든 비통한 마음에도 불구하고 자신의 영혼 깊은 곳에서는 결코 목마름이 없었던 한 사람을 보게 됩니다. 그는 놀라운 소망의 영원한 샘물을 마셨던 것입니다.

하나님께 사로잡힘

이 물을 마신 아버지는 하나님의 나라라는 큰 진주에 비하면 자신의 생명은 아무것도 아니라는 선지자적 사고를 사람들과 유사했습니다. 그는 아직 상을 얻지 못했지만, 예수 그리스도께 완전히 붙잡혔습니다.빌 3:12-14 아버지는 아직 부름의 상을 붙잡았다고 생각하지 않았지만, 그의 영으로 어렴풋이 본 미래에 사로잡혀 있었던 것입니다. 그는 가장 친한 친구들조차 놀랄 만큼 열정적이고 헌신적으로 푯대를 향해 달렸습니다. 어떤 사람은 아버지가 자신이 아는 유일한 성경적인 사람이라고 말하기도 했습니다. 아버지는 신학자였습니다. 그는 성경, 더 정확히 말하면 성경이 아니라 그리스도 주위에 모인 선지자들과 사도들의 영적 삶 가운데, 지혜로운 자들의 지혜를 무색하게 하는 불가사의한 것에 사로잡혀 있었습니다. 그것은 아버지를 붙잡았으며 그의 삶의 바탕이 되었습니다.

아버지는 어두움의 본질만 이해한 것이 아니었습니다. 그는 이스라엘의 기적적인 탄생에 이어 이스라엘의 역사가 기적의 역사가 될 만큼 풍성하게 나타난 하나님의 역사하심은 물론, 선지자들과 사도들이 묘사한 새 하늘과 새 땅을 이해했습니다. 아버지는 모르는 것을 무조건 "믿는" 신자와 같은 방식으로 새 하늘과 새 땅을 믿지 않았습니다. 아니, 그는 새 하늘과 새 땅에 대한 소망이 의미하는 것과, 새 하늘과 새 땅이 도래하기 전에 일어나야 할 일에 대해 이해했습니다. 이러한 통찰력을 가진 아버지는 성경을 완전히 이해하지는 못했지만, 성경 공부 자체가 하나님의 나라를 발전시키는 것은 아니라는 사실은 잘 알고 있었습니다. 대신에 아버지는 그 나라의 발전은 언제나 유일한 창조주이신 하나님의 특별하신 능력에 달려 있으며, 오직 하나님의 능력만이 하나님 나라의 진보를 가져올 수 있다고 확신했습니다. 아버지는 이러한 관점을 오늘날 우리가 아는 것처럼 분명하게 정립하지는 않았지만, 누구보다 정확하게 인식하고 있었습니다. 먹구름을 뚫고 비친 빛은 우리에게 하나님 나라의 실재가 오늘날 교회에서 인간의 노력으로 형성된 것과 다르다는 사실을 보여줍니다. 하나님의 나라는 하나님의 창조물입니다. 하나님 나라 안에서의 모든 발전은 하나님의 역사입니다.

인간의 발전이 아닌 하나님의 일

이것은 오늘날 우리의 주장입니다. 우리는 기독교 정신이 인간적 노력을 통해 발전할 것이라는 희망을 품지 않습니다. 하나님은 천지를 창조하실 때, 영으로 충만한 빛으로 세상을 만드시고창 1:2-3, 생기를 불어넣어 첫 번째 사람을 만드셨습니다.창 2:7 사람에게는 하나님의 생기가 있으며, 그렇지 않으면 동물이나 마찬가지일 것입니다. 이 땅에서 인류의 발전은 첫 번째 창조의 속성에 따라 ─즉 땅이 변할 때까지 새 창조의 연속적인 행위를 통해─ 지속되어야 했습니다. 하나님의 나라는 과거에도 지금도 앞으로도 그렇게 발전될 것입니다.

빛과 어두움의 싸움, 영과 육의 싸움, 생명과 죽음의 싸움이 일으킨 먼지구름은 사람이라는 생명체의 눈에서 이 창조의 빛을 감추었습니다. 따라서 사실상 모든 인류는 동물과 같은 방식으로 뻗어나가며 발전해 왔습니다. 전반적으로, 그들은 더 이상 창조주를 이해하지 못하고 피조물에 의존할 수밖에 없었습니다. 따라서 그들의 종교는 이상한 춤과 같다고 할 수 있습니다. 그들은 피조세계에 나타난 하나님의 능력과 율법을 둘러싸고 기뻐 날뛰었습니다. 물론, 그러기 위해서는 동식물과 사람을 신으로 섬기거나 영이나 귀신으로 만들어야 했습니다. 그러나 이러한 신들은 하나님의 생기를 가진 모든 사람 ▯심지어 이교도– 에게 남아 있는 지적 잔여물보다 훨씬 못하며, 아무런 가치도 없습니다. 그럼에도 불구하고, 창조주에게서 벗어나 피조물 숭배에 빠진 인간의 종교적 열광조차 창조주를 가리키는 행위로 보아야 합니다. 한편으로 우리는 하나님 나라특히 예수 그리스도를 증거하는 자들이 대중에게서 벗어나려는 것에 대해서도 놀랄 필요가 없습니다. 우리는 그들이 종교에 매이지 않고 자유롭게 창조주와 교제하며 하나님 아버지를 앙망하는 것을 인정해야 합니다. 예수님은 옛 종교와 대조적으로 "나와 아버지는 하나이니라"요 10:30라고 말씀하셨습니다. 앞서 언급한 대로, 하나님의 나라를 대표하는 사람들은 모두 이 샘에서 나는 물을 마셨습니다. 그들은 기존의 종교적 관점이나 기존의 신앙 형태에서 힘을 얻은 것이 아니라 하나님의 일을 통해 힘을 얻었습니다. 그들은 창조주에 대한 자신의 경험에 따라 믿었습니다. 그들의 믿음은 이러한 경험에서 나온 것이기 때문에, 세상의 유일한 진리이자 생명이신 창조주에 대한 소망의 근거가 됩니다.

나는 여러분을 성경의 광대한 세계로 안내하여, 얼마나 많은 사람이 하나님의 나라에 이끌려 그 나라를 위해 노력했는지를 보여줄 수 있습니다. 그들의 사역은 하나님의 진리와 의를 위한 것이었습니다. 그들은 결코 쇠하지 않고 항상 새롭게 용솟음치는 소망의 끈으로 연결되어 있었습니다. 나는 여러분에게 이 빛이 어떻게 끊임없이 어둠을 뚫고 나와 신실한 백성을 대중의 종교적 열광에서 벗어나게 했으며 거짓 희망과 미신에 젖어 있던 동시대인과 구별시켜 주었는지를 보여 줄 수 있습니다. 나는 아브라함, 모세, 다윗, 엘리야, 이사야, 예레미야가 어떻게 하나님의 일을 통해 단서를 얻어, 창조주의 능력을 온전하게 시현하신히 11:1-12:/3 참조 아들이 오실 길을 예비할 수 있었는지를 자세하게 설명할 수 있습니다. 나는 하나님의 사람들의 태도가 다른 사람과 어떤 면에서 근본적으로 다른지, 얼마나 하나님과 그의 나라로부터 오는 힘에만 의지하였는지, 어떻게 선지자로서 부르심을 받고도 무자비하게 죽어야 하는 상황을 회피하기 위해 사람이나 육신의 힘에 의존하지 않았는지렘 17:5, 그리고 우리가 이러한 사도들과 선지자들의 의로운 삶에 얼마나 큰 빚을 지고 있는지, 보여줄 수 있습니다. 또한, 그러므로 우리가 땅에서가 아니라 위로부터 오시고요 3:31, 8:23

영원토록 살아 계신 하나님의 아들을 얼마나 전심으로 앙망해야 하는지 말해 줄 수 있습니다. 왜냐하면 오늘날 우리 역시 하나님의 나라에 관한 한, 창조주 외에는 다른 소망이 없기 때문입니다. 그러나 이 소망은 인내가 필요합니다. 나는 하나님의 나라에 진지한 자들에게, 아버지가 얼마나 성경적인 소망많은 회의론자는 의심의 눈으로 보았지만으로 가득했는지를 보여주고자 할 뿐입니다.

동일한 목표

우리는 이러한 일반적 관점에 비추어, 아버지의 삶을 들여다볼 수 있습니다. 이제 우리는 그의 사역과 삶이 성경적이었으며 성경적 소망에 기초한 것임을 알 수 있습니다. 그가 다른 신자와 달랐던 점은 그의 정통성이나 성경 지식, 사람들과의 관계에서 보여준 순수한 성품이나 설교적 은사가 아닙니다. 그의 특별한 사역을 가능하게 한 것은 하나님으로부터 나와 그의 나라로 인도한 소망이었습니다. 그는 이러한 소망에 힘입어, 성경의 선지자들과 사도들이 추구했던 것과 동일한 목표를 향해 전력을 다할 수 있었습니다. 아버지는 이러한 목표에 초점을 맞추어나갈수록, 목표와 직접적인 관련이 없는 다른 모든 것에 대해서는 더욱 넓은 마음으로 접근해야 했습니다. 따라서 교회 의식이나 종교적 전통이나 교리 수호와 같은 것들은 뒷전으로 밀려나야 했습니다. "변화에 대비하라"는 지침은 성경에 따라 하나님의 계획을 마련하기 위한 일과였습니다.

오늘날 우리의 접근 방식도 동일합니다. 나는 예수 그리스도를 믿는 신자에게 가장 중요한 것은 그리스도의 영이 우리에게 주시는 목적, 즉 이 땅과 모든 피조물 안에서 성령을 통해 성취되기를 기다리고 있는 목적이 무엇인지를 명확히 알고 이해하는 것이라고 생각합니다. 오늘날 우리의 소망은 본질적으로 아버지가 가진 소망과 동일합니다. 아버지가 성경에 대해 잘못 해석했으며 근거 없는 희망을 품고 있었다는 주장은 사실이 아닙니다. 그의 해석은 성령을 좇은 성경적 해석이었습니다. 그러므로 우리도 아버지와 같은 소망을 가져야 합니다. 오늘날 우리의 소망은 그의 소망에 뿌리를 두고 있습니다. 그러나 우리의 소망은 더욱 확실하고 분명하며 이기적 욕망에서 벗어나 있기 때문에, 더욱 담대하고 포괄적입니다. 아버지는 말년에 약속의 땅을 멀리서나마 희미하게 바라보았던신 34:1-4 모세와 같았습니다. 아버지에게 기존 교회의 종교적 삶은 일종의 복이었습니다. 따라서 그는 그것을 자신의 소망에 포함했으며, 그것이 없는 약속의 성취는 상상조차 할 수 없었습니다.

이제 우리는 약속의 성취에 더욱 가까워졌습니다. 우리는 더욱 명확한 윤곽을 볼 수 있습니다. 그동안 많은 시간이 흘렀습니다. 오늘날 우리는 사람들이 익숙해 있는 옛 형식의 종교적 삶이 흔들리고 있다는 사실을 압니다. 많은 사람은 복음의 핵심을 보존하기 위해서는 가장 소중히 여기는 것조차 근본적인 변화를 받아들이지 않을 수 없다는 사실을 깨닫기 시작했습니다. 나는 조상의 유서 깊고 성스러운 유산이라고 생각했던 전통이 깨진다고 해도 멈추어서는 안 된다고 확신합니다. 대신에, 우리가 하나님의 나라를 섬기고 그 약속을 받을 준비가 되었다면, 인간적 계획을 버리고 오직 하나님 나라의 목표에만 집중해야 합니다. 아버지가 좋게 생각한 일부 관행이 우리에게 아무런 소용이 없는 것으로 드러난 이유는 그 때문입니다. 사실 그런 관행은 우리를 핵심 쟁점에서 벗어나 부수적인 문제로 휩쓸어 가는 급류와 같았습니다. 따라서 오늘날 우리는 하나님의 목적에 도달하기 위한 방법론상의 차이만 있을 뿐, 우리의 목표는 아버지와 동일합니다.

13장 / 거짓 지팡이

우리는 아버지의 삶 속에서 지금까지 북극성처럼 빛나는 세 가지 주제를 찾아볼 수 있습니다.[70] 이 세 가지 주제는 다른 모든 불이 꺼졌을 때 아버지를 구해 준 빛입니다. 이 세 가지 기본 주제는 영원으로부터, 하나님 자신으로부터, 그리고 그의 창조물로부터 나왔으며, 따라서 영원으로 인도합니다. 비록 아버지의 생각은 인간적이고 일시적인 것도 있지만, 그의 소망은 신성하고 영원했습니다. 세 가지 소망은 하나님 나라의 도래를 지향하며, 그것들을 깨닫지 못한다면 하나님의 나라가 온전히 임할 수 없습니다.

세 가지 소망

무엇보다도, 아버지의 소명은 그와 함께 하나님의 나라가 임하기를 바라는 사람들의 마음속에 이러한 소망의 씨앗을 심는 것이었습니다. 그의 안에 뿌리를 내린 세 가지 소망은 다음과 같습니다.

첫째로, **성령의 새로운 부으심에 대한 소망**입니다. 성령은 하나님의 형상인 인간의 발전에 있어서 알파와 오메가[시작과 끝]에 해당합니다. 성령은 피조물 안에 있는 하나님의 숨결이며, 따라서 그는 인간 내면에 있는 생명의 빛입니다. 우리의 모든 싸움과 발전이 끝날 때, 성령은 하나님의 진리와 하나님의 공의의 강이 되어 모든 피조물을 영생으로 인도하실 것입니다.

둘째로, **시온의 형성에 대한 소망**입니다. 시온은 적은 무리로 서눅 12:32 주 예수 그리스도 안에서 하나님의 나라를 받을 수 있는 하나님의 백성입니다. 그들은 예수 그리스도의 구속의 피로 말미암아, 모든 민족과 열방에서 산 자와 죽은 자의 피난처가 될 것입니다.

셋째로, **사망이 삼킴을 당할 것이라는 소망**입니다.사 25:8; 고전 15:54 그때에 하나님의 생명이 승리를 거둘 것이며, 부활하신 예수께서 이 땅에서 아버지께 영광을 돌리실 것입니다.

이 세 가지 소망에 대한 진술만으로도 여러분은 아버지의 생각이 동시대인, 구체적으로 말하면 동시대 신자들의 생각과 다르다는 사실을 알 수 있을 것입니다. 아버지 역시 다음과 같은 주장을 받아들이도록 배웠습니다. 즉, 우리는 우리에게 성령이 있음을 믿으며, 우리는 우리가 모든 민족이 모일 시온임을 믿으며, 우리는 사망이 정복되었음을 믿는다는 것입니다. 그러나 이제 우리는 교회가 가졌던 이러한 믿음이 어떻게 소망으로 바뀌어야 했는지를 살펴볼 것입니다. 이 변화는 아버지와 우리가 일말의 주저함도 없이 받아들인 기정사실입니다. 이처럼 하나님 나라의 속성을 소망이라는 관점에서 바라본 것은 이 하나님의 사람에게는 그것이 약속의 땅이었기 때문입니다. 그는 비록 여기서는 약속의 땅에 도달할 수 없었으나, 혼란의 와중에도 순례자처럼 약속의 땅을 향해 걷고 또 걸었습니다.신 34:1-4 참조 그러나 이 담대한 여행자가 의지했던 지팡이는 그가 가진 소망만큼 견고하지 못했습니다. 그가 의지했던 지팡이는 하나씩 부러지고 말았습니다. 이 순례자는 결국 약속의 땅을 마지막으로 그리워하며 그곳에 이르지 못한 채 쓰러졌습니다.

세 개의 거짓 지팡이

우리는 아버지에게 치명적이었던 지팡이에 대해 살펴보지 않을 수 없습니다. 하나님의 목적지에 이르기 위해서는 더 이상 지팡이에 의존해서는 안 되기 때문입니다. 아버지가 성령의 새로운 부으심이라는 첫 번째 소망을 위해 의지했던 지팡이는 종교적 활동을 기반으로 친교와 교제가 이루어지는 유형 교회였습니다. 그는 기독교를 믿는 많은 나라와 접촉하면서 기독교 국가에 대해 알고 있었기 때문에, 교회가 한 영으로 연합되어 있지 않다는 사실을 볼 수 있었습니다. 그러나 그에게 오랜 역사를 가진 당시 교회는 여전히 신성했으며, 하나님이 그의 영을 다른 그릇에 부어 주신다는 것은 상상할 수도 없는 일이었습니다. 그는 자신의 소망을 익숙한 종교적 틀에 끼워 맞추기 위해 많은 수고와 노력을 기울였습니다.

그는 낙심하지 않고 언젠가 교회가 자신의 소망을 받아들이고 변화될 것이라는 희망의 끈을 놓지 않았습니다. 교회의 형식을 주장하는 사람들의 계속된 거부에도 불구하고, 아버지는 교회라는 그릇이 영원하신 분과 동일한 사랑으로 품어야 할 만큼 영원한 가치를 가지고 있지 않다는 생각을 하지 못했습니다. 그는 자신이 성령으로 충만하게 해 달라고 기도하며 하나님께 올렸던 그릇의 실상을 보지 못했습니다. 이 그릇은 여러 면에서 사람의 방법으로 만들어졌기 때문에 이미 더러워졌습니다. 그것은 거룩하신 하나님의 선물을 담기에 합당한 그릇이 아니었습니다. 그의 요구는 하나님을 기쁘시게 하는 것이었으나 앞서 말한 이유로 허용되지 않았습니다. 아버지의 지팡이는 부러졌고 그의 소망은 여전히 이루어지지 않았습니다.

아버지가 붙든 두 번째 소망은 열방이 몰려와 의와 진리를 받게 될 도성(사 2:2-3, 곧 하나님의 시온에 대한 소망이었습니다. 그는 이 소망을 위해 너무 쉽게 자신에게 주어진 사명이라는 지팡이에 의존했습니다. 여러분은 이 사명이 아버지의 손에서 부러진 지팡이라는 말에 의아해할 수도 있습니다. 아버지는 종종 하나님이 그의 삶에 선교의 문을 열어 놓으셨다고 말했습니다. 그 말은 타당합니다. 그것은 마치 그리스도인에게 사명의 불을 지폈던 구절, 즉 너희는 온 천하에 다니며 모든 족속으로 제자를 삼으라는 주님의 명령(마 28:19)을 상기시키는 듯 했습니다. 그것은 분명한 사실입니다. 그러나 기독교 초기에도 그랬지만, 우리는 자칫 온 세상을 정복하고 주께서 그의 영으로 다스리실 처소가 될 시온을 건설하는 일보다 복음 확장을 우선할 위험이 있습니다. 아버지는 이러한 위험을 충분히 인식하지 못했던 것입니다.

물론 아버지는 선교적 영역에서 시온에 대한 소망을 강조했으나, 충분한 이해가 없었습니다. 당시에는 선교에 대한 열정이 넘쳤으며, 아버지는 자신이 바라는 시온을 실현하기 위해 지나치게 선교에 의존하는 실수를 범했습니다. 그렇습니다. 확실히 그는 여러 가지 경고심지어 위로부터의 경고에도 불구하고, 이 일은 하나님의 백성이 예수 그리스도의 은혜와 계시를 통해 내적으로 강해지는 역사와 함께 진행되어야만 효력이 지속될 수 있다는 사실을 깨닫지 못할 만큼 맹목적인 열정으로 이 지팡이를 붙들었습니다. 하나님의 백성은 영원한 실재, 진리와 공의, 예수님 자신으로 충만해야 합니다. 오직 그럴 때만 비로소 하나님의 백성은 모든 민족에게 자신을 헌신할 권리를 갖게 됩니다. 참된 선교는 인간의 노력이 아니라 오직 하나님으로부터 나와야 합니다. 세계 선교의 자격은 오직 하나님께만 있다고 해도 과언이 아닙니다. 선교사로서 우리에게는, 하나님의 빛을 통해 깨어나 부름을 받은 나라들을 위해 시온의 문을 열 권세만 있습니다. 우리는 그들에게 우리의 생각이나 교파의 주장을 밀어붙이거나 강요해서는 안 됩니다.[71]

역사는 기독교의 확산이 국가적 특성 및 역사적 업적과 함께 이루어졌다는 사실을 분명히 보여줍니다. 우리는 다른 나라를 그리스도의 자유로운 진리로 인도하지 않고 단순히 독일화하거나 영국화하거나 갈리아화하기를 원하지 않는 이상, 이러한 업적을 경솔하게 부과하지 않도록 조심해야 합니다. 이렇게 해서, 그리스도를 통해 더 이상 자신을 위해 살지 않고 오직 하나님을 위해 살려는고후 5:15 참조 사람들과 하나가 되려는 노력, 즉 시온을 건설하기 위한 열정은 선교적 열정에 묻히고 말았습니다. 따라서 아버지가 시온에 대한 소망을 이루기 위해 의지했던 선교라는 지팡이조차 폭발적 성장에도 불구하고 부러지고 말았습니다. 선교는 시온 건설에 관심이 없는 사람들에게는 활력을 불어넣었으나, 아버지에게는 손실이었음이 곧 드러났습니다. 선교사들을 도우려는 그의 노력에도 불구하고, 선교 단체들은 열방에 전파하는 복음 속에 시온에 대한 소망을 담으려는 열정에 아무런 감흥을 느끼지 못했습니다.

이제 나는 아버지의 손에서 부러진 세 번째 지팡이, 즉 죽음이 삼킴을 당할 것이라는 소망을 위해 의지했던 마지막 지팡이에 대해 언급하고자 합니다. 이 지팡이는 **개인적 구원**과 하늘의 복을 위한 노력입니다. 이러한 노력은 정당한 것이지만, 지나치게 강조된 측면이 있습니다. 경건한 사람들은 **사후**에 하늘에서 누릴 개인적 행복에 대한 열망에 사로잡혀 있었습니다. 그러나 그들은 하나님이 **이 땅에서** 우리에게 주실 수 있는 것, 즉 이 땅의 모든 사람을 위해 예수 그리스도 안에 있는 거룩한 생명을 드러내는 일을 잊고 있습니다. 개인적 구원을 중시하는 이러한 강조는 기독교 교회 전체의 발전과 맥락을 같이 합니다. 내세의 행복에 대한 추구가 예수 그리스도를 통해 우리에게 주어진 소망보다 훨씬 더 큰 비중을 차지한 것입니다. 그러나 하늘에 대한 소망, 내세에서의 행복에 대한 추구만이 경건한 삶의 목적이었기 때문에, 육신[우리의 이기심]이 강력한 힘으로 이 소망 안으로 침투해 들어왔습니다. 그 결과, 대부분 그리스도인은 하나님의 나라에 모든 초점을 맞추어 복을 갈망하며, 이 땅의 부도덕하고 사악한 행위를 인내하며 참았습니다.

아버지도 이 땅에서 일어나는 사건들의 의미를 영원이라는 관점에서 바라본 것이 분명합니다. 그의 말과 설교에는 하나님의 생명이 우리의 모든 곳을 갉아먹는 죽음에 맞서는 힘으로 이 땅에서 가시적으로 나타날 것이라는 확신이 때로는 매우 강력히 나타납니다. 그러나 어쨌든 그는 죽음을 심판이라기보다 신성하고 자유를 주는 존재로 생각할 만큼 이 지팡이에 철저히 의존해 왔습니다. 다른 사람들도 죽음이 구원으로 인도한다면 고통스럽더라도 존중해야 한다고 생각했습니다. 이 소망은 그만큼 매력적이었습니다. 그뿐만 아니라 아버지는 구원을 위해 유익한 것은 하나님께도 유익할 것으로 생각했습니다. 그는 지상에서 영생을 누리게 하시려는 하나님의 뜻을 과소평가했습니다. 사망이 죄에 대한 형벌로 지배할 이곳은 그리스도께서 그 정죄를 무효화 하실 곳입니다. 진리와 생명은 그리스도의 부활의 능력으로, 도처에 침투한 사망을 이기고 승리할 것입니다.

하나님을 위한 승리는 사망이 아니라 생명이 합니다. 사망은 거룩하지 않습니다. 거룩한 것은 생명입니다. 우리의 소명과 목적은 보이지 않는 하늘 위에 있는 것이 아니라, 눈에 보이는 이 땅에 있습니다. 하나님이 우리를 두신 이 땅은 우리가 하나님의 나라와 그의 생명이 드러날 수 있는 길을 열어야 하는 곳입니다. 행복한 하늘나라는 우리의 최종 목표가 아닙니다. 오히려, 하늘나라는 이 땅의 영원한 것들을 위해 일할 수 있는 곳입니다. 한편으로 천국은 자신이나 다른 사람의 잘못으로 이 땅에서 목적을 이루지 못한 사람들이 하나님의 돌보심을 받는 곳이기도 합니다. 아버지도 이러한 사실을 알고 있었지만, 개인적 구원이라는 지팡이를 놓을 준비가 되지 않았기 때문에 행동으로 옮길 수 없었습니다. 따라서 이 지팡이는 그를 지탱해주지 못하고 부러지고 말았습니다. 즉, 아버지는 생전에 이 땅에서 죽음이 정복되는 소망이 시현되는 것을 보지 못했습니다[72]

14장 / 새로운 부어주심

이제 하나님을 깊이 경험한 아버지의 가슴속에 넘쳐난 소망에 대한 개략적인 언급에 이어 각각의 소망에 대해 자세히 살펴본 후 필자의 생각을 덧붙이고자 합니다. 첫 번째 질문은 "우리는 왜 성령에 관심의 초점을 맞추어야 하느냐"라는 것입니다. 이와 관련하여 우리는 성령의 새로운 부으심에 대한 소망에 어떻게 반응해야 할 것인가에 대해서도 살펴볼 것입니다.

성령론

나는 삼가 조심하는 마음과 하나님을 경외하는 마음으로 이 문제를 다루고자 합니다. 나는 우리가 성령에 대해 언급하는 적절한 방식을 모른다는 사실을 잘 알고 있습니다. 하나님께 속한 이 오묘한 일을 마치 과학적 대상을 다루듯 논하는 것은 신성모독에 가까울 것입니다. 하나님에 관한 이야기라면 문제가 되지 않습니다. 모든 사람의 마음속에는 하나님이 어떤 식으로든 존재합니다. 사람에게서는 하나님의 존재와 성품이 어느 정도 드러납니다. 종교의 발전은 이러한 인간적 속성을 보여주는 일종의 증거라고 할 수 있습니다. 따라서 인간의 지성은 "하나님은 누구신가? 우리가 믿어야 할 이 하나님은 어떤 분이신가?"라고 물을 수 있는 권리가 있습니다. 말하자면, 하나님께서는 우리가 틀릴 수 있음에도 불구하고 우리의 생각으로 하나님에 관해 묻고 이야기하는 것을 허용하신다는 것입니다. 하나님에 관한 생각이 아무리 난마처럼 얽혀 있을지라도, 하나님의 참된 본성은 마치 먹구름 사이로 햇빛이 비취듯 많은 사람의 생각과 마음속에 끊임없이 비칩니다. 하나님은 진리를 찾는 정직한 사람들에게 비록 그들이 혼자라고 생각하며 친밀한 교제가 부족하다고 생각할지라도 개인적으로 하나님을 향할 수 있는 직관을 주십니다. 모든 사람에게는 하나님을 알만한 것이 남아롬 1:19-20 참조 그들 가운데 거하며 역사하고 증거하며 정화합니다. 이러한 하나님의 형상은 혼탁한 거짓 종교속에서 성장한 사람들을 감화시키고 그들에게 자신의 생각에 따라 하나님에 대해 말할 수 있는 권리를 부여합니다. 그리고 구주께서는 하나님을 모독하는 행위도 용서받을 수 있다고 말씀하심으로막 3:28 하나님에 대해 거짓말하는 사람들에 대한 심판을 완화하셨습니다.

그리스도는 참 사람이었습니다. 이 한 사람에게서 하나님의 영광이 빛났습니다. 그의 모습은 복음서를 통해 이 영광의 광채를 느낀 수많은 사람의 마음에 새겨졌습니다. 예수님에 대한 복음서의 묘사는 양도할 수 없는 하나님의 선물로 그들 가운데 거하십니다. "말씀이 육신이 되어 우리 가운데 거하시매"요 1:14 확실히 그

렇습니다. 그뿐만 아니라 나는 이 말씀이 오랫동안 인류와 함께
해 왔으며, 오늘날에도 우리 가운데 거하고 계심을 믿습니다. "그
리스도에 대해 어떻게 생각하느냐"마 22:42 참조라는 질문은 사려 깊
은 사람에게 던질 수 있는 합당한 질문이며, 사실상 신성을 모독
하는 대답이 제시될 위험이 있음에도 불구하고 던져졌습니다. 하
나님의 아들이신 인자를 모독한 자에 대한 형벌 역시 완화됩니다.
이 죄는 모든 사건을 주관하시는 주께서 보시기에 사함을 받을 수
있습니다.마 12:32a

성령과 우리의 관계

그러나 성령과의 관계는 다릅니다. 우리는 말을 잘못하면 재앙
을 초래할 수 있으므로 성령에 대한 언급을 삼갑니다. 우리 인간
에게 성령은 어떤 불순물과도 섞일 수 없으며, 우리가 경험해보지
않으면 말할 수 없고 말을 하더라도 그 상황에서 우리에게 주어진
만큼만 말할 수 있는, 지극히 거룩하신 존재입니다. 우리는 성령
이 우리에게 특정한 메시지를 전할 때만, 그리고 그 메시지가 실
제로 우리에게 도달하는 한에서만 그것을 인식할 수 있습니다. 성
령은 주권자이십니다. 그는 원하지 않는 사람에게서 물러나고, 원
하는 사람에게 자신을 드러냅니다. 그는 천지와 그 가운데 있는
만물을 창조하신 창조주의 거룩한 뜻에 따라, 자신이 원하는 모든
사람을 진리로 인도하십니다.요 3:8 참조 그러므로, 이 성령이 누군

가의 마음속에 하나님의 진리와 그의 나라를 위한 공간을 만들려는 순간에, 그를 모독하는 것은 용서받을 수 없는 죄입니다. 그것은 진리 자체에 대한 모독이며, 진리가 없이는 이 세상이나 오는 세상에서 온전케 될 사람이 없습니다. 그러므로 성령을 거역하고 비방하는 행위는 이 세상과 오는 세상에서도 사하심을 얻지 못하는 것입니다.마 12:32b

그러므로 나는 대체로 성령에 대한 언급을 삼갑니다. 이것은 특히 성령의 거룩함을 분별하지 못하는 많은 사람이 성령을 인간적 이해의 대상으로 여겨 마음대로 말할 수 있다고 생각하는 착각에 빠져 있어서 더욱 그렇습니다. 성령이 자동적으로 인간의 방법과 관습을 따른다고 생각한다면 오산입니다. 만일 우리가 그렇게 믿는다면, 우리는 성령을 단지 인간의 신념을 강화하는 힘으로 생각하는 것입니다. 사람들은 기독교적 외형을 한 현상이 아무리 끔찍한 미신과 연결되어 있다고 할지라도, 그것을 성령의 역사라고 믿고 싶어 합니다. 기독교의 모든 형식이 이러한 관점으로 성령에 대한 권리를 주장한다는 점에서, 성령에 대한 언급은 지극히 조심스럽고 신중해야 한다는 것을 알 수 있습니다. 그렇지 않으면 우리는 어떤 것을 하나님을 위해서가 아니라 자신의 이익을 위해 사용함으로써 그것을 모독하는 것과 같은 실수를 범할 수 있습니다.

반대 의견에도 불구하고, 나는 힘주어 말합니다. 성령은 오늘날 우리의 삶의 양식이나 변덕스러운 주장을 강화하기 위해서가 아니라 오직 하나님을 영화롭게 하고 그의 생명을 전달하기 위해 주어져야 하며, 실제로 그렇게 주어졌습니다. 여러분이 성령을 받고 싶어 하거나 성령을 위해 기도를 하고 있다면, 자신의 동기를 검증해야 합니다. 여러분은 하나님과 그가 영원한 진리와 의를 통해 주신 생명의 계시에 관심이 있습니까? 그의 진리와 의는 왜곡된 인간적 발전과 맞서 싸운다는 사실을 알아야 합니다. 아니면 오직 자신과 자신의 생존과 개인적인 구원을 위해 성령을 원합니까?

나는 이 시점에서 성령이 얼마나 고상하고 거룩한지를 보여줄 수 있기를 기도합니다. 나에게 성령이 없을 때, 성령을 실제로 받을 수 있다는 희망을 버리지 않고 그것을 인정할 수 있기를 기도합니다. 우리의 생각과 마음이 모든 인간적 욕심을 거부하고 자신을 희생하며 하나님이 창조하신 세상을 위해 타오르는 열정으로 영원한 진리와 의를 모든 피조물에 스며들게 할 수 있을 만큼 정결하게 될 때, 우리는 성령을 받을 수 있습니다. 그러나 지금으로서는 진리와 의를 왜곡하는 인간의 이중성이 피조세계 안에 있는 하나님의 영광을 가렸습니다.

피조세계와 성령의 역사

하나님이 "빛이 있으라"고 하시니 빛이 있었습니다.창 1:3 오늘날 온갖 생명체와 함께 우리 앞에 펼쳐진 세상은 그렇게 시작되었습니다. 혼돈 상태에 성령을 부어주신 것입니다.창 1:2 이 혼돈의 정령 속에는 고등 생명체의 발전을 약속하는 배아 생명체가 존재했습니다. 그러나 성령의 부으심은 모든 생명체에서 창조주의 뜻에 따라 전개되는 발달을 통해, 이러한 원시적 생명체를 창조주와 영원히 연결합니다. 하나님의 자녀인 인간은 하나님과 그의 영을 인식하는 최초의 생명체로서, 이 생명에 대한 책임이 있습니다. 자신에게서 눈을 돌려 순수한 마음으로 자연을 자세히 관찰할 수 있는 사람이라면 누구든지 사물의 실제적 본질을 가리는 모든 혼란에도 불구하고, 깨끗하지 못한 영들의 접근을 허락지 않으시고 영원히 말씀하시는 성령을 감지할 수 있을 것입니다.롬 1:19-20

하나님을 위한 열정이 불타오르지 않는 사람은 결코 하나님을 인식할 수 없습니다. 그러나 생명의 진리에 대한 모든 반대소위 죄에도 불구하고, 하나님과 피조세계 사이에는 여전히 조화가 있습니다. 이러한 조화는 성령으로부터 시작되며, 이 조화에서 배제되었다고 생각하는 사람들도 인식할 수 있습니다. 그들은 영원한 것들과의 관계에 대한 불안과 자신이 죽을 수밖에 없는 존재라는 사실 때문에 소외감을 느낍니다. 그들에게 죽음은 거룩하신 존재를 입증하는 증거가 될 수밖에 없습니다. 인간 세상에 죽음이 들어왔으며, 사람들은 성령을 잃어버린 채 피조세계와 불화하며 지냅니다. 거룩하신 분은 그의 의로운 생명과 반대되는 생명을 용납하지 않습니다. 모순으로 가득 찬 생명은 하나님의 피조세계에 내재된 영원한 진리와 마주할 때 죽음을 초래할 수밖에 없습니다. 태고의 혼돈 속으로 가라앉은 생명은 그곳에서 무기력한 상태로 하나님의 영의 새로운 계시를 기다립니다. 그러나 창조주는 결코 자신의 창조물을 포기하지 않으십니다. 그는 그것이 아무런 희망도 없는 상태에서 스스로 불러온 죽음 안에 가라앉아 있지 않게 하십니다. 부활 소망, 하나님의 참 아들이신 예수님의 부활에 대한 소망이 용솟음칩니다. 창조의 영이신 성령은 창조주와 피조물의 화합과 조화을 전적으로 예수께 넘겨줄 수 있습니다. 모든 피조물은 예수님 안에서, 죄와 사망으로부터의 구원이 이루어지는 새 창조를 기대할 수 있습니다.

성령의 지속적 사역

그러나 인자 안에서도, 성령은 붙잡을 수 없는 존재입니다. 스스로 성령을 붙들 수 있는 자는 없습니다. 그것은 우리에게 주신 바 되어야 합니다. 이제 성령이 비취면 예수님 안에서 창조주가 우리 모두의 아버지가 되심을 드러내시며 그에게 영광을 돌리십니다. 태초의 빛은 어둠을 뚫고 피조물에게 다가와 하나님의 뜻에 따라 생명체를 존재케 하고 그들로 창조주께 영광을 돌릴 수 있게 해야 했습니다. 마찬가지로 예수님을 통한 새 창조의 새 빛은 우리를 하나님의 자녀로 삼으시기 위해 그들 가운데 있는 죽음을 뚫고 나와야 했습니다. 또한 모든 피조물이 일정한 발전 과정을 거친 후 하나님으로부터 "좋았더라"라는 말씀을 들을 수 있었던 것처럼, 인자를 통해 시작된 새 창조도 인간이 완성되기 전, 우리가 "다 이루었다"고 말하기 전에 일정한 발전 과정을 거쳐야 할 것입니다.

　이러한 변화는 우리 자신의 힘으로 할 수 없으며, 오직 성령을 통해서만 가능합니다. 성령은 하나님의 진리와 법을 보여주는 방식으로 자신을 드러내십니다. 우리의 모든 본성은 지금까지 하나님의 진리 및 공의와 충돌해 왔습니다. 우리가 진실한 마음으로 "나는 하나님의 자녀"라고 말할 수 없는 이유는 그 때문입니다. 그러나 예수님을 통해 계시된 성령은 예수를 믿는 자들에게 그들이 하나님의 자녀임을 확인시켜 줍니다.롬 8:16 더욱이 예수 안에 거하시는 영, 곧 하나님의 창조의 영이신 성령은 이미 그들 안에서 역사하고 계시며, 그들이 온전한 성숙을 이루기 전에도 하나님과 발전을 위해 애쓰고 있는 그들을 화목하게 하십니다. 그들은 성령께서 그들 안에 거하시는 지점까지 도달할 수 있으며, 온전한 성숙에 이를 때까지 발전을 계속할 것입니다.

　우리는 당시의 세상과 사회 질서에 맞서, 그리고 자신과 육신에 맞서 싸웠던 치열한 싸움을 통해, 이 하나님의 영이 인간의 영과 섞인 부분이 얼마나 적은지 그리고 그것을 쟁취했던 자들에게서조차 얼마나 많이 물러나 계신지롬 8:5-7; 갈 5:17 참조 보여줄 수 있습니다. 우리는 사도들과 선지자들에게서 출산의 고통과 유사한 면을 볼 수 있습니다. 그들은 자신이 가지고 있지 않지만, 현재의 삶을 완전히 포기하면서까지 원했던 그것을 위해 싸웠습니다. 그들은 결국 하나님과의 화평을 누렸을지라도, 그 과정에서 큰 불안을 겪었습니다. 이 불안은 성령의 특징적인 표지입니다. 만일 산고를 멈추고 평안을 회복한다면, 그것은 마치 여자가 출산의 진통을 멈추면 사산아가 태어나는 것처럼 죽은 평안임이 곧 드러날 것입니다.

완성된 성령의 사역

그러므로, 확실히 사람들이 현재에 만족하는 곳에서는 성령을 대망한다는 것이 아무런 소용이 없다는 것이 분명합니다. 그런 곳은 이미 죄와 사망이 침투해 있어 사람들이 거짓과 함께 사는 데 익숙한 곳이기 때문입니다. 냉정하게 말하자면, 더욱 완전하고 새로운 것을 위한 길을 열어주는 혁신은 존재하지 않습니다. 또 하나의 분명한 결론은 성령을 어느 정도 받은 사람들이나 예수 그리스도를 통해 아버지로서 창조주와 연결되어 있다고 생각하는 사람들은 생명나무에서 썩은 과일로 떨어지지 않기 위해 성령과 진리 안에서 발전하기를 원하며, 따라서 두렵고 떨리는 마음으로 성령을 찾고 기다린다는 것입니다.마 7:17, 12:33; 눅 6:43-45 그들은 하나님께서 성령을 한량없이 주시지만요 3:34, 이미 다른 영으로 4분의 3을 채우고 4분의 1만 남은 그릇에는 영을 부어주시지 않는다는 사실을 압니다. 그들은 하나님의 영이 어느 정도 그들을 감화하고 흔드셨다면, 이제 하나님의 거룩하심이 그들을 온전히 채우시도록 자신의 존재 전체를 깨끗하게 하기 위해 최선을 다 해야 할 책임이 있다는 사실을 알고 있습니다. 또한 그들은 무슨 일이 있어도 성령께 자신에 대한 모든 지배권을 맡기기 위해 최선을 다해야 하며, 그렇지 않으면 받은 성령까지 떠나지 않을까 염려합니다. 왜냐하면, 그들이 영적으로 성령과 하나 됨으로써롬 8:16 성령의 날선 검이 그들의 육신 안에서 남은 이기심과 맞서 싸울 수 있게 하지 않는 한히 4:12 참조, 성령은 깨끗하지 못한 영과 더불어 살 수 없기 때문입니다. 이처럼 최선을 다한다면, 아직도 정복해야 할 것이 많이 있음에도 불구하고 완전한 복종을 향한 최소한의 진전이 이루어지고 하나님에 대한 최소한의 본분을 다한 것입니다. 이러한 관점에 비추어 볼 때, 나의 아버지가 어떤 마음으로 성령의 새로운 부으심을 위해 기도했는지 정확히 알 수 있습니다. 그러나 우리는 한편으로 그의 기도가 원하는 만큼의 응답으로 이어지지 않은 이유도 알 수 있을 것입니다.

직접적인 인도하심에 대한 약속

아버지는 우리의 관점에서 볼 때 성령은 하나님이 차단하신 부분이라는 사실을 제대로 보았습니다. 성령은 하나님과 그의 뜻을 드러내실 때만 드물게 우리에게 가까이 다가오십니다. 그런 다음, 우리가 우리에게 주신 계시를 하나님 나라의 유익을 위해 사용하는 경우에만 우리와 함께 계시며 하나님의 아들과 평화의 영으로 우리 안에 머무십니다. 이와 관련하여 또 하나 주목해야 할 것은 만물이 완전한 진리 안에서 완성될 때까지 우리는 성령께서 하나님께 영광을 돌릴 새로운 것을 주실 것을 항상 기대할 수 있다는 깨달음입니다. 아버지는 하나님 나라의 도래를 위해 최선을 다했기 때문에, 하나님의 대의를 전진시키기 위해서는 항상 새로운 전진 운동이 지속될 필요가 있다는 사실을 본능적으로 느꼈습니다. 그는 성경에 등장하는 하나님의 사람들에 관한 이야기를 통해 이러한 생각을 확인했습니다.

아브라함에게서는 하나님의 영이 그를 살아계신 하나님을 증거할 민족의 조상이 될 무대로 세우심을 볼 수 있습니다.창 12:2, 17:4 더 많은 은사를 위한 노력은 그것으로 끝나지 않았습니다. 하나님의 영은 다시 모세에게 임하여 새로운 상황에서 완전히 새로운 국면으로 이끄셨습니다. 이번에는 온 민족이 하나님의 율법을 받았으며, 따라서 그들은 자신이 받은 율법에 순종함으로써 하나님을 증거할 수 있어야 했습니다. 그리고 다시 한번 새로운 빛이 새로운 계시와 함께 임했습니다. 이번에는 이 계시 위에 견고히 선 다윗과 선지자들의 시대에 성령을 통해 더욱 분명하게 주어졌습니다. 이 단계에서는 새로운 계시를 기대하는 것이 합당해보입니다. 이 단계부터 "성령의 부으심"이라는 표현이 일반화 됩니다.욜 2:28-29; 겔 11:19, 36:26-27 선지자들은 자신의 시대와 상황을 넘어서서 하나님을 아는 지식에 대한 열심으로 성령을 통한 백성의 갱신에 관해 이야기했습니다. 성령께서는 이러한 갱신을 통해 마음을 변화시키시고 참된 하나님 백성으로 삼으실 것이며 하나님은 온전히 그들의 하나님이 되실 것입니다.렘 31:27-34 참조 이 외에도 선지자들은 모든 사람에 대한 성령의 부으심에 대해 언급하고욜 2:28, 하나님의 나라가 장차 모든 민족에게 속할 것으로 보았습니다.행 2:17-18 하나님의 영으로 말미암아 아브라함에게 씨로 전해진 하나님의 말씀은 놀라운 약속의 열매로 풍성한 나무가 되어 자랐습니다.

이 놀라운 열매는 인자이신 예수님과 그의 제자들에게서 볼 수 있게 되었습니다. 하나님의 직접적인 임재로서 성령은 작은 무리에게 임하셔서눅 12:32 새로운 백성이 되게 하시고 더 이상 율법의 감시를 받지 않는 새로운 하나님의 백성을 세우셨습니다. 이제 한 영으로 태어난 그들은 자유의 통치 아래서 같은 목표를 추구하며 하나님의 직접적인 인도하심을 받았습니다. 이 놀라운 열매가 가시화됨으로써 예언이 성취되기 시작했습니다. 그러나 아직 완성된 것은 아닙니다.

바로 이 단계에서 하나님의 백성들은 이전 단계들보다 더 많이 하나님의 지속적인 계시에 의존하게 되는데, 그 이유는 모든 법이 원리를 준거로 제정되고 하나님의 자유로운 통치가 마음에서 시작되기 때문입니다. 사도들은 끊임없는 새로운 계시나 성령의 지속적인 부어주심이 없는 사역은 생각할 수도 없었으며, 그것이 없이는 자신이 받은 하나님의 은혜를 낯선 사람들과 나눌 수도 없었고, 강력하고 설득력 있는 설교조차 불가능했습니다. 성령은 사마리아와 가이사랴와 빌립보와 고린도와 모든 곳에 부어져야 했으며행 4:31, 8:15-17, 10:44-47, 19:6; 고전 1:5-7, 그렇게 함으로써 하나님의 부르심을 받은 자들에게 사도 시대를 위해 주신 것과 같은 충만한 은혜가 임하게 되었습니다.

성령의 부으심이 그치면 언제든지 신자들은 새로운 법을 만들기 시작했습니다. 그러자 그들은 믿음을 잃었으며, 더 이상 하나님의 직접적인 가르침을 통해 자유롭게 나아갈 수 없었습니다. 이것이 바로 사도 바울이 기독교 영역에 유대교의 율법을 다시 세우려는 시도에 반대하는 싸움에 뛰어든 이유입니다. 그들은 하나님이 오직 성령을 통해 이루시고자 계획하신 것을 대체하기 위해 율법을 다시 부과하려 했습니다.갈 3:1-5 참조 확실히 바울이 율법이나 규례를 부과하려는 시도에 반대하기 위해 취한 급진적인 입장은 성령의 새로운 부으심을 위해 기도해야 할 필요성을 정당화합니다. 우리는 바울의 입장을 버리거나ᐸ그는 오직 계시에만 의존했습니다ᐳ 아니면 우리도 계시에 의존해야 합니다. 그러나 이제 예수 그리스도께서 가져오시고 성령의 은사들을 통해 적용된 계시 외에 다른 계시는 없습니다. 서신서의 한 구절이나 신앙적 설교로는 예수 그리스도를 통해 하나님께 영광을 돌리기 위해 마음에 성취되어야 할 것을 가져다주지 못합니다.

성령의 부재

그러나 기독교는 시대적 압박 속에 하나님의 직접적인 인도하심에 의존하는 방식에서 벗어났습니다. 대신에 그리스도인은 인간적 열심을 통해 그리스도의 주되심을 증진시키려 했으며, 그 결과 교회는 법이 지탱하는 기관이 되고 말았습니다. 교회는 세속적 통치자들이 세상 나라를 건설하고 강화하기 위해 사용하는 것과 똑같은 방식으로 하나님의 나라를 세우려 했습니다. 그러나 교회는 이런 식으로 예수 그리스도를 통해 주신 새 생명의 본질에서 떠났습니다. 성령의 계시를 통한 하나님의 은혜의 중보자로서 그리스도가 완전히 제거된 것은 아니지만, 확실히 교회법은 하나님의 권위보다 더 큰 영향을 미쳤습니다. 사실상 인간의 법이 지배하였으며, 시간이 지나면서 그들은 인간 사회가 자체적 발전을 위해 만든 법에 기초한 기독교 국가를 형성했습니다.

그리스도인은 법 제정을 통해 가톨릭 교회를 세워 전 세계로 확산시키려 했습니다. 이 시도는 실패했으나, 수 세기 동안 집요하게 이 목표를 위해 달려왔기 때문에 오늘날 우리까지 이 문제로 고통받고 있습니다. 개신교 신자들도 믿음의 힘은 율법과 밀접하게 연결되어 있다고 생각했으며, 따라서 하나님의 백성은 주로 율법의 보호를 받으며 성령에 의한 보호는 간헐적이라고 생각하는 사람들이 많습니다. 그러나 한편으로 개신교 교회들이 그들의 신앙 규범과 교회법에 기초하여 연합하지 못한 것은 큰 다행이라고 할 수 있습니다. 종교개혁을 통해, 적어도 개신교 교회에는 하나님의 뜻이 충분히 살아 있었기 때문에 우리의 부단한 노력에도 불구하고 교회법에 기초한 연합에 이르지 못했습니다. 우리는 마음 한쪽에서 "내가 홀로 포도즙틀을 밟았는데"사 63:3라는 그리스도의 말씀을 듣습니다. 그는 우리에게 필요한 것은 특정 종교 제도뿐이며 그것이 전부라는 착각에 빠지지 않을 백성, 오직 하나님의 계시만 의지하는 백성이 일어나기까지, 그리고 많은 사람이든 소수의 사람이든 그들에 대한 성령의 새로운 부으심이야말로 하나님이 그의 나라를 이 땅에 세우시고 완성하실 유일한 방법이라는 사실이 입증될 때까지 왕 노릇 하실 것이라고 말씀합니다.고전 15:25 참조

성령이여 임하소서!

성령의 새로운 부으심에 대한 소망은 아버지가 세상을 향해 "예수는 승리자"라고 외치실 때의 경험과 일치합니다. 새로운 법이나 새로운 교회 규례가 승리를 거둔다면 예수님이 승리자가 될 수 없습니다. 그 경우 인간이 승리자이며, 하나님의 온전하신 뜻과 모든 진리 안에서의 그의 의는 그들의 것이 될 수 없습니다. 우리의 신앙도 그리스도를 따르기보다 우리에게 익숙하고 우리 안에 깊이 새겨진 인간의 법을 따르는 경향이 있습니다. 그러나 사람의 법으로는 결코 진실에 이를 수 없습니다. 우리는 인간의 이기심이 초래하는 다른 모든 것은 말할 것도 없고, 최악의 미신조차 근절할 수 없을 것입니다. 진실은 사람에게서나 사람을 통해서가 아니라 예수 그리스도의 이름으로 성령을 부어주시는 하나님으로 말미암아, 여러분의 마음에서 나와야 합니다.

자신과 자신의 행복을 우선하지 않고, 이러한 행복 대신 자신을 하나님께 산 제물로 바침으로써롬 12:1 이 땅에서의 모든 통치권을 하나님께 맡기는 자는 누구든지 이러한 일을 볼 수 있습니다.

물론 예수께서 우리를 인도하시는 싸움을 이해하지 못하는 사람은 성령의 새로운 부으심에 대해 알고 싶지도 않을 것입니다. 이 싸움은 우리가 십자가에서 자신을 희생하고 하나님을 영화롭게 하며 하나님만이 영광을 받으실 때까지 만족할 수 없다는 의미입니다. 지금은 하나님의 백성이 자신의 육신과 싸워야 할 때입니다. 육신과의 싸움은 자신이나 자신의 영원한 구원을 위한 싸움이 아니라, 하나님의 거룩하신 분이 강력한 승리의 힘으로 거하실 수 있는 그릇, 하나님의 백성이 그곳으로부터 세상을 향해 나아갈 수 있는 그릇이 되기 위한 싸움입니다. 이 싸움을 이해하지 못하는 사람은 성령의 새로운 부으심에 관심이 없을 것입니다. 그들은 각자의 종교적 환경에 따라 주입된 믿음이 무엇이든, 하나님의 자비를 통해 그들을 구원하기에 충분하다는 확신으로 만족합니다. 그런 사람들은 기껏해야 다른 사람을 자기 교회로 끌어들여 구원의 즐거움을 확신하게 하는 것이 전부입니다. 그들은 그리스도를 통한 위대한 부르심에 대한 개념이 없습니다. 그렇지 않다면, 그런 부르심이 기독교 교육이나 기존의 기독교 규례에 적응함으로써 얻어지는 것이 아니라 오직 성령의 부으심을 통해서만 얻을 수 있다는 사실을 깨닫게 될 것입니다. 우리는 성령을 믿어야 합니다. 우리의 신앙 고백도 그것을 요구합니다. 이러한 믿음을 보여주는 유일한 방법은 우리가 하나님의 뜻에 대한 새로운 계시를 받을 준비가 되어 있어야 한다는 사실을 인식하는 것입니다. 하나님의 뜻은 그의 백성을 위해 중단없이 전개될 것이며, 하나님의 나라가 충만히 임할 때까지 시대마다 필요한 것들을 모두 계시하실 것입니다.

나는 이러한 확신에 근거하여, 아버지가 사방에서 배척을 당했음에도 불구하고 이러한 소망을 향한 삶을 멈추지 않은 것은, 그에게나 우리에게나 큰 다행이라고 생각합니다. 아버지는 다른 어떤 방법보다 이 방법으로 하나님의 나라를 위해 더 많은 것을 성취했으며, 심지어 하나님께 조용히 기도만 할 때도 그랬습니다. 만약 아버지가 이 부분에서 굴복했다면, 즉 그가 학문적 방법이나 열정만으로 성취할 수 있는 기독교로 만족하는 사람들 때문에 그의 소망을 포기했다면, 하늘에 있는 그의 영적 촛대가 옮겨졌을지 모릅니다.계 2:5 그랬다면, 우리의 존재는 그의 경험에 기초하려 하지 않았을 것입니다. 그때나 지금이나 성령에 대한 관심과 존중은 매우 중요합니다. 우리는 성령을 다른 불순한 것들과 분리함으로써 그를 영화롭게 해야 합니다. 4분의 3은 인간적 선의나 상식이나 독실한 그리스도인의 성경적 열정에 의해, 4분의 1은 성령의 영감을 받아 추진되는 운동을 성령 운동이라고 말하기는 어렵습니다. 성령은 우리의 삶 전체를 진리와 정의로 휩쓰시는 지극히 거룩한 분이십니다. 우리는 이 지극히 거룩하신 분이 하나님으로부터 땅으로 오실 수 있다는 희망을 포기해서는 안 됩니다. 그렇습니다, 그는 틀림없이 오실 것입니다. 하나님이 그의 뜻에 따라 의인과 악인, 진리와 거짓, 영원한 것과 썩어질 것을 구분하실 그 날이 오면 반드시 오실 것입니다.

거룩하신 분을 위한 준비

물론 우리는 부족한 대로 해나갈 수 있습니다. 우리도 아버지 처럼 성령이 언제, 어디서, 어떻게, 어디서 다시 임할 것인지에 대해 전적으로 하나님의 뜻에 맡길 수 있습니다. 그러나 그렇게 해서는 마음이 편치 않을 것입니다. 나는 성경을 통해 하나님의 나라로 부름을 받은 자는 하나님을 위해 일하도록 부름을 받았다고 확신합니다. 우리는 성경을 통해, 하나님이 이 땅에서 그의 나라를 위해 하신 모든 일은 가지치기를 기꺼이 받아들인 사람들과만 연결되어 있다는 사실을 확인할 수 있습니다. 이것은 하나님 나라의 확고한 원리이며, 예외가 없습니다. 예수님의 탄생조차 회개한 사람 시므온을 통해 주어졌으며, 그의 간절한 소망은 그의 시대와 그의 백성에 대한 책망이었습니다. 마찬가지로, 사도 시대에 성령을 부어주시기 위한 전제 조건은 성령을 위한 순수한 그릇으로 준비된 무리였습니다.

이제 우리는 모든 거룩한 은사를 주시는 성령님을 소망하고 기도하는 것이 매우 중요한 문제임을 알 수 있습니다. 사실 우리는 하나님의 영으로부터 눈을 돌려 자신을 향해 이렇게 물어야 하니다. "우리는 누구에게 성령을 구해야 하는가?" "우리가 성경을 통해 확인한 대로, 이 성령을 부정하고 무가치한 그릇에 담을 수 있는가?" 전통적 관습에 따른 의도적인 행동이든 의도하지 않은 행동이든 우리의 이기적인 본성의 잔재에 집착하는 한, 우리의 성령을 구하는 기도는 헛될 것입니다. 이것은 하나님께 "우리는 당신의 영을 기뻐하지만, 우리가 너무 익숙해서 포기할 수 없는 것들이 있습니다"라고 말하는 것과 같습니다.

기도한다는 것은 자신을 위해 지속적으로 노력한다는 뜻입니다. 원하는 것은 무엇이든 하나님께 구할 수 있지만, "내가 구하는 것을 받을 자격이 있는가?"라는 질문은 피하기 어렵습니다. 지금쯤이면 예수 그리스도로 말미암아 이 땅에 하나님의 능력이 충만해서 신자들이 자신의 삶을 돌아보고 스스로 판단할 수 있어야 할 것입니다. 그들은 세상 나라와 전적으로 다른 하나님의 나라에 대해 충분히 알아야 합니다. 그래야만 하나님이 주시는 것을 얻기 위해서는 자신을 부인하고 모든 것을 희생해야 한다는 사실을 볼 수 있습니다. 이것은 하나님이 우리에게 마땅히 부여하실 수 있는 요구 사항이며 앞으로도 그럴 것입니다.

여러분이 무엇을 기대하든, 여러분이 예수 그리스도의 피를 받아들이지 않는 한, 그의 죽으심으로 여러분의 악한 본성이 죽지 않는 한, 그것을 받을 수 없을 것입니다. 우리가 어떤 것을 받을 수 있는 다른 방법은 없습니다. 여러분은 점진적인 변화를 경험할 수 있습니다. 가령 여러분은 예수님의 보혈을 통해 어느 정도까지 자신을 부인하고 희생할 만큼 여러 가지 축복을 받을 수 있습니다. 여러분이 그에게 복종하고 그의 권위를 존중한다면 환란과 고통의 때에 승리자이신 예수 그리스도를 통해 온갖 도움을 받을 수 있습니다. 그러나 성령을 받기 위해서는 우리가 가진 모든 것과 함께 우리의 전 존재를 근원적으로 희생해야 합니다. 우리는 그리스도와 함께 죽고 우리 자신을 제거함으로써, 지극히 거룩하신 그가 거룩한 불로 우리를 소멸하시는 대신 예수 그리스도의 부활을 통해 우리에게 생명을 주실 것입니다. 우리의 영은 굴복해야 합니다. 우리가 성취한 비교적 선한 것까지 내려놓아야 합니다. 우리의 인간적인 성품은 다른 사람들에 비해 존경스러워 보일지라도, 성령께 자리를 내드리기 위해 포기할 수 있어야 합니다.

"하나님은 성령을 한량없이 부어주십니다." 마음 한쪽만 열어 성령께서 여러분을 부분적으로 인도하시게 하고 나머지 더 큰 부분은 자신을 위해 열어 놓는 것으로는 충분하지 않습니다. 아니, 여러분은 성령께서 여러분의 마음을 온전히 채우실 수 있도록 마음을 활짝 열어야 합니다. 성령은 부정한 것, 불의한 것, 악한 것 옆에 있을 필요가 없습니다. 구주께서 우리를 지배하려는 어떤 동반자나 영도 용납하지 않으실 때가 올 것이며, 이미 왔을지도 모릅니다. 우리의 육신도 마찬가지입니다. 구주께서는 성령을 한량없이 부어주시기 전에 우리가 육신을 쫓아내었는지 확인하고 싶어 하십니다. 우리가 일정한 한계를 설정하지 않는다면, 그가 철저한 연단을 통해 우리를 거룩하게 하실 것입니다.

우리가 자신에 대해 이처럼 엄격한 잣대를 대지 않는 한, 아무리 기도하고 간구해도 변하는 것은 없을 것입니다. 우리가 예수님의 이름으로 하는 일조차 다른 사람들이 진리나 정의나 인류애라는 이름으로 행하는 일과 다르지 않을 것입니다. 그러므로 이제 여러분은 성령을 구하는 아버지의 기도가 생전에 이루어지지 않았음에도 불구하고 우리가 오늘날에도 여전히 같은 입장을 취하고 있는 이유를 알 것입니다. 우리는 몸과 영혼을 다해 성령님을 세상의 가장 큰 소망으로 받듭니다. 그러나 언젠가 모든 피조세계를 축복하실 가장 고상하고 위대한 하나님의 선물에 접근하는 우리는 심판 아래에 놓이기를 원하지 않으며, 아래로부터 오는 것, 세상에 속한 어떤 것에도 집착하지 않을 것입니다.요 8:23 우리는 이 영을 어떤 세속적인 것과도 혼합하지 않을 것이며 아무리 평판이 좋고 유명한 사람이라도 그렇게 하지 않을 것입니다.

15장 / 시온에 대한 소망

　아버지의 소망은 뫼틀링겐에서 있었던 그의 경험이 강력한 초석이 되었습니다. 그는 뫼틀링겐 회중이 재창조되는 것을 보았습니다. 아버지가 관찰한 세 가지 현상은 그에게 깊은 인상을 남겼고, 그는 이 무리의 사람들에게 무슨 일이 일어났는지에 대해 생각했습니다. 첫 번째 현상은, 그가 의식적인 노력을 기울이지 않았는데도 놀랍게도 이들에게 전혀 새로운 시대가 도래했다는 것입니다. 사람들이 일상적으로 생각하고 느끼며 생활하는 방식이 갑자기 달라졌습니다. 모든 삶에 스며든 새로운 의미는 "하나님은 참으로 음부에서 오는 모든 죄와 사망의 권세를 이기고 승리하신 예수님을 통해 우리 가운데 거하신다"라는 생각에서 자연스럽게 발산되었습니다.

　아버지가 관찰한 두 번째 놀라운 현상은 이러한 새 시대가 그들이 의식적으로 특별한 노력을 기울이지 않았음에도 불구하고 주변 사람들에게 놀랄만한 영향을 미쳤다는 것입니다. 영적인 실타래가 사방으로 뻗어나가면서, 이 새로운 시대는 뚜렷한 목적의식이나 인간적인 열정이 없었음에도 원근 각지에서 온갖 부류의 사람들이 모여들었습니다.

끝으로, 아버지가 관찰한 새로운 시대의 세 번째 특징적 현상은 사람들 간에 차별하는 일이 사라졌다는 것입니다. 이러한 차이는 더 이상 중요한 문제가 되지 않았습니다. 권력관계도 마찬가지입니다. 사람에게 덩굴처럼 달라붙는 역사적, 인간적 의미는 더이상 그 사람의 일부로 간주될 수 없었습니다. 사회적 차이는 중요하지 않았으며, 종교적 차이도 마찬가지입니다. 새 시대에는 사람을 상류층이냐 하류층이냐, 가톨릭 신자냐 개신교 신자냐로 판단하는 끔찍한 행위가 사라졌습니다. 중요한 것은 과거를 벗겨낸 개인뿐이었습니다. 안팎으로 가리고 있는 어떤 덮개도 차이를 만들지 않았습니다. 새 시대는 사람들을 영원한 것, 하나님의 일로 직접 인도했습니다. 놀랍게도 하나님의 역사는 초당파적이며 온 세상을 포괄한다는 사실이 드러났습니다.[73]

옛 것 안에 있는 새 것

아버지는 영원한 것에 대한 경험을 나처럼 분명하게 옛 시대와 분리하지 않았습니다. 그의 영은 영원한 것에 대한 경험을 즐거워했지만, 인간의 관습이나 특히 역사적으로 유서 깊은 전통에서 분명하게 드러나는 인간육신적 삶을 놓지 못했습니다. 따라서 그의 경험을 통해 온 인류를 위한 새로운 시대에 대한 강력한 소망이 그의 안에 뿌리를 내렸으며, 더 이상 뿌리 뽑히지 않을 강력한 생명력을 지닌 나무로 자라났던 것입니다. 그러나 동시에, 이 큰 소망에는 이기적인 소망도 들어 있었습니다. 그의 소원과 기도 가운데는 하나님과 그의 나라를 생각하기보다 불행한 사람들을 불쌍히 여기는 마음에서 우러나온 것도 있습니다. 그의 마음에는 새로운 시대에 대한 소망이 용솟음쳤습니다. 아버지는 죽을 때에도 "주께서 자비하신 손길로 모든 나라에 긍휼을 베푸실 것"이라는 유언을 남겼습니다.[74] 이것은 우리의 소망이 어디로 향해야 할 것인지를 분명하게 해 주었습니다. 그러나 여기에는 이 소망에 휩쓸린 많은 사람이 그것을 육신의 욕망이나 거짓 지복천년설, 또는 고대부터 그리스도인의 희망을 꺾어버렸던 기독교 천년왕국에 대한 열망과 연결할 수 있는 허점이 있었습니다.[75] 이렇게 해서, 하나님의 영원성은 그 시대의 인간적 구성물로 평가되고 축소되었습니다. 앞서도 여러 차례 언급했듯이, 아버지도 같은 실수를 범하기 쉬웠는데, 하나님과 그의 나라를 추구하며 그리스도를 유일한 승리자로 선포하려는 노력과 함께, 당시의 기독교 관습을 옹호하느라 열정을 낭비했기 때문입니다. 기본적으로, 아버지는 인간적 관심사에 지나치게 많은 시간과 힘을 허비했습니다.

그러나 아버지는 적어도 파벌이나 분파가 주위에 모이는 것을 용납하거나 스스로 파벌을 형성하는 또 다른 실수를 범하지는 않았습니다. 그가 새로운 시대에 역사하는 영원한 능력에 대해 받은 감명은 어떤 인간적 욕망도 초월할 만큼 강력했기 때문에 그런 일은 일어날 수 없었습니다. 아버지는 하나님의 탁월한 능력이 인간적 방법이나 카리스마적 인물 없이 임의로 역사하는 것을 분명하게 보았기 때문에 그런 실수를 저지르지 않을 수 있었습니다. 그가 뫼틀링겐 회중을 떠나기로 결정한 것은 이러한 사실을 잘 보여 줍니다. 그는 하나님의 시온은 어떤 장소나 집단에 의존하지 않는다고 생각했습니다. 하나님은 이 땅에 살아 있는 돌로 지은 성전을 세우십니다.벧전 2:5; 고전 3:16-17 인간은 아무것도 더하거나 뺄 수 없습니다. 이 땅에 내려온 하나님의 성전은 그가 원하시면 어디서 어떤 식으로든 역사합니다.

시온에 대한 갈망

나는 이 주제를 소개할 때 아버지의 "시온에 대한 소망"이라는 제목을 붙였습니다. 이것은 하나님의 사람들에게 성령이 임했던 아브라함 백성의 역사를 통해 밝게 빛나는 소망과 밀접하게 연결하기 위한 것입니다. 이러한 소망들은 궁극적으로 "시온"이라는 개념을 중심으로 모입니다. 이 표현을 좋아하는 이유는 "시온"이 비록 다윗의 궁전에서 나온 이름이지만76 예루살렘처럼 사람들이 오염시킬 수 있는 장소로 사용되지 않기 때문입니다. 아브라함부터 사도들에 이르기까지 이스라엘의 영적인 사람들이 어떻게 살았으며, 무엇을 위해 싸우고 목소리를 높였는지 살펴본다면, 그들이 시온에 살았고, 시온을 돌보았으며, 하나님의 시온을 지지해왔다고 말할 수 있습니다. 하나님으로부터 온 생명이 땅에 사는 사람들의 영원한 고향이 된 것입니다. 땅에 사는 사람들을 인간답게 하고 하나님의 형상으로 발전할 수 있게 한 것은 이 땅에 임한 하나님의 생명입니다. 우리에게 필요한 것은 이 땅에 있는 하나님의 계시이며, 그렇지 않으면 열방의 구원은 불가능합니다. 결론적으로, 그리스도를 중심으로 성경에서 하나님을 증거하는 모든 사람의 증언은 사람과 하나가 되신 하나님이 이 땅에 거하시며 피조물의 삶에 필요한 모든 것을 끊임없이 풍성하게 주고 싶어 하심을 보여줍니다. 하나님에게서 나온 순수하고 참되고 영원한 것이 이 땅에 거할 수 있는 한, 우리가 시온이라고 부르는 것은 그것을 지키는 사람들을 중심으로 성장할 것입니다.

이런 면에서 아브라함은 이미 시온에서 살았습니다. 그에게 구원을 선포한 약속은 시온에서 나왔습니다. 그를 둘러싼 모든 복은 시온에서 나온 것입니다. 모세는 시온으로 인도하심을 받았으며, 성령의 지시에 따라 백성들을 광야가 아니라 하나님의 시온으로 인도하였습니다. 그들은 그곳에서 공의와 진리를 보았으며, 다른 사람들이 이해할 수 없는 일을 행하시는 생명의 역사를 느낄 수 있었습니다. 그리고 나중에 사람들이 하나님의 이 영역으로 들어올 때마다, 그들의 마음과 입은 하나님과 그의 영원한 진리에 대해 열렸으며 이 땅에는 그의 통치와 그의 공의와 그의 나라가 가시적으로 드러났습니다. 선지자들은 이 시온에서 세상을 품을 수 있었습니다. 그들은 자신을 잊고 열방의 구원을 보았습니다. 그들은 이 시온에서 거룩하지 않은 것이 거룩한 것 앞에서 사라지는 것을 볼 수 있었습니다. 그들에게 시온의 빛은 모든 더러운 것을 태우는 불이 됨으로써 오직 성결한 것만 시온의 삶에 다가갈 수 있었습니다.

예수님은 이 하나님의 영역에서 태어났습니다. 그는 예전의 모든 사람과 달리 하나님의 맏아들이셨습니다. 그는 몸과 영혼을 다해 하나님을 섬겼습니다. 그는 내적으로나 외적으로나 하늘과 땅에 충만하신 하나님을 아버지로 섬기셨습니다. 예수께서 "나와 아버지는 하나"요 10:30라고 말씀하신 것은 이런 이유 때문입니다. 예서께서 "아버지의 일"요한 9,4, 10,25, 14,10 참조이라고 말씀하신, 그의 주변에서 일어난 표적들을 이해할 수 있는 유일한 방법은 그것들이 이 시온에서 나왔다는 사실을 깨닫는 것입니다. 예수께서 자신의 피를 통해 악한 세상을 하나님께로 인도하실 수 있었던 것은 바로 이러한 신적 토대 위에서였습니다. 예수님의 부활은 그를 이 땅에 있는 하나님의 시온의 영구적인 중심이 되게 했습니다. 그로 말미암아, 이 땅에서 하나님의 사역을 위해 육신을 버리고 육신에 대하여 죽고자 하는 사람은 누구든지 천국이라 불리는 이 시온에 들어갈 수 있습니다. 이곳은 바로 예수 그리스도의 하늘나라이며, 하나님이 죄와 사망의 영역 밖에 있는 사람들의 거할 곳을 위해 땅 위에 창조하신 영역입니다. 이곳은 또한 하늘에 계신 아버지의 "거할 곳"요 14:2이기도 합니다. 죽은 자 가운데서 부활하신 예수님은 이 거처를 준비하실 것입니다. 그는 부활하신 분으로서 땅에 속하여 땅에 대한 물리적 권리를 가지고 계십니다. 그러므로 그는 하늘의 처소, 아버지께 속한 처소들이 땅에 예비하실 수 있습니다. 인간만이 이 땅에서 일하고 생산하는 유일한 존재가 아닙니다. 하나님은 인간과 함께 일할 것이며, 그의 사역은 인간의 모든 거짓 사역을 무너뜨리고 전복시킬 것입니다. 공의와 의가 시온에서 나올 것이며사 2:3, 하나님의 통치가 그의 지상 영역에서 나올 것이기 때문입니다.

하나님의 시온과 교회

이것이 오늘날 우리가 느끼는 감정과 소망입니다. 그러나 아버지처럼 불확실한 상태에서가 아닙니다. 우리는 마치 아름다운 아침에 갑자기 눈을 뜨면 창밖으로 시온산이 보이는 것처럼, 마치 불가해한 방법으로 우리 앞에 환희와 승리의 새로운 시대가 열릴 것처럼, "새 시대"를 소망합니다. 그러나 엄밀히 말하면, 많은 사람이 생각하는 새 시대, 즉 보다 나은 생활 환경에서 영원한 구원을 얻기 쉬운 때라는 의미에서 새 시대가 필요한 것은 아닙니다. 오히려 우리에게 필요한 것은 영원한 권세가 하나님과 그의 통치를 위해 역사하심으로써 인간 영의 잘못된 지배가 끝나고 하나님의 순수한 통치가 대신하는 것입니다. 인간이 통치하는 곳에는 피로 얼룩진 시체만 볼 수 있습니다. 인간의 통치를 위해 많은 생명이 살해되었습니다. 하나님이 주관하실 때만 우리의 삶은 참된 삶이 되고, 하나님의 피조물은 육신의 수치를 딛고 일어설 수 있습니다.

여러분은 지금까지의 글을 통해 시온에 대한 소망이 어떻게 우리를 소위 기독교 사상의 상당 부분에서 건져내 주었는지 알 수 있을 것입니다. 우선, 기독교 교회의 명성이 우리의 시야에서 사라집니다. 그것은 결코 하나님의 시온, 우리가 하나님께 나아갈 수 있는 배타적인 장소이자 유일한 영적 실체가 아닙니다. 다른 사람에게 특정한 영적 지향성을 받아들이도록 강요하고 싶어 하는 곳에서는 어떤 인간의 탁월함도 사장됩니다. 지극히 높으신 분은 사람의 손으로 지은 집에 거하시지 않기 때문에행 7:48-50; 삼하 7:6; 왕상 8:27 참조, 책이나 건물이나 전통에 담겨 있는 소위 역사적 제도들은 우리 눈앞에서 사라집니다. 우리는 과거와 현재, 그리고 앞으로 다가올 미래를 분명하게 볼 수 있습니다. 시온의 백성으로서 우리는 과거에 얽매이거나 좋았던 옛 시절을 그리워하고 싶지 않습니다. 우리는 시온을 소망하기 때문에 현재는 때가 되면 두고 떠날 역으로 생각합니다. 우리는 과거나 현재에 완전한 성취가 주어졌다는 생각을 경계합니다.

우리는 시온을 기다리고 있기 때문에 변화의 필요성에 대해 깊이 인식하고 있습니다. 우리는 현재에 안주할 수 없습니다. 그 대신 우리는 우리가 소중히 여기는 것을 잃어버릴지라도 변화를 받아들일 준비가 되어 있습니다. 우리의 모범은 기독교나 교회나 신앙고백이나 성도의 삶이 아니라, 오직 온전한 삶의 형태를 가진 하나님의 시온뿐입니다. 물론 현재로서 이러한 완전한 형태는 대체적인 윤곽만 볼 수 있을 뿐, 자세히 볼 수는 없습니다. 그러나 우리는 바울처럼 "오직 한 일 즉 뒤에 있는 것은 잊어버리고 앞에 있는 것을 잡으려고"빌 3:13 달려갈 것이라고 고백합니다. 우리는 시온의 영을 통해, 이러한 고백이 우리의 간절한 열망임을 깨닫습니다. 우리가 미래에 시선의 초점을 맞추고 마음으로는 하나님을 경외하는 유연함을 유지한다면, 확실히 과거와 현재 하나님의 영원하신 능력에 동참하게 될 것입니다. 이 미래의 현장은 지상이 될 것이며, 위대한 창조주와 주께서 열방 가운데서 영광을 받으실 것입니다.

많은 사람은 우리가 이 환란의 때에 어떻게 우리가 어떤 것을 위해, 또는 누군가를 위해 싸우지 않고 가벼운 마음으로 살아갈 수 있는지 이해하지 못할 것입니다. 우리는 모든 것이 잘 돌아가고 있다는 것을 알고 있습니다. 깨져야 할 것은 깨지고, 사망으로 가득한 것은 죽을 것입니다. 육신이 쌓아 올린 서까래가 무너지면, 하나님의 영원하신 능력이 인간의 도움 없이 안전할 것입니다. 하나님의 영원한 능력은 사람의 명성에 따라 판단하지 않을 것이며, 개인과 국가의 이기적인 부르짖음이나 모든 세대와 사회의 육신적 정욕을 위한 부르짖음을 돌보지 않을 것입니다. 그러나 우리는 옳지 않다고 생각되는 것을 바로잡기 위해 도움을 줄 필요도 없습니다. 우리가 인간적 방식으로 혁명을 하거나 시온을 건설하려 한다면 우리에게 화가 있을 것입니다. 그러나 시온의 영이 우리를 육신과 육신의 정욕에 대한 거짓 사랑에서 자유롭게 한다면, 누가 그것을 막겠습니까? 우리는 시온이 하늘에서 임하고 있으며 이미 역사하고 있다는 사실을 알고 있습니다. 우리는 인간의 뜻이 아니라 하나님의 뜻이 하늘에서처럼 땅에서도 이루어질 때, 영원한 것을 가져올 것이라는 사실을 확신하며 기다릴 수 있습니다.

시현된 하나님의 미래

시온에 대한 이러한 소망은 우리의 영적 방향을 더욱 변화시킵니다. 기독교 사상의 중심에는 벌레가 한 마리 있는데, 우리도 예전에는 이 벌레를 키웠습니다. 인간에게 하나님은 이 세상에 관심이 없으며 우리는 하늘에만 관심을 가져야 한다는 생각을 주입한 것은 바로 이 벌레입니다. 고상한 성품의 소유자도 그리스도는 이 땅에서 인간의 상황을 개선하는 일과 무관하다고 공언합니다. 그들은 그리스도께서 우리에게 보이지 않는 세계에만 집중하라고 가르치셨다고 주장합니다. 그러나 사실은 그 반대이기 때문에, 나는 더 이상 이 벌레와 관계하고 싶지 않습니다. 그리스도께서 육신이 되신 것은 육신의 세계를 멸하고 하나님의 일을 이 땅에 세우시기 위함입니다. 진리와 공의는 이미 하나님의 영역은 물론 피조세계의 다른 영역에서도 오랫동안 살아 있는 가치로 자리 잡았으며, 이 땅과 이 땅에 사는 사람들에게 가시적으로 드러날 것입니다. 그리스도의 임재는 이와 같습니다. 다른 이는 없습니다. 그리스도는 이를 위해 죽으셨으며, 하나님은 이를 위해 그를 일으키시고 이 땅에서의 미래를 약속하셨습니다. 누구든지 다른 그리스도를 만들어내는 자는 그리스도를 해치고 웃음거리로 만드는 것입니다. 그리스도는 하나님의 나라를 이 땅에 가져오시고 우리에게 하나님이 그를 통해 주시기로 약속하신 것을 찾게 하셨는데, 우리가 그런 그리스도에 의해 불타오르기를 원치 않는다는 것은 너무나 수치스런 일입니다.

물론 하나님은 우리의 교만한 기대에 부응하기 위해 존재하지 않으십니다. 그는 우리의 거짓 속에 존재하지 않으십니다. 그는 부와 권력에 대한 우리의 욕심을 위해 존재하지 않습니다. 하나님이 계신 것은 진리의 유익을 위해, 생명의 유익을 위해, 육신에 대한 심판과 죄를 멸하시기 위함입니다. 그러나 사람들은 자신을 위해 거짓 천국을 상상으로 만들어내는 괴력을 보였습니다. 즉, 그리스도는 그들의 즉흥적 추구에 헛되이 몰두하게 해주는 "충분한" 보증이 되는 천국이라는 것입니다. 그러나 하나님의 천국은 결코 그런 곳이 아닙니다! 천국은 하나님의 시온으로서, 이 땅에 빛을 비춥니다. 육신은 흔들릴 것이며, 불의와 거짓은 부들부들 떨 것입니다. 어떤 형태의 인간적 권위나 스스로 만든 거룩도 소용없습니다. 중요한 것은 정의와 진실입니다.

시온의 진지함이 우리의 영혼을 사로잡는다면 얼마나 좋겠습니까! 만일 우리가 그리스도를 통해, 하나님의 통치를 최우선으로 하는 예배자가 된다면 얼마나 좋겠습니까! 그러면 나라들의 구원이 가능할 것입니다. 오늘날 그리스도인 가운데 실제로 열방의 구원을 기대하는 자가 누가 있습니까? 우리의 교회와 성전, 인간의 거룩함이나 오늘날 교회 예배에서 열방의 궁극적 유익을 기대할 자가 누가 있겠습니까? 누가 세상을 축복하고 싶어 하며, 그것을 좋아한다고 말하겠습니까? 하나님을 진지하게 생각하는 사람이라면 그렇게 하지 않을 것입니다. 왜냐하면 아무리 선한 사람이라도 여전히 독이 남아 있기 때문입니다. 우리는 여전히 수렁 속을 걷고 있으며 우리의 삶에서 거짓과 탐욕의 덩굴을 제거할 수 없습니다. 그러나 시온에서는 모든 것에 독을 뿜는 이 육신의 용에 대한 승리를 보며, 따라서 하나님에 대한 가장 고상한 개념조차 육신의 거짓되고 악한 영들의 침을 피하기 위해 뒤로 물러나야 합니다.

내가 만일 사후 행복과 구원을 위한 노력이 그리스도인의 삶에 재앙을 가져오는 벌레라고 말한다면, 누가 반박할 수 있겠습니까? 이 진리는 스스로 말하고 있으며, 나는 그것을 변호하기 위해 단 한 마디도 낭비하고 싶지 않습니다. 나는 결코 "죽음을 두려워하지 말라, 죽음을 두려워하면 길을 잃고 절망하게 될 것"이라는 말을 하는 것이 아닙니다. 오히려 그 반대입니다. 하나님은 이 세상과 저 세상 모두에서 자기 백성과 모든 백성을 돌보십니다. 이것이 바로 우리가 사후 구원을 위해서만 모든 열정을 쏟아부어서는 안 되는 이유입니다. 기독교 역사에서 하나님의 나라를 위해 싸우는 전사들이 개인적 구원에 대한 염려 때문에 전면에 나선 시대는 거의 없었습니다. 이러한 행복 추구는 하나님에 대한 사랑을 왜곡시키는 숨은 독입니다. 이교도나 기독교 신자의 마음은 거의 예외 없이 이러한 독으로 가득합니다. 그러나 우리가 진정으로 하나님을 사랑한다면, 그것은 자신에 대한 사랑과 매우 다를 것입니다. 하나님의 전사인 이스라엘이 되는 것은 사후 행복을 추구하는 삶과 매우 다릅니다.

오늘날 우리는 무엇 때문에 선지자들에게 감사합니까? 그것은 그들이 자신의 구원을 위해 힘썼기 때문이 아니라, 창조주로서 이 땅에 속한 하나님에 대한 명확한 묘사를 위해 최선을 다했기 때문입니다. 우리는 그들이 자신과 백성의 생명을 걸고 기름 부음 받은 자가 오실 길을 예비함으로써, 그를 통해 하나님이 이 땅에 자신의 권위를 세우시게 한 것에 대해 감사하는 것입니다. 이를 위해 그들은 다음과 같이 외쳤습니다. "돋우고 돋우어 길을 수축하여 내 백성의 길에서 거치는 것을 제하여 버리라"사 57:14 "일어나라 빛을 발하라 이는 네 빛이 이르렀고 여호와의 영광이 네 위에 임하였음이니라... 나라들은 네 빛으로, 왕들은 비치는 네 광명으로 나아오리라"사 60:1, 3 우리는 사도들과 선지자들을 통해 이 땅에서 가능해진 일, 이 땅에 비취었고 지금도 비취고 있는 예수님의 빛으로 인해, 하나님께 감사드립니다. 우리도 이 대의를 위해 마지막 한 방울의 피까지 바치기를 원합니다. 우리는 하나님이 이 땅을 정복하시도록 전적으로 헌신하기를 원합니다.

시온을 위한 싸움

전쟁은 아직 끝나지 않았습니다. 죄는 우리를 속이고 거짓 그리스도를 보좌에 앉혔습니다. 우리는 우리에게 구원을 줄 의로움을 찾고 다른 모든 것은 개들에게 가도록 내버려 둠으로써 자신을 기만합니다. 우리 안에 있는 이 마비시키는 독을 생각할 때, 세상이 진보를 위해 노력하는 방식은 참으로 대단하다고 생각합니다. 이러한 노력은 적어도 우리가 마땅히 되어야 할 사람이 되지 못했으며 진리의 사람에게 필요한 자질을 갖추지 못했다는 솔직한 인식을 보여줍니다. 그러나 버림받은 나라들이 기를 쓰고 싸워 얻은 결과가 무엇입니까? 병사들이 흘린 피를 통해 얻은 것이 무엇입니까? 기껏해야 한 나라나 세계 제국의 일시적인 부상일 뿐입니다. 그러나 이런 나라는 부상하자마자 금이 가고 무너집니다. 그러므로 이러한 열국의 열망 속에, 증오하거나 정죄하는 마음 없이 죽음을 이기는 사랑으로 역사하는 또 하나의 열망이 들어와야 합니다. 이러한 열망은 죽음의 고통 속에서 싸우는 나라들에게 도움이 될 것입니다. 이 열망은 하나님의 능력으로 인간 존재의 기초가 변화되고 정화되는 길을 열 수 있습니다. 그렇게 되면 스스로 불의나 거짓을 쫓아내는 기초로 발전할 것입니다. 나는 이러한 열망을 시온을 위한 열망이라고 부릅니다. 시온을 향한 소망을 가지는 것은 결코 무익한 희망이 아닙니다. 오히려, 우리는 먼저 이 땅에서 온 존재를 다해 우리 안에 있는 육신과 싸워야 합니다. 우리의 소망은 그것을 요구합니다.

그러므로 우리는 소망으로 사역해야 합니다. 사역이 무엇입니까? 우리는 다른 사람들을 개종시키려 하거나, 우리와 사고방식이 다르거나 같아질 수 없는 사람들을 비판해서는 안 됩니다. 시온에 대해 어렴풋이라도 아는 사람은 먼저 자신에 대해 부끄러워해야 합니다. 왜냐하면 그들은 자신이 싸워야 하는 가장 힘든 싸움이 자신의 마음속에서 전개된다는 사실을 알기 때문입니다. 육신은 정복당할 요새를 세웠습니다. 하나님의 시온이 이 땅에 임하기를 바라는 사람들은 사망에 속한 것은 멸하고 하나님이 창조하신 것은 무엇이든 새 사람으로 일어나게 하려고, 자신의 일을 바로잡고 하나님의 심판 아래 자신을 맡기려 할 것입니다.

그러나 이런 열망이 열방에 어떤 유익을 줄 수 있습니까? 몇몇 사람이 하나님과 시온을 위해 자신에 대해 죽을 때, 이러한 싸움이 세상 전체에 줄 수 있는 유익은 무엇입니까? 이러한 생각은 우리에게 속한 것이 아닙니다. 우리가 아는 것은 죄를 담당하신 예수 그리스도의 십자가로부터 나온 가느다란 실이 온 세상으로 퍼져나갔다는 것입니다. 그러므로 이제 그는 하늘과 땅에 있는 모든 것을 다스리시는 주로 불리시며마 28:18; 빌 2:9-11, 그분 안에서 모든 육체의 종말이 선포되었습니다. 홀로 버림받으신 예수님은 하늘에 계신 아버지를 위해 십자가에서 죽으십니다. 그는 하나님 아버지를 사랑하셨기 때문에 자신의 생명을 개의치 않으십니다. 그는 우리 육신의 몸이 하나님의 나라에 들어갈 수 없으므로 자신의 몸을 죽음에 내어주셨습니다. 예수님은 홀로 죽음을 정복하셨습니다. 그 안에서 그의 몸도 인간적 권위에 맞선 인간적 힘 싸움이 아니라, 자신의 피를 바치는 자기희생을 통해 승리하실 것입니다. 우리가 그리스도 안에서 죽는다면, 우리도 그리스도와 함께 왕노릇 할 것입니다.딤후 2:11 죽음을 각오한 사람은 하나님으로부터 권세를 받을 것입니다. 예수께서 사시는 이 작은 양 무리로부터 생명의 실이 온 땅으로 퍼져나갈 것입니다. 그러한 죽음은 참된 생명과 진정한 삶을 주는 하나님 나라의 승리와 부활을 예비할 것입니다.

사랑하는 벗들이여, 이것이 시온을 향한 우리의 소망입니다. 말이 많았다면 너그럽게 용서해 주기 바랍니다. 한번 조용히 생각해보십시오. 진실은 변하지 않는다는 사실을 기억하시기 바랍니다. 진실은 변명이 필요치 않습니다. 그것은 전능하신 하나님의 것이기에 스스로 입증할 것입니다.

16장 / 삼키운바 된 사망

시온에 대한 소망과 필연적으로 이어지는 또 하나의 소망이 있습니다. 그것은 우리가 지금까지 논의한 어떤 것보다 더 믿기 어렵습니다. 이 글을 매우 떨리는 마음으로 쓰고 있는 나는 이 소망에 대해서도 언급하지 않는 편이 나을 것이라는 생각을 합니다. 왜냐하면 성령에 대한 소망과 하나님 나라와 그의 권세가 시온에 건설될 것이라는 소망, 그리고 특히 부활에 대한 소망은 세상 사람들과 전혀 다른 삶을 산다는 것이 주제넘은 일처럼 보일 만큼, 지금까지 진보를 위해 노력해온 나라들의 경험과 동떨어져 있기 때문입니다. 그러나 부활에 대한 소망은 하나님 나라를 추구하는 행위 가운데 하나며, 사망을 폐하는 것 자체가 하나님 나라의 한 부분임은 명백합니다. 바울의 말처럼 사망이 마지막 원수로 드러날 날이 가까운고전 15:26 때에 이 문제를 진지하게 고려하지 않거나 사망과의 싸움에 용감히 동참하지 않는 자는 예수님의 제자라고 할 수 없습니다.

죽음의 문제

우리는 예수 그리스도의 부활을 떠올리기만 하면 "우리와 온 인류를 그토록 강력히 지배하는 죽음은 무엇인가?"라는 질문이 제기됩니다. 사도 바울도 이 질문에 직면했습니다. 그는 이 문제로 고린도 사람들과 논쟁을 벌였는데, 그들은 그리스도의 부활을 믿지만 죽은 자의 부활은 없다고 말했습니다. 그러나 바울은 그들의 면전에 직접 말했습니다. "만일 죽은 자가 다시 살아나는 일이 없으면즉, 인간에게 사망을 폐하는 것이 불가능하다면 그리스도도 다시 살아나신 일이 없었을 터이요 그리스도께서 다시 살아나신 일이 없으면 우리가 전파하는 것도 헛것이요 또 너희 믿음도 헛것이며… 아담 안에서 모든 사람이 죽은 것 같이 그리스도 안에서 모든 사람이 삶을 얻으리라… 그가 모든 원수를 그 발 아래에 둘 때까지 반드시 왕 노릇 하시리니 맨 나중에 멸망 받을 원수는 사망이니라… 형제들아 내가 이것을 말하노니 혈과 육은 하나님 나라를 이어 받을 수 없고 또한 썩는 것은 썩지 아니하는 것을 유업으로 받지 못하느니라 보라 내가 너희에게 비밀을 말하노니 우리가 다 잠 잘 것이 아니요 마지막 나팔에 순식간에 홀연히 다 변화되리니"고전 15:12-51 사도 바울은 오직 이 목표에 모든 초점을 맞추었으며, 그가 그리스도의 증거를 받았다면 그의 말이 전적으로 옳을 것입니다. 예수님을 통해 이 땅에 계시된 하나님의 영광은 은혜와 진리일 뿐만 아니라 부활과 생명이기 때문입니다. 그는 이렇게 외치셨습니다. "나는 부활이요 생명이니"라고 했습니다. "나를 믿는 자는 죽어도 살겠고 무릇 살아서 나를 믿는 자는 영원히 죽지 아니하리니"요한복음 11:25-26

사망을 폐함

그리스도 안에서 그에 대한 증언이 말해주듯이, 하나님의 모든 말씀과 그의 행위는 사망이 제거되었음을 보여줍니다. 요한은 이렇게 고백합니다. "태초부터 있는 생명의 말씀에 관하여는 우리가 들은 바요 눈으로 본 바요 자세히 보고 우리의 손으로 만진 바라 이 생명이 나타내신 바 된지라 이 영원한 생명을 우리가 보았고 증언하여 너희에게 전하노니 이는 아버지와 함께 계시다가 우리에게 나타내신 바 된 이시니라"요한일서 1:1-2 여기서 요한이 말하는 영원한 생명은 무엇입니까? 그들이 본 것은 무엇입니까? 예를 들어, 세례요한의 제자들은 예수께 "랍비여 어디계시오니이까"라고 물은 후 "와서 보라"는 말씀을 듣고 "계신 데를 보고"나서 "모세가 율법에 기록하였고 여러 선지자가 기록한 그이를 우리가 만났으니"요 1:38-39, 45라고 했습니다. 그들은 무엇을 보았습니까? 그들은 초막을 보습니까? 궁전을 보았습니까? 학자를 보았습니까? 강한 사람을 보았습니까? 우리는 이 기사의 마지막 부분에 제시된 예수님의 말씀을 통해 그들이 무엇을 보았는지를 알 수 있습니다: "진실로 진실로 너희에게 이르노니 하늘이 열리고 하나님의 사자들이 인자 위에 오르락 내리락 하는 것을 보리라"요 1:51 하나님 나라의 영원한 생명은 그들에게 육체로 나타났습니다. 그 나라의 영생은 여전히 아버지와 함께 있지만, 예수님 안에서, 그리고 예수님을 통해, 사망을 폐한 선구자로 드러났습니다. 제자들은 여전히 노력이 필요했으며, 안타깝게도 다시 어둠과 불신에 빠짐으로써 부활하신 예수로부터 믿음이 없다는 책망을 받았으나막 16:14, 그럼에도 불구하고 그들은 이 영원한 생명을 이해하고 분별하기 시작했습니다. 그들은 사망의 권세가 예수님을 통해 정복된 것으로 믿었습니다. 그리고 나중에 사도들은 교회를 더욱 높은 수준으로 이끌었으며, 신자들은 성도의 죽음에도 불구하고 죽은 자의 부활이 실재가 되고 생존자가 변화를 받아 더 이상 사망이 역사하지 않는 것처럼 살아갈 수 있게 하는 강력한 빛을 보았습니다.[77]

물론, 영적으로 예수님과 함께 죽고 그와 함께 살아난 사람들의 첫 번째 관심사는 죽음과의 임박한 싸움이 아니었습니다. 그들의 생명은 그리스도와 함께 하나님 안에 감추어져 있으며, 개인적으로는 사망의 권세를 초월하여 평안을 누리고 있었지만, 그들은 여전히 이러한 육신의 삶에서 슬픔과 두려움과 궁핍과 죽음을 견뎌야 했습니다. 그럼에도 불구하고, 그들이 수고한 사역의 일차적목표는 마지막 원수를 무찌르는 것이었습니다. 죽음을 정복할 때만 비로소 하나님의 나라가 이 땅의 모든 민족이 볼 수 있도록 가시화될 것입니다. 그러나 현재로서는 전면에 등장한 하나님 나라의 다른 원수들을 정복해야만 했습니다. 그들은 그리스도께서 하늘 보좌에 앉아 계시며, 그곳에서 하나님 아버지께 속하지 않은 모든 권세와 능력과 영적 세력을 멸하실 수 있다는 사실을 알았습니다. 또한 그들은 그가 이 땅에 있는 그의 몸의 지체들과 함께 계심을 알았으며, 따라서 그들은 모든 흑암의 권세에 맞서 싸우는 이 싸움에 의식적으로 참여할 수 있었습니다.엡 6:12

따라서 우리는 사도들이 먼저 이 싸움에 뛰어든 것을 볼 수 있습니다. 그리스도 안에 있는 하나님의 나라에 대한 그들의 말과 증언은 교회에 대한 권면의 형태로 우리에게 전해졌으며, 주로 가까이 있는 대적과 맞서 싸운 전쟁의 열매입니다. 그러나 미신과 우상숭배 및 그와 관련된 귀신의 영적 억압이 강력하게 역사하는 한, 그리고 그리스도를 영접한 사람조차 사방에 둘러싼 인간의 영육신에 의해 정복당할 위험이 여전한 한, 죽음이라는 문제 자체를 다루기에는 적절한 시기가 아니었습니다. 대신에 그들은 보이지 않는 세계에서뿐만 아니라 보이는 세계에서도, 십자가에 못 박히시고 부활하신 그리스도 안에서 천국 복음을 위한 길을 닦아야 했습니다. 하늘과 땅의 모든 영과 영적 세력이 하나님의 나라를 대적했으며, 따라서 성도들은 생명 선포의 길을 열기 위해서라도 성령으로 말미암아 믿음을 굳게 하고 자신을 철저히 부인해야 했습니다. 마지막 원수인 사망의 제거에 대한 언급이 거의 나타나지 않는 이유는 그 때문입니다. 그것은 비밀이었지만, 그리스도 안에 있는 하나님의 모든 참된 증인들에게는 잘 알려진 비밀이었습니다. 사도 시대에는 불신 세상에서 언제든지 일어날 수 있는 싸움과 원수들이 너무 많아 하나님의 전사들이 싸웠던 밝은 빛, 즉 하나님의 나라, 하나님의 공의, 하나님의 생명이 먹구름에 가려져 있었습니다.

죽음에 대한 우리의 접근

오늘날 우리는 세밀한 부분까지 알 수는 없지만, 적어도 만물의 부활에 대한 확신은 예수 그리스도의 사도들과 초대 교회가 말하고 행한 모든 것의 기본 전제였으나 나중에 사라졌다는 것만은 분명합니다. 예루살렘이 멸망한 주후 70년 이후, 사도들의 증언은 이 부분에 대해 침묵하며, 이 확신은 그대로 유지되었는지는 알 수 없습니다. 그때부터 하나님 나라의 위대한 목표에 대한 신자들의 불타는 기대가 식기 시작했습니다. 그때부터 우리가 찾을 수 있는 유일한 불길이나 열정은 교회를 위한 것일 뿐이라고 생각할 만큼, 이러한 무관심은 멀리까지 확산되었습니다. 교회는 더 이상 사망을 원수가 아니라 친구로 여겼습니다. 또한 교회는 인간의 힘과 권위의 형태를 한 육신을 적이 아니라 친구로 여겼습니다. 그리스도인은 이 땅에서 더 이상 하나님의 나라를 경험하기를 갈망하지 않고, 오히려 기독교를 발전시킴으로써 이교도와 경쟁할 수 있는 세속적 권력을 얻기 위해 노력했습니다. 이 과정에서 하나님이 성령을 통해 계시하신 목표들이 잊혔습니다. 오히려 사람들은 기독교가 세상을 이기는 칼을 가지게 되었다는 사실을 알고 기뻐

했습니다.

마찬가지로, 사망이라는 원수 역시 친구처럼 신자들의 핵심 집단 속으로 잠입했습니다. 핵심 집단은 조용하고 평화로운 시온의 백성으로서, 영생이라는 무기로 항상 사망에 맞서 싸워야 했습니다. 신자들은 처음에 죽음을 박해와 일시적 환란 가운데 모든 고통에서 벗어나게 해주는 구원자라는 긍정적 의미로 받아들였을지 모르나, 이러한 입장은 점차 재앙적인 어리석음이 되었습니다. 그들은 이러한 태도가 어떻게 그리스도가 죽은 자 가운데서 살아나셨다는 본질적인 진리를 점점 더 몰아내었는지 깨닫지 못했습니다. 마치 부분적으로 마비된 사람처럼, 신자들은 무덤을 부패로 가득한 곳에서 신성한 장소로 바꾸어 놓았습니다. 따라서 이제 신자는 무덤에 누워 사망의 잠을 자고 있으며, 많은 그리스도인은 죽음을 신성하고 영광스러운 것으로 우상화하는 태도가 하나님과 그의 나라에 얼마나 큰 해를 끼쳤는지 전혀 인식하지 못합니다.

구원의 현장으로서 죽음

사람들은 무덤에서 눈을 돌려 죽은 자 가운데서 살아나신 그리스도를 바라보는 대신, [구원을 위해] 죽음을 바라보기 시작했습니다. 확실히, 잔인한 죽음이 사랑하는 사람을 앗아갈 때, 사람들은 그들의 모든 기독교 신앙에도 불구하고 슬픔의 눈물을 참을 수 없습니다. 확실히, 많은 사람은 냉엄한 죽음이 노소를 가리지 않고 어둠 속으로 끌고 갈 때 가슴이 미어지는 듯한 비통함을 느낍니다. 그러나 영생으로 사망과 맞설 기력은 사라졌습니다. 어떻게 하든지 사망을 좌절시킬 수 있는 지혜로 이끌 생명의 박동은 일상적인 육체적 삶에서조차 사라졌습니다. 한편으로 사람들은 죽음을 원하지 않지만, 다른 한편으로는 비유적으로 취하거나 실제로 술에 취해 비틀거리며 죽음을 향해 나아갑니다. 자신의 잘못으로 사망의 어두움 속으로 빨려 들어간 사람은 죽음이 무덤에서 그들에게 "구원"을 가져다줄 것이라는 생각으로 자위합니다.

대부분 사람이 불가피해 보이는 것에 무릎을 꿇고 있는 이 상황에 비추어 볼 때, 하나님의 나라와 생명의 부활을 옹호하는 일은 더욱 난망해 보입니다. 일반적으로 받아들여지는 또 하나의 해로운 사상은 사람이 부활 없이 죽음을 통해 구원받고 완전한 만족을 누릴 수 있다는 것입니다. 이런 생각은 분노하는 감정 없이 다루기 힘들 만큼 최악의 태도라고 할 수 있습니다. 사람들은 구원행복에 대한 욕망을 충족한다는 의미에서이 죽음과 연결되어 있다고 생각하기 때문에 자신의 목숨을 위해 싸우는 것처럼 죽음을 위해 싸웁니다. 나는 우리가 이 땅에 사는 동안 사망과 같지 않으신 분, 사망의 어둠 속에서의 구원이 아니라 사망을 폐한 구원을 약속하시는 그리스도를 붙들어야 한다는 사실을 진지하게 연구하고 부지런히 증거한 이래, 많은 친구를 잃어서 안타깝습니다.

그러나 성경은 이러한 소망으로 가득합니다. 하나님이 자신을 드러내시는 곳마다, 이 땅에 영생의 빛이 비취었습니다. 낙원에서 비춰기 시작한 이 빛은 하나님이 이 땅과 언약을 맺으신 노아 시대, 하나님이 열방에 복을 주시기 위해 언약을 맺으신 아브라함 시대, 하나님이 가나안 땅을 위해 새로운 언약을 맺으신 모세 시대당시 백성들이 진리의 인도하심을 이해하고 순종했다면 복과 생명이 풍성했을 것입니다를 거쳐, 하나님의 백성이 죄와 사망의 고통을 당하며 끔찍하고 비참한 삶을 살았던 선지자 시대로 이어졌습니다. 이 땅에서 하나님을 위해 열매를 맺은 모든 사람은 지상에 사는 육신의 생명을 위한 창조주의 능력을 증거했습니다. 만일 우리가 이러한 부활과 생명의 선구자들을 성경의 증거에서 제거한다면, 그리고 사망이 없는 하나님의 나라를 보여주기 위한 전능하신 하나님의 생명의 기적들로부터 사도와 선지자들을 분리한다면, 우리는 성경을 다른 책과 함께 선반 위에 올려놓고 과연 그것을 읽어야 하는지 고민해 보아야 할 것입니다. 우리는 여기까지 이르렀습니다. 더 이상 성경에서 답을 찾는 사람이 누가 있습니까? 대부분 사람은 성경이 그들에게 전수된 관점이나 전통을 뒷받침해 주는 것으로 만족합니다. 그리고 그것을 위해서는 어떤 인위적인 해석도 받아들입니다. 그 외에는 아무도 성경에 관심이 없습니다. 사람들은 자신이 죽을 때 죄와 죽음과 마귀를 물리칠 수 있도록 도와주겠다고 약속하는 종교에 만족하지만, 죄와 죽음과 마귀는 아랑곳하지 않고 처음부터 마음대로 지배해 왔습니다. 그러나 이러한 상황을 어떻게 그리스도와 선지자들과 사도들에게서 나온 빛과 일치시킬 것인지에 대해 누구도 생각해보지 않았기 때문에 영원한 생명과 지상에서의 현현에 대한 성경의 기록, 즉 하나님의 나라에서 죽음이 폐지된 모든 사례는 우화로 치부하거나 양심을 달래기 위해 꾸며낸 해석이 되고 말았습니다. 우리는 마치 "우리에게는 교회가 있으므로, 성경이 제시하는 하나님의 영이 우리의 몸과 삶에 초래할 수 있는 놀라운 결과가 필요치 않습니다"라는 누군가의 말처럼 행동합니다.[78]

새 창조를 위한 초석들

그러나 살아 계신 하나님의 불은 은밀한 가운데 계속 타오르고 있습니다. 비록 죽음의 먼지로 뒤덮여 있지만, 우리 가운데는 눈에 띄지 않고 거부당한 채 예수 안의 생명을 붙들고 있는 은밀한 지지들이 있습니다. 하지만 그들은 오랜 세월 동안 생명에 대한 신실한 증인이었습니다. 부활하신 그리스도로부터 나오는 생명과 부활의 실은 오늘날의 기독교 사회와 연결될 수 없었기 때문에 지하로 가라앉아야 했습니다. 그러나 이 실은 우리에게까지 이르렀습니다. 그것은 끊어지지 않았습니다. 이제도 계시고 전에도 계셨고 장차 오실 그리스도계 1:4, 8는 하나님의 세상과 사람들을 구원하기 위해 죽었습니다. 그러나 대중 가운데 몸과 영혼을 바쳐 이 새 창조에 실제로 동참할 힘을 가진 자는 물론, 그리스도의 새 창조의 위대한 시작을 믿을 힘을 가진 자조차 발견하기 어렵습니다. 그럼에도 불구하고 예수님은 살아 계시며, 자신의 증인들을 일으키십니다. 우리는 처음부터 불가항력적 힘으로 이 승리자에게로 이끄신 하나님을 찬양합니다. 이 승리자는 우리에게 하늘의 구원을 물리적 방식으로 주고 싶어 하십니다. 그러나 그보다 더 중요한 것은 그에게 우리를 구원할 수 있는 능력과 권세가 있다는 것입니다. 이것은 그의 생명이 우리 안에 드러나고 그의 생명이 죽음을 이긴다는 의미입니다. 이 승리자는 우리 안에서 시작되는 새 창조를 통해 우리를 구원하시며, 따라서 오늘날에도 죽음이나 슬픔이나 눈물은 힘을 갖지 못합니다.사 25:8; 계 7:17, 21:4

아버지는 바로 이런 일을 경험했으며, 우리도 죽음의 먼지 속에서 질식해 죽을 것만 같았던 그 순간에 동일한 경험을 했습니다.

그러나 예수 그리스도의 영광은 오직 계시된 생명의 말씀에만 소망을 두는 가련하고 불쌍한 사람들에게 자신을 드러냅니다. 지금도 육신과 싸우고 있는 그들은 승리하시고 살아계신 예수님에 관한 모든 것을 자신의 눈으로 보고 자신의 귀로 듣고 자신의 손으로 만질 수 있습니다.요일 1:1-3 그들은 죽음을 외면합니다. 그들에게 죽음은 더 이상 영생으로 들어가는 다리가 아닙니다. 자신은 죽고 예수로 사는 자에게 죽음은 중요하지 않습니다. 그들은 언젠가 하나님이 자신들을 죽음에서 구출해 주실 것이라는 희망으로 위안을 삼지 않습니다. 그들은 자신이 그리스도 안에서 발견되지 않는다면 오늘이라도 죽음이 찾아와 공포에 떨게 할 것임을 알고 있습니다. 그들은 죽음이 원수임을 알기 위해 죽음의 순간을 기다릴 필요가 없습니다.

그들은 예수 그리스도의 피에 자신을 바침으로써, 하나님을 영화롭게 하고 하나님의 나라를 위한 열매를 맺으려고 노력합니다. 이것은 생명을 위한 죽음이라고 할 수 있습니다. 이 피, 그리스도의 이 죽음이 우리 안에 있으면 죽음에서 해방됩니다. 우리는 구원을 위해 죽음 이후까지 기다릴 필요가 없습니다. 어쨌든 우리는 우리 자신을 위해 구원을 얻고 복을 받은 것이 아닙니다. 우리는 부활하신 그리스도 안에서 하나님이 육신이나 죽음과 관련된 모든 것을 거부한 사람의 삶을 통해 합당한 영광을 받으신다는 사실을 알 때, 구원과 복을 받습니다. 그들은 상을 위해 푯대를 향해 달려갑니다.빌 3:14 그 상은 언젠가 온 세상에 새 창조로 드러날 것입니다.

그리스도께서 인간의 역사와 인간의 육체 속으로 들어가셔도 결국 우리가 돌이킬 수 없는 "사망의 법"롬 8:2 때문에 포기해야 한다면 아무 의미가 없을 것입니다. 그리스도께서 죽은 자 가운데서 살아나셨고 사망이 정복당한 것을 보면서도 창세기 2장 17절의 "정녕 죽으리라"는 구절이 취소불가한 법이라고 생각합니까? 그것은 창조 속에 있는 생명의 말씀을 무효화하는 것입니다. 물론, 어둠과 육신에 매여 죽음을 향해 돌진하는 사람에게는 이 법칙이 적용됩니다. 그러나 그리스도는 모든 육체의 역사보다 훨씬 더 높이 계십니다. 자신과 주변의 삶에서 어떤 유혹이 오든 육신을 거부하는 사람은 이 땅에서도 영생으로 들어 올려질 것입니다. 이 땅은 사망의 저주를 없애기 위한 최후의 전투가 벌어질 곳입니다.

죽음이 다가올 때

당시에는 정확하게 드러나지 않았지만, 아버지에게는 이러한 소망의 빛이 비춰었습니다. 그는 모든 어둠의 권세를 이기시고 부활하신 예수께서 곧 임하실 것이라고 확신했습니다, 우리는 이 소망을 더욱 상세히 들여다보기 위해 한 걸음 더 나아갈 것입니다. 예수 그리스도의 나타나심 자체만으로는 죽음의 담요를 걷어내기에 충분하지 않을 것입니다. 우리는 육신을 부인함으로써 예수님과 함께 손잡고 가야 합니다. 이것은 사망이 폐하기를 고대하는 사람이라면 결코 피할 수 없는 싸움입니다. 놀라운 일이지만, 죽음의 권세는 우리의 몸과 영혼 전체를 지배하는 광명의 천사처럼 다가올 것입니다. 이런 의미에서, "죽음의 위엄"에 경의를 표하는 자들이 옳을 수도 있지만, 그들은 결코 하나님의 위엄의 공의와 진리에 경외심을 갖지 못할 것입니다.

대부분 사람이 깨닫지 못하는 사이에, 죽음의 전통은 우리 인간 문화에 스며들어 슬픔과 절망에 빠진 우리를 지배했으며, 우리는 하나님께 구원해 달라고 부르짖습니다. 그러나 정작 우리는 죽음을 위한 모든 문을 활짝 열어 놓았습니다. 죽음을 가까이하려는 이 매력적인 관습은 우리의 삶 밑바닥에서 꼭대기까지, 육체의 삶에서 영혼의 정신적 활동에 이르기까지, 모든 삶의 영역을 오염시킵니다. 결국에는 우리의 영마저 방어를 포기하고 굴복함으로써 치명적인 관습을 받아들입니다.

죽음 친화적 관습은 이 모든 것에 스며들어 있습니다. 이 과정은 신체적인 차원에서의 나쁜 습관, 가령 자신이 원하는 것만 먹고 마시는 사람들의 미각 기관에서 시작됩니다. 그것은 사회적인 차원에서도 지속되며, 부당한 요구에 지친 사람들은 때가 되기 전에 산화하고 맙니다. 또한 이 과정은 사람들이 외적인 행복과 자유를 추구하게 하는 사고방식에도 나타납니다. 이러한 사고방식은 사람들의 몸과 마음을 문화적 삶에 필요한 것들을 좇게 함으로써 그들을 함정에 빠뜨립니다. 끝으로, 이 과정은 지적인 사람이 현실의 고통을 느끼지 않기 위해 취하고 싶어 하는 혼란스러운 철학으로 끝납니다. 그러므로 우리는 죽음의 전통이 모든 것에 스며들어 우리 세대를 지배하지만, 하나님이 우리 생명의 빛이 되셔야 한다는 사실을 알 수 있습니다.

죽음과의 싸움

만일 우리가 인간 삶의 단계마다 하나님으로부터 오는 것과 사망으로부터 오는 것을 구별하는 법을 배우지 못한다면, 부활과 생명에 관한 생각을 시작할 수 없으며, 예수 그리스도의 부활에서 오는 어떤 열매도 기대할 수 없을 것입니다. 안타깝게도 많은 사람에게, 하나님과 죽음은 하나로 결합합니다. 그리고 사망이 우세하기 때문에, 생명의 하나님은 시야에서 사라져 버립니다. 이런 상황에서 사망의 폐지를 이야기하는 사람은 비웃음거리가 될 것입니다.

그러나 하나님과 사망이 하나로 결합하지 않고 나뉜다면, 삶의 단계마다 빛이 비칠 것입니다. 가장 낮은 수준인 육신적 삶에서 시작하여 가장 높은 영적 충동의 수준에 이르기까지, 이 빛은 하나님의 요구와 죽음의 요구를 나누고 하나님의 영원한 창조에 속한 진리와 의의 전통과 아래로부터 솟아난 육신의 경박한 습관을 구분합니다. 이 둘 사이에는 싸움이 벌어지고, 이 싸움은 즉시 우리의 삶 전체를 요구합니다. 이 때가 바로 자기 부정이 개입하는 시점입니다. 우리는 분명한 뚜렷한 습관적 죄뿐 아니라 일반적으로 인정되는 삶의 요소들로부터도 돌아서야 합니다. 우리는 이런 식으로 참된 것과 거짓된 것을 분별할 수 있습니다. 거짓이 천사로 가장할 때도고후 11:14, 우리는 그것을 인식하고 거부할 수 있습니다.

물론 우리는 이 전투에서 종종 굴욕을 당하기도 할 것입니다. 우리는 끊임없이 반복되는 일시적 정체를 견디어내어야 할 것입니다. 때로는 오해를 받을 것이며, 사람들은 우리에게 짜증을 내기도 할 것입니다. 모든 사람이 선하고 거룩하다고 생각했던 것들이 강력한 진리에 의해 부서져야 할 때도 있을 것입니다. 왜냐하면 우리의 육체적 감각과 지적 성취가 모두 죄와 얽혀 있기 때문입니다.

아마도 이것이 온 세상이 그리스도의 부활을 통해 성취될 수 있는 것을 거부하는 이유일 것입니다. 그들은 단지 죽음을 통해 이 모든 혼란에서 벗어나고 싶어 할 뿐입니다. 그러나 하나님의 공의와 그의 나라와 그의 생명을 위해 싸우는 사람은 누구든지 그렇게 하지 않을 것입니다. 그들은 죽은 믿음에 안주할 수 없습니다. 그 속에는 하나님의 역사가 나타나지 않기 때문입니다.요 9:3-4, 14:12-14 하나님의 일은 싸움이 없는 믿음, 즉 갑자기 하늘의 행복한 삶으로 옮겨지기를 바라는 믿음에 주어질 수 없습니다. 육신과 영혼이 하나님의 공의 및 진리와 조화를 이룬 이 땅에서 행복한 삶을 경험하기 전까지는, 아무도 하늘의 행복한 삶이 어떨지 상상조차할 수 없을 것입니다.

피조세계 전체를 다스리시는 하나님의 주권

그러므로 우리는 감히 예수 그리스도의 재림과 함께 죽음이 완전히 폐지되기만을 기다릴 수 없습니다. 오히려 우리는 이 구원 사역에 두렵고 떨리는 마음으로 동참하도록 부르심을 받았으며빌 2:12, 상을 위한 경주에서 낙심하지 말아야 한다는 사실을 알고 있습니다.고전 9:24 나는 감히 하나님께 우리 안에 있는 치명적인 거짓을 끝낼 빛을 회복시켜 주시기를 간절히 바라고 간구합니다. 나는 우리를 죽음으로 인도한다고 생각되는 모든 것을 언젠가 적절한 때에 포기할 수 있기를 바라는 마음으로 감히 죽음의 폐지를 고대하고 있습니다. 우리는 어떤 희생과 변화도 감수할 준비를 함으로써 감히 그렇게 할 것입니다. 나는 하나님의 전능하신 역사하심과 그리스도 안에서 주어진 공의의 승리를 소망합니다. 그리스도는 우리를 어리석음에 내버려 두지 않으실 것입니다. 오히려 우리를 그의 기이한 빛으로 부르신 분의 온전한 덕을 깨달을 수 있는 통찰력을 주실 것입니다.벧전 2:9

이러한 소망은 자신을 위해서가 아닙니다. 내가 부활하신 그리스도를 바라보는 것은 다른 사람들의 눈에 빛나고 싶어서가 아니라 하나님을 위해, 피조물을 위해서입니다. 나의 초점은 세상을 향합니다. 이곳은 창조주께서 흑암 가운데 빛이 있으라고 말씀하시고창 1:3 생명을 창조하신 곳이며, 하나님의 형상대로, 지극히 높으신 분의 아들로 창조하시고 생기로 채우시며 모든 피조물을 위해 하나님의 대리인으로 삼으신 곳이며창 1:26-28, 2:7, 2:15, 안식일의 안식이 모든 생명체에게 손짓하는 곳입니다.히 4:1, 9 하나님이 그에게서 나온 모든 형태의 생명 안에 내재하시는 것처럼, 이 [마지막] 안식일은 창조의 절정으로서 우리를 향해 손짓합니다. 전능자 일하시고 운행하시며 범죄한 인류의 역사 위로 높임을 받으시는 이곳 에서 우리는 또한 십자가에 못 박히시고 부활하신 예수님을 봅니다. 하나님과 그의 피조세계를 위해 우리는 감히 사망의 수레바퀴를 멈추어 세울 것입니다. 우리는 감히 머리를 들고 창조주 하나님께 영광을 돌릴 것입니다. 이것은 우리에게 마치 죽음의 방울이 산 자의 징표처럼 보이는 이 세상의 끝을 넘어까지 인내할 힘을 줄 것입니다. 하나님의 영광과 공의와 하나님의 생명에 대한 열심은 죽음을 없애는 것을 목표로 하는 이 싸움을 계속해서 수행할 수 있는 힘을 줄 것입니다.79

후기

Wolfgang J. Bittner

블룸하르트의 목적

이 책은 하나님의 인도하심에 대해 친구들과 나눈 대화로 시작된다. 하나님은 아버지 블룸하르트가 살아 있을 때 무엇을 이루고 싶어 하셨는가? 그 시대에 중요했던 것들 가운데 지금도 가치가 있는 것이 얼마나 되는가? 살아 계신 하나님은 오늘날 무엇을 바꾸고 싶어 하실까? 블룸하르트의 사상은 성경에 뿌리를 두고 있다. 그러므로 그는 하나님의 나라에서는 시대가 변한다고 확신했다. 어제의 가치가 오늘은 달라질 수 있다는 것이다. 하나님의 지시가 [항상] 시대를 초월하는 것은 아니다. 우리는 시간마다, 이어지는 길마다 새로운 지시를 받아야 한다. 아버지 블룸하르트는 어둠과의 싸움을 맡았으며, 하나님의 이름으로 끝까지 싸웠다. 당시 하나님이 그에게 주신 슬로건은 "예수는 어둠과 미신과의 싸움에서 승리자"라는 것이었다. 이것은 또한 하나님이 그동안 그가 이루기를 원하셨던 목표로 인도했다. 즉 어둠과 미신의 정점을 깨뜨려 하나님의 승리를 시현해야 한다는 것이다. 하나님은 아버지 블룸하르트를 통해 이 목표를 충분히 달성하셨다. 아들은 이것이 하나님의 행위임을 깨달았다. 예수는 승리자라는 슬로건은 아들 블룸하르트를 지탱한 기초이기도 하다.

그렇다면 이러한 변화는 어디서 나온 것인가? 하나님은 계속해서 전진하고 싶어 하시며 우리에게서 다른 것을 기대하시기 때문이다. 이것이 아들 블룸하르트의 대답이다. 그의 아버지가 이른 곳은 목적지가 아니라 하나님이 가시는 길 중간에 있는 정거장일 뿐이라는 것이다. 하나님은 이 역에서 멈추지 않으셨다. 하나님과 동행하고자 하는 사람은 마음대로 뒤를 돌아보아서는 안 된다! 그는 결연한 자세로 전진해야 한다. 이 개념은 하나님에 대한 블룸하르트의 성경적 이해의 기초가 되었다. 하나님의 길은 역사와 함께 한다는 것이다. 믿음은 살아 계신 하나님의 길에 동행하는 것을 의미한다. 가만히 있는 사람은 하나님을 잃어버릴 수 있다. 어제는 유효했으나 오늘은 시대에 뒤진 것이 될 수 있다. 블룸하르트가 말했듯이, 오늘날 우리는 하나님으로부터 새로운 임무를 받은 역사의 새로운 장에 살고 있다. "죽어라. 그래야만 예수께서 살 수 있다"는 것이다.

우리는 예수님이 모든 어둠의 권세를 이기신 승리자라는 사실을 잊지 않았다. 우리는 숨은 세력의 힘을 잘 알고 있다. 우리는 여전히 하나님의 나라를 가로막고 있는 내적 속박에 대해 알고 있다. 그러나 오늘날 우리의 경험은 이러한 사실에 주목하지 못하게 한다. 하나님은 우리의 눈을 여시고 하나님을 대적하는 것이 바로 육신이라고 불리는 인간의 이기심임을 보게 하셨다. 우리가 이 저항을 제거할 수 있다면, 마귀에 대한 승리보다 중요한 결과를 가져올 것이다. 그러므로 오늘날 우리는 자신에 대해 죽어야 한다. 그래야만 예수님이 사신다. 이것은 우리가 인간적인 모든 것, 사람에 초점을 맞춘 모든 것에 대해 죽어야 한다는 뜻이다. 인간적 본성, 곧 육신은 하나님과 그리스도와 성령을 통해 양육되는 것이 아니라 오히려 하나님과 그리스도와 성령을 통해 드러나고 심판되어야 한다.

그러나 블룸하르트는 이 책에서 끊임없이 성경으로, 그의 아버지 시대로 거슬러 올라간다. 이유는 무엇인가? 과거를 회상하면 우리의 통찰력이 날카로워지며, 따라서 하나님이 약속을 통해 주신 소망을 볼 수 있기 때문이다. 또한 우리가 피해야 할 인간적 실수를 깨닫게 한다. 블룸하르트는 아버지의 특정 행위와 호의적 태도에 대해, 즉 사람들과 교회 지도자에 대한 지나친 존중과 주변 사람들의 경건한 방종에 대한 관용적 태도에 대해 정확히 지적하고 비판했다. 블룸하르트가 뒤를 돌아본 것은 하나님의 역사에서 자신과 아버지 사이의 연합이 흔들리지 않는다는 사실을 알았기 때문이었다. 과거를 돌아볼 때, 결코 과거의 상태를 재현하기 위한 것이어서는 안 된다. 우리의 목표는 오직 이 시대를 위한 하나님의 음성을 더욱 분명하게 듣고, 내일을 위한 하나님의 목적을 더욱 온전히 이해하는 것이어야 한다. 아들은 결코 아버지와 갈라서지 않았다. 그러나 그는 하나님이 공동체의 경험을 통해 보여주신 길을 계속해서 걸어 나갔다. 이것이 오늘날 아들이 아버지와 다른 곳에 위치한 이유다. 이러한 사실을 이해하지 못하고 이전 역을 목적지라고 생각하여 그곳에 머물렀던 사람들에게는 아들이 아버지와 자신을 분리하는 것처럼 보였다.

사실, 이곳에서 블룸하르트의 기본적인 관심사는 모든 시대와 관련된다. 사람들은 얼마나 자주, "성경적" 가르침을 찾는다는 슬로건 아래 성경과 역사에서 공식이나 기본 패턴을 찾으려고 하는가? 이렇게 찾아낸 공식은 모든 시대에 유효하며, 역사적으로 하나님의 뜻과 무관하게 적용된다. 오늘날에도 사람들은 "성경적 지침"을 찾고 있다. 그들은 성경이 인간의 활동에 대한 지침을 가지고 있다고 생각한다. 우리가 할 일은 이러한 지시를 발견하고, 하나님이 친히 세우신 모델에 따라 응답하실 만큼 정확하고 신실하게 따르는 것이라고 생각한다. 그들은 하나님이 모든 시대에 똑같이 적용되는 규칙에 따라 행동하셔야 한다고 생각한다. 그들은 하나님이 정확하고 고정된 규칙에 따라 우리의 행동에 반응하신다고 생각한다. 그러나 그렇지 않다. 하나님은 단순히 우리의 행동에 따라 정해진 행동을 하시는 것이 아니다. 하나님은 역사를 통해 자신이 가고 계신 길에 따라 행동하신다.

우리는 오늘날 우리를 위한 하나님의 관점을 찾기 위해 성경을 다시 연구해야 한다. 물론 우리의 행동과 계획과 기도에는 기본적인 규칙이 있다. 교회는 언제나 하나님의 뜻을 분별할 책임이 있다. 그러나 교회는 그 과정에 항상 하나님의 역사에 관한 질문을 던져야 한다. "하나님이여 오늘날 나에게, 교회에, 세상에 기대한 느 것이 무엇입니까?" 우리의 행동에 대한 하나님의 명령이 무엇인가라는 질문 다음에, 우리는 역사에 대한 하나님의 결정이 무엇인가라는 질문을 덧붙여야 한다. 하나님이 무엇을 원하시는지 아는 것만으로는 충분하지 않다. 우리는 또한 오늘날 하나님이 원하시는 것이 무엇인지 알아야 한다. 단순히 성경 구절이나 하나님이 과거에 행하신 일을 언급하는 것만으로는 충분하지 않다.

우리는 블룸하르트로부터 인도하심이라는 주제에 대해 많은 것을 배울 수 있다. 블룸하르트는 성경을 하나님을 발견하기 위한 영구적인 원천으로 소중히 여겼다. 그는 성경을 통해 배웠으며, 언제나 다른 사람에게 성경에 귀를 기울이고 순종하라고 말했다. 블룸하르트는 성경을 통해 하나님이 과거에 어떻게 행하셨는지를 배웠다. 그는 하나님이 어떻게 역사를 통해 길을 가셨는지를 배웠다. 우리는 그를 통해 우리의 눈과 마음을 열어 오늘날 하나님의 음성을 더욱 분명하게 들을 수 있게 하는 기본적 진리를 볼 수 있다. 몇 가지 예를 들면 다음과 같다.

만약 여러분이 택함을 받았다면, 그것은 여러분이 임무를 부여받았으며 여러분의 삶이 더욱 격렬해질 것이라는 의미이며, 여러분이 특권을 받았다는 것은 아니다.

자기 백성에 대한 하나님의 인내는 한계가 있다.

하나님은 인내하실 때도 있지만, 심판하실 때도 있다.

한 개인의 믿음이 나라 전체의 길을 열 수도 있다.

반면에, 한 나라나 회중의 불신앙은 개인의 믿음을 억제하거나 심지어 완전히 억누를 수도 있다.

하나님은 우리가 그에게 자신을 전적으로 맡기면 그의 길로 인도하신다.

하나님이 우리에게 주시는 생명의 길은 전적인 순종과 자신의 뜻을 죽이는 과정을 요구한다.

하나님의 능력은 우리가 자신을 위한 어떤 추구도 내려놓을 때 나타난다. 그렇지 않으면 더욱 악화될 것이다.

결국 블룸하르트는 미래에 대한 자신의 소망을 성경의 약속과 일치시켰다. 그는 하나님이 성경에서 약속하신 것은 반드시 이루어질 것이라고 기대했다. 그 이상도 아니지만, 확실히 그 이하도 아니다.

블룸하르트는 성경뿐만 아니라 인간과 역사적 사건도 진지하게 받아들였다. 그는 이러한 역사적 사건을 통해 내면의 진실을 직감적으로 볼 수 있었다. 그는 겉으로 보이는 것에 쉽게 속지 않았다. 제1차 세계 대전이 일어나기 오래 전, 그는 사태의 진전을 떨리는 마음으로 내다보았으며, 그것을 하나님의 심판이라고 불렀다. 이 심판은 실제로 독일과 유럽 전역을 덮었다. 덧붙여 말하자면, 이 견해는 당시의 잘 알려진 다른 교회 지도자들의 견해와 매우 달랐다. 그는 성경에 비추어 역사를 평가했으며, 한 나라와 그 통치자들의 교만은 멸망 직전의 마지막 단계임을 보여준다고 생각했다. 그의 견해에 따르면, 성경을 이해하기 위해서는 반드시 편견 없는 마음과 편향적이지 않은 역사관이 필요하다.

성경과 역사적 사건 외에, 하나님의 뜻을 분별하기 위한 또 하나의 요소는 일상적 삶에서 경험을 통해 주어지는 살아 있는 인도하심에 주의를 기울이는 것이다. 이 책에서 분명하게 드러나는 대로, 그는 이 요소를 매우 중요하게 생각했다. 블룸하르트는 이것을 하나님의 "사건"과 "경험"에 귀를 기울이는 것이라고 말한다. 그는 이러한 인도하심이 매우 분명해 보일 때, 그것을 "계시"라고까지 불렀다. 블룸하르트는 개인이나 집단이 기도하고 성경을 읽더라도, 만일 일상적 삶과 주변에서 일어나는 사건들에서 하나님을 알지 못한다면, 그런 개인이나 집단은 크게 퇴보한 사람일 뿐만 아니라 귀머거리라고 주장한다. 오히려 우리는 자신의 경험에 따라 생각을 바꿔야 한다는 것이다. 왜냐하면 이것이 하나님이 지상에 있는 그의 자녀를 인도하시는 방법이기 때문이다. 즉, 하나님은 우리에게 심판과 은혜의 가시적인 경험을 주시는데, 우리가 낡은 사고방식에 매여 이러한 경험을 무시하고 지나쳐 버린다면 범죄라는 것이다.

아버지 블룸하르트 시대의 운동은 하나님에 대한 구체적인 경험을 통해 능력과 인도하심을 받았으며, 아들도 마찬가지였다. 그의 경험은 이전 시대와 동일한 영으로부터 왔다. 그러나 이 동일한 영은 끊임없이 하나님에 대한 새로운 경험과 새로운 통찰력을 준다. 블룸하르트는 일상적 삶과 시대적 현안을 통해 들리는 영적 음성에 귀를 기울였다.

우리가 가만히 서 있다면, 오늘날 이 세상의 문을 두드리는 하나님의 살아 있는 증언으로부터 멀어질 수밖에 없다. 블룸하르트의 요지는 우리가 도달했다고 생각하는 목적지는 단지 하나님의 노정에 있는 정거장으로 보아야 하며, 우리는 오늘도 하나님의 길에 동행할 수 있으며, 하나님이 우리를 위해 세우신 내일의 목표에 따라 살아야 한다는 것이다. 이 책 전체는 이러한 흐름을 따라 이어진다. 이것이 이 책의 핵심 내용이다. 블룸하르트의 사상 가운데 그의 시대에만 적용될 수 있는 것도 있으며, 그의 역사적 위치 때문에 그가 몰랐던 부분도 있을 것이다. 그러나 블룸하르트가 질문을 제기하는 방식, 즉 아버지 시대의 운동이 전진하는 것을 방해한 것은 무엇이고, 오늘날 하나님의 진보를 방해하는 것은 무엇이며, 하나님이 세상을 위해 계획하신 목표를 붙잡을 방법은 무엇인지를 묻는 방식은 탁월한 예리함과 예언자적 명료성을 보여 준다. 교회의 쇄신을 원하는 사람은 누구나 이러한 기본적인 관심사와 그것을 실행하기 위한 블룸하르트의 구체적인 제안을 곰곰이 되씹어보아야 할 것이다.

하나님의 나라에 대한 사상

블룸하르트는 역사에 관한 교리를 쓴 것이 아니다. 블룸하르트는 그를 반대하고 점점 더 강하게 비판하는 친구들에게 자신의 생각을 진술하고 설명하려 했다. 그들 가운데는 그에게서 등을 돌리는 사람들도 있었다. 블룸하르트는 자신의 입장을 분명히 밝힘으로써, 미래를 위한 힘을 얻으려 했다. 그에게 집필 과정에서 떠오른 생각은 당시의 논쟁과 관련된 내용이지만, 우리는 하나님이 역사에서 진보를 이루기 위해 사람들을 어떻게 사용하시는지에 대한 묘사로 이해할 수 있다.

나는 여기서 이러한 묘사가 완전하다거나 균형이 잡혔다는 주장보다, 이 책 전체 내용에 대해 간략하게 제시하고자 한다.

역사는 서로 다른 시대의 연속으로 볼 수 있다. 한 시대에서 다른 시대로의 전환은 새로운 상황을 발생시키는 강력한 격변을 통해 일어난다.

하나님은 시대마다 당대의 구체적인 목표를 제시하신다. 한 시대에 유효했던 것이 다른 시대에도 유효한 것은 아니다. 모든 시대는 정거장이다. 그러나 하나님은 계속해서 전진하신다.

역사 속에서 하나님의 진보는 하나님이 우리를 부르셔서 그의

힘으로 승리하게 하시는 싸움을 통해 이루어진다. 그러나 이 진보
는 하나님이 그의 목표와 소망을 위해 자신을 온전히 헌신하는 전
사들을 찾을 수 있느냐에 달려 있다. 이 전사들은 자신으로부터
자유로워지고 시대에서 벗어나야 한다. 이들은 하나님이 그의 역
사를 창조하기 위해 사용하시는 백성이다.

하나님의 전쟁은 항상 두 개의 전선에서 싸운다. 하나의 전선
은 하나님의 나라를 공격하는 외부의 저항, 즉 시대적 상황이나
어두운 영적 세력의 저항과 맞선다. 또 하나의 전선은 하나님과
함께하는 사람들, 즉 교회 안에서의 싸움이다. 하나님을 따라 승
리하기를 원하는 자는 자신과 자신의 뜻을 하나님께 바쳐야 한다.
블룸하르트는 "육신"이라는 성경적 용어를 사용한다. 우리가 자
신에 대해 죽으면, 예수님이 우리 안에 사실 수 있다는 것이다. 이
것이 블룸하르트가 감당한 싸움이며, 그가 친구들을 불러 모으려
했던 전선이다. 그러나 그들은 대부분 거부했다.

오늘날의 결정적인 준거는 우리가 이웃에 대한 사랑보다 하나
님에 대한 사랑을 확실하고 단호하게 우선할 수 있느냐는 것이다.

역사의 과정과 참된 진보는 인간의 개입을 초월한다. 이러한
이유로 블룸하르트는 역사를 성령을 통한 하나님의 지속적인 사
역으로 인식했다. 하나님의 눈으로 역사를 바라본다면, 인간적 행
위와 실패뿐만 아니라 그것 너머에 있는 지속적인 하나님의 창조
행위를 볼 수 있다. 이것은 사람이 자신의 수단과 방법을 동원하
여 할 수 있는 일을 하는 문제가 아니다. 하나님이 자신이 그들 안

에 그가 찾고 있는 새 생명을 창조하셔야 한다. 하나님은 그 일을 멈추지 않으실 것이다. 이것이 블룸하르트가 성령을 주로 창조의 영으로 생각한 이유이며, 이러한 사상은 그의 역사 인식을 잘 보여준다. 역사와 하나님의 창조적 행위와 성령은 결합되어 있다.

현재를 하나님 아래 살기 위해서는 우리의 시선을 하나님의 미래로 고정해야 한다. 이것이 바로 우리가 하나님의 약속을 우리의 삶을 인도하는 소망으로 바꿔야 하는 이유다. 우리가 이러한 소망을 굳게 붙들고 그에 따라 살아간다면, 하나님이 원하시는 미래가 우리의 삶 속에서 구체화하기 시작할 것이며, 종종 우리에게 가려져 있던 미래가 현재 속에 드러나기 시작할 것이다.

이 책에는 역사의 형성에 필수적인 세 가지 소망이 제시된다. 첫째로, 우리는 어느 때보다 강력한 성령의 임재를 소망할 수 있다. 성령의 임재는 교회적으로 심판의 시간이 될 것이며, 이러한 심판으로 말미암아 새 창조도 일어날 것이다. 우리가 역사 속에서 새롭고 영속적인 것을 바라고 기도한다면, 그것은 성령의 역사를 통해 주어져야 한다.

둘째로, 성령을 통해 사람들 안에 그의 역사를 창조하신 하나님은 시온을 통해 이 땅에서 일하신다. 블룸하르트는 더 이상을 자신을 위해 살지 않는 참된 하나님의 백성에 대해 "시온"이라는 용어를 사용한다. 그들은 예수 안에서 성령을 통해 하나님께 자신을 전적으로 맡긴다. 하나님은 성령을 통해 작은 무리와 같은 그들 가운데 살기를 원하신다. 그들은 하나님의 나라를 받아들임으로써 모든 민족과 나라의 피난처가 될 수 있다.

셋째로, 하나님이 정해 놓으신 이 땅의 최종 목표, 즉 사망의
폐지다. 하나님은 다른 세상에 계신 것이 아니다. 그는 우리와 우
리의 소망을 이 세상과 떨어지게 하지 않으신다. 우리가 하나님의
약속에 소망을 둘 때, 하나님은 우리를 이 세상으로 이끄신다. 우
리는 어떤 진정한 진보도 우리의 힘이 아니라 하나님이 성령을 통
해 새로운 것을 창조하심으로써 이루어진다는 사실을 알기 때문
에 우리의 소망은 이 세상의 참된 소망이다.

미주

1. Dieter Ising, *Johann Christoph Blumhardt: Life and Work, A New Biography* (Eugene, OR: Cascade Books, 2009); Christian T. Collins Winn, "The Blumhardts in America: On the Reception and Significance of the Blumhardts for American Theology," *Pneuma* 38 (2016): 1 - 25 참조.

2. Johann Christoph Blumhardt, *Der Kampf in Möttlingen, in Gesammelte Werke von Johann Christoph Blumhardt, series* I, vols. 1 and 2, edited by G. Schärfer, P. Ernst, and D. Ising (Göttingen: Vandenhoeck & Ruprecht, 1979) 참조.

3. Friedrich Zündel, *Johann Christoph Blumhardt: A Biography* (Walden, NY: Plough Publishing House, 2019), 117 - 157; Ising, Johann Christoph Blumhardt, 162 - 187.

4. Christian T. Collins Winn, "Jesus is Victor!" *The Significance of the Blumhardts for the Theology of Karl Barth*(Eugene, OR: Pickwick Publications, 2009), 113 - 116.

5. Simeon Zahl, *Pneumatology and Theology of the Cross in the Preaching of Christoph Friedrich Blumhardt* (London: T&T Clark, 2010), 39 - 40 참조

6. Christoph Blumhardt, *Eine Auswahl aus seinen Predigten, Andachten und Schriften*, vol. 2, edited by R. Lejeune (Zurich: Rotapfel, 1925), 127

7. Christoph Blumhardt, *Eine Auswahl*, vol. 2, 128.

8. Christoph Blumhardt, *Eine Auswahl*, vol. 2, 444.

9. Timothy Scherer, "Christoph Friedrich Blumhardt: Delivering Love in the Political Activity of an Allerweltschrist," (Ph.D. Dissertation, Fuller Theological Seminary, Pasadena, CA), 108쪽.

10. 이 책의 다양한 주제에 대한 상세한 논의와 분석은 Klaus-Jürgen Meier, *Christoph Blumhardt: Christ, Sozialist, Theologe* (Bern: Peter Lang, 1979), 35 - 44; Collins Winn, "Jesus is Victor!," 129 - 136; Zahl, *Pneumatology and Theology of the Cross*, 61 - 84; Scherer, "Christoph Friedrich Blumhardt," 95 - 110을 보라.

11. 상세한 내용은 Zahl, *Pneumatology and Theology of the Cross*, 69 - 76을 참조하라.

12. 신 32:39; 삼상 2:6; 마 10:39, 16:24 - 25; 요 12:15.

13. Christoph Blumhardt, *Eine Auswahl*, vol. 2, 585.

14. Christoph Blumhardt, *Eine Auswahl*, vol. 2, 14.

15. Zündel, *Johann Christoph Blumhardt*, 127쪽

16. Zündel, *Johann Christoph Blumhardt*

17. 영어판의 경우 제목과 부제를 달아 출판했다.

18. 블룸하르트의 *Vertrauliche Blätter*는 1888년 봄부터 부정기 간행물로 출판되었다.

19. 크리스토프 블룸하르트가 1882년 1월부터 1888년 말까지 발행한 소식지(Briefblätter)에서 1888년 봄부터 1895년 12월까지 발행된 은밀한 소식지(*Vertrauliche Blätter*)로 전환된 부분에 대해서는 비트너의 서문 세 번째 단원을 보라

20. 프리드리히 쵠델(Friedrich Zündel)이 쓴 요한 크리스토프 블룸하르트(Johann Christoph Blumhardt)의 전기 초판은 1880년에 나왔으며, 1887년까지 다섯 판이 나왔다. 특별한 언급이 없는 한, 모든 인용문은 Zündel, *Johann Christoph Blumhardt*(영문판)에서 발췌했다.

21. 크리스토프 블룸하르트는 쵠델의 전기에 나오는 구절들을 인용할 계획이었음이 분명하지만, 다음 호의 본문에는 단 한 구절도 인용되지 않는다

22. 여러분이 손에 들고 있는 책이 처음 발간된 것은 1895년 4월부터 12월까지 10호까지 연재된 Vertrauliche Blätter이다. 그 후 1896년 1월에 바트볼에서 크리스토프 블룸하르트가 직접 발행한 소책자로 구할 수 있게 되었다. 그는 이 책을 시중에서 판매한 적이 없다.

23. 크리스토프 블룸하르트는 Vertrauliche Blätter의 반공개적 단성을 통해 바트볼의 친구들과 이 문제를 논의할 계획이었던 것으로 보인다. 그러나 그런 일은 일어나지 않았다. 그에게는 자신이 제시하는 주제가 매우 중요했기 때문에 강력한 내적 긴박감을 가지고 매우 신속하고 명료하게 집필을 이어갔다. 이 책의 틀이 되는 글을 마친 후, 블룸하르트는 수 년 동안 대중을 위해 아무것도 쓰지 않았다.

24. *Fünfzehn Predigten über die drei ersten Advents-Evangelien, zur Beförderung christlicher Erkenntnis* (Fifteen Sermons about the First Three Advent Gospels: to Promote Christian Knowledge), Stuttgart, 1864.

25. 크리스토프 블룸하르트는 아버지의 죽음이 뚜렷한 전환점이 되었다고 거듭 강조한다. 그의 아버지의 기일은 바트볼의 기념일이 되었다. 예를 들어, Christoph Blumhardt, *Ansprachen, Predigten, Reden, Briefe, 1865 - 1917*, vol. 1, 1865 - 1889, ed. by Johannes Harder (Neukirchen-Vluyn: Neukirchener

Verlag, 1978), 65 - 66에 나타난 1월 26일 아들의 묵상을 참조하라.

26. Zündel, 50 - 54를 참조하라.

27. 요한 크리스토프 블룸하르트의 친구이자 그보다 앞서 입팅겐에서 목사로 부임한 크리스티안 고틀롭 바르트 박사는 그들을 "설교에 지친 회중"이라고 불렀다. Zündel, 99를 참조하라. 이것이 Blumhardt에게 의미하는 바는 Zündel, 108, 160에 설명되어 있다

28. 이 "싸움"의 결말에 관해서는 Zündel, 151-152를 참조하라.

29. 그는 외적인 힘 때문이 아니라 내적인 "당위성" 때문에 떠나야 했다. Zündel, 388 - 392를 참조하라.

30. 아들 블룸하르트가 말하는 "경험"은 일상적 사건들을 의미한다. 그는 일상적 삶 속에서 하나님의 말씀과 인도하심을 인식했다. 그는 그러한 것들을 이해하고 적응하기 위해 노력했다. 아들 블룸하르트가 말한 경험이란 개념에 대해서는 Simeon Zahl, *Pneumatology and Theology of the Cross in the Preaching of Christoph Friedrich Blumhardt: The Holy Spirit between Wittenberg and Azusa Street* (London: T&T Clark, 2010)를 참조하라.

31. 마 10:39, 16:24-25; 요 3:30, 12:24 - 25; 갈 2:20 참조

32. 여기서 크리스토프 블룸하르트는 세례요한의 추종자였던 만데아(Mandeans) 분파에 대해 언급하고 있다.

33. 블룸하르트가 "시온"이라는 단어를 사용할 때, 그는 전적으로 하나님의 뜻에 따르는 사람들, 즉 자신을 버리고 하나님의 세상 구원의 일부가 된 무리를 의미한다. "시온"은 이사야 2:1-5와 4:2-6에서 세상의 최종적 구원이라는 의미로 사용된다. 블룸하르트는 15장에서 이 아이디어를 광범위하게 확장한다.

34. 사도행전 15장을 참조하라. 불행하게도, 교회사를 통틀어 기독교와 유대교의 결합은 거의 전무했다. 이것은 결코 바울이 의도한 바가 아니었다.(엡 2:11-22)

35. 크리스토프 블룸하르트는 하나님이 예수 그리스도를 통해 마지막으로 말씀하셨다는 생각(히 1:1-2)을 진지하게 받아들인다. 그러나 동시에 블룸하르트는 하나님이 오늘날에도 성령을 통해 교회를 인도하시고, 이러한 인도하심과 성경을 통해 그의 뜻을 계시하신다는 사실 역시 중요하다고 생각한다.

36. 1843년 성탄절에 들린 이 외침은 디투스 남매를 해방시키기 위한 전투가 막을 내렸음을 알려 준다. Zündel, 150 - 152를 참조하라.

37. 이어지는 문장은 크리스토프 블룸하르트가 말하는 "진보"나 "전진"이라는 단어가 세상적 힘이나 인간의 주도권에 대한 언급이 아님을 분명히 보여준다.

이 구절을 "하나님의 일"로 묘사한 12장을 참조하라.

38. 예를 들면, Johann Christoph Blumhardt, *Der Kampf in Möttlingen*, I, 2, 29 - 56; Zündel, 117 - 120, 379 - 382. 36

39. 1855년 고틀리빈 디투스(Gottliebin Dittus, 1815-1872)는 바트볼에서 요한 크리스토프 블룸하르트의 사업 매니저였던 Theodor Broderson(1829-1912)과 결혼했다. 디투스 가족의 역사에 대해서는 Johann Christoph Blumhardt, *Der Kampf in Möttlingen*, I, 2, 24 - 29를 참조하라.

40. 크리스토프 블룸하르트는 (사도 바울이 그랬던 것처럼) 우리가 마음대로 할 수 있는 인간의 능력을 묘사하기 위해 "육체"라는 표현을 사용한다. 그러나 우리가 자신의 능력만 믿고 하나님만을 의지하지 않는 한, 우리의 "육신"은 우리의 믿음에 장애물이 됩니다. 블룸하르트는 "육신"이 될 수 있는 것은 바로 우리의 경건이라는 사실을 갈수록 강조한다. 우리는 노력으로 경건하게 보일 수 있지만, 사실상 하나님을 의지하는 것이 아니라 자신을 의지하고 있는 것이다.

41. Johann Christoph Blumhardt, "Krankheitsgeschichte," in *Der Kampf in Möttlingen*, I, 1, 32f. Zündel, 118 - 119에서 발췌한 영문 번역.

42. Zündel, 119 - 120에서 발췌한 영문 번역

43. 요한 크리스토프 블룸하르트는 온갖 형태의 미신에 대해 지속적으로 반대했다. 가장 좋은 자료는 *Gesammelte Werke, II: Blätter aus Bad Boll*, vol. 5, *Erläuternder Anhang* (Göttingen: Vandenhoeck & Ruprecht, 1974), 251ff에 있는 주제 색인을 참조하라.

44. 오늘날에도, 아버지는 기독교인이 초심리학이나 강신술에 관여하는 것을 정당화하려는 시도에서 핵심 증인으로 인용되고 있다. 그는 가능한 이 모든 것에서 벗어나려고 노력했지만, Justinus Kerner에게 이 사건을 스스로 말한 것은 의외다. 그는 케르너를 전문가로 여기고 그의 의견을 듣고 싶어 했을까? *Der Kampf in Möttlingen* I, 1, 29 - 31; 79ff. 및 해당 메모; I, 2, 119 - 120을 참조하라.

45. *Der Kampf in Möttlingen*, I, 2, 46, 50, 53을 참조하라.

46. 이것은 *Labors of Hercules*에 나오는 한 에피소드를 가리킨다. 자세한 내용은 Philip Matyszak, *The Greek and Roman Myths: A Guide to the Classical Stories* (London: Thames & Hudson, 2010)를 참조하라

47. Zündel, 158 - 204를 참조하라

48. 아버지 블룸하르트는 욥의 경험과 고틀리빈 디투스에게 일어난 일 사이의 유사성을 보았는데, 그것은 두 사건 모두 인간의 죄로 인한 것이 아니라는

사실입니다. 두 경우 모두 하나님이 자신의 영광을 위해 주권적으로 허락하신 사건입니다.

49. Zündel, 476 - 486을 참조하라. 이러한 사실은 *Ausgewählte Schriften*, vol. III: *Seelsorge* (Metz: Franz u. Sternberg, 1996), 3 - 34에 수록된 아버지 Blumhardt의 목회 서신을 통해 생생하게 전달된다.

50. Werner Jäckh, Blumhardt, *Vater und Sohn und ihre Welt* (Stuttgart: Steinkopf, 1977), 103f. 119f.

51. 크리스토프 블룸하르트는 몇 가지 고통스러운 경험을 했다. 가장 가까운 동료 몇 명을 잃은 후, 1889년 봄에는 아내가 병들었다. 그해 4월 초에는 블룸하르트 자신이 몹시 아파서 '에크발덴'에 새로 지은 집에서 6개월 동안 은둔하지 않으면 안 되었다. 그때부터 블룸하르트는 자신의 공적 활동을 중단하다시피 했다. Christoph Blumhardt, *Ansprachen, Predigten, Reden, Briefe* 1865-1917, 190f. 또한 주석 56 및 57도 보라.

52. Zündel, 512-519 참조

53. Zündel, 520 - 524 참조

54. Gottliebin Dittus, 1872년 1월 26일; 어머니 Doriss(Johanna Dorothea) Blumhardt, 1886년 7월 6일; Johann Georg "Hansjörg" *Dittus*, 1888년 3월 20일; Friedrich Zündel, 1891년 6월 9일.

55. 이것은 1889년에 발생한 질병을 가리킨다. E. Jäckh, Christoph Blumhardt, *Ein Zeuge des Reiches Gottes* (Stuttgart: Evang. Missionsverl., 1950), 121ff.; Christoph Blumhardt, *Eine Auswahl*, vol. 2, 585ff., 1889년 7월 Christoph Blumhardt가 그의 친구들에게 보낸 회람용 서신; 그해 발간된 *Vertrauliche Blätter*도 참조하라.

56. 블룸하르트의 아내 에밀리(본명 브로이닝거)는 1889년 1월 3일 딸 고틀리빈을 낳은 후 중병에 걸렸다. 1889년 2월과 1889년 3월의 Vertrauliche Blätter 보고서를 보라. 블룸하르트는 1889년 4월에 자신의 병에 대해 보고한다.

57. *Vertrauliche Blätter*에 실린 초판에서, 크리스토프 블룸하르트는 이 장에 "뉴스"라는 단원을 덧붙였는데, 거기서 그는 그가 언급하고 있는 사건들에 대해 말한다. 1894년 7월에 수석 정원사 요하네스 에라르트의 갑작스런 죽음(블룸하르트가 거기에 쓴 것처럼 1895년이 아님), 1895년 2월 2일에 그의 형제 나다나엘이 뉴질랜드로 이주한 사실, 그리고 재산 관리자였던 그의 처남 Emil Brodersen와의 이별 등이다. E. Jäckh, Christoph Blumhardt, 129 - 131도 참조하라. 1894 년 7월에는 우물에서 나쁜 사고가 발생하여 Bad Boll의 세 사람이 사망했으며 Friedrich Bodelschwingh는 Christoph Blumhardt에 대해

격렬한 비난을 퍼부었다. Christoph Blumhardt, *Ansprachen, Predigten, Reden, Briefe* 1865 - 1917, vol. 2, 41, 42, 44 - 45 참조.

58. Zündel, 158 - 204.

59. Zündel, 150 - 151.

60. 우리는 아버지 블룸하르트가 이미 입팅겐의 교구장으로 있을 때부터 루터교 국교회로부터 분리해야 한다는 주장에 얼마나 강하게 반발했는지를 알 수 있다. Zündel, 50 - 54를 참조하라.

61. 이 사건에 대해서는 Zündel, 219-225를 보라(실제로는 1844년이 아니라 1846년에 일어났다) 당국의 칙령은 Johann Christoph Blumhardt, *Der Kampf in Möttlingen*, I, 1, 355ff.에 일부 나타나며, 자세한 설명은 I, 2, 161ff.에 제시된다.

62. 성경에는 하나님의 말씀과 그의 행위가 동시에 일어난다. 시편 33:9를 참조하라. 하나님의 말씀에는 성취하는 능력이 있어 말씀대로 이루어진다. Christoph Friedrich Blumhardt, *Eine Auswahl*, vol. 2, 576 이하를 참조하라.

63. 크리스토프 블룸하르트는 사람들이 의지할 수 있는 것, 희망을 주는 것을 묘사하기 위해 "지팡이"라는 단어를 사용한다. 그는 13장에서 세 개의 거짓 지팡이에 대해 서술한다.

64. Johann Christoph Blumhardt, *Ausgewählte Schriften*, vol. 1, *Schriftauslegung* (Metz: Franz u. Sternberg, 1996), 117ff.; 139ff.; 317ff

65. 고틀리프 빌헬름 호프만(Gottlieb Wilhelm Hoffmann. 1771-1846)은 1820년부터 1846년까지 콘탈 공동체의 지도자였다. 아버지 블룸하르트는 신학교 시절부터 그의 아들 빌헬름(1806-1873)의 친구였다. Zündel, 15 - 18; 22 - 23; 24 참조. 부적에 관해서는 Johann Christoph Blumhardt), *Der Kampf in Möttlingen*, I, 2, 13를 참조하라.

66. 아버지 블룸하르트보다 먼저 뫼틀링겐의 목사로 있었던 Christian Gottlob Barth 박사는 1833년에 칼프 출판 협회(Calw Publishing Association)를 설립하여 1838년부터 전임 출판 협회를 이끌었다. 블룸하르트는 이 출판사에서 집중적으로 일했고(Zündel, 110-116 참조) 중요한 작품을 저술했다. 바르트와의 관계에 대해서는 Zündel, 103-105를 보라. 블룸하르트가 바르트로부터 내적 자유를 발견한 것에 대해서는 Zündel, 153-155를 보라.

67. Johann Christoph Blumhardt, *Handbüchlein der Missionsgeschichte und Missionsgeographie* (Calw and Stuttgart: Calver Verlagsversein, 1844)

68. Johann Christoph Blumhardt, *Krankheitsgeschichte*

69. W. Jäckh, *Blumhardt: Vater und Sohn und ihre Welt*, 134ff. 1894년, 크리스토프

블룸하르트는 바트볼에서 교회 관습을 중단하기로 결정했다. 그는 또한 모든 질병에 대해 치유를 위한 기도를 해야 한다는 흐름에 대해서도 격렬히 반대했다. 이에 대해서는 E. Jäckh, *Christoph Blumhardt*, 126ff., 130ff를 참조하라.

70. 이곳에 열거된 세 가지 소망은 이어지는 장에서 성경적 정당성을 통해 더욱 발전되며, 이곳에 열거된 세 가지 거짓 지팡이와 맞선다. Zündel, 513 - 519를 참조하라.

71. 이 사상은 Christoph Blumhardt, *Christus in der Welt*: *Briefe an Richard Wilhelm* (Zürich: Zwingli Verlag Zürich, 1958)에 자세히 설명되어 있다.

72. Vertrauliche Blätter에는 "알림"라는 제목의 후기가 이어진다. 다음은 그 전문이다. "올해 나는 이 소책자에 이어 나의 현재적 입장을 완성할 두세 권의 소책자를 더 집필할 수 있기를 희망합니다. 그리고 나서는 이 소책자들의 출판을 중단할 것입니다. 왜냐하면 특별한 상황이 발생하지 않는 한, 나의 입장을 충분히 밝혔다고 생각하기 때문입니다. 그러나 앞서 언급했듯이 당분간은 충분하다고 생각합니다. 나는 이미 출판된 것을 다시 읽어 주셨으면 하는 바람을 전하고 싶습니다. 신문은 더 이상 발행하지 않을 것입니다. 신문은 집필을 강요하기 때문에 내가 표현하려는 진리의 정신에 부합하지 않기 때문입니다. 나는 합당한 이유가 있을 때만 글을 쓸 것입니다. 따라서 친구들에게 당분간은 이것으로 만족하라고 부탁하고 싶습니다. 여러분이 옳다고 느낀 것은 무엇이든 그것이 열매를 맺을 때까지 마음속에서 성장하게 하십시오. 따라서 1896년 새해에는 이 은밀한 글의 회람이 중단될 것입니다."

73. Compare Zündel, 512-519

74. Zündel, 524를 참조하라.

75. 아버지 블룸하르트의 소망과 천년왕국에 대한 열망의 차이점에 대해서는 Sauter, *Die Theologie des Reiches Gottes*, 56ff.; Johann Christoph Blumhardt, *Ausgewählte Werke*, vol. 1, 134f를 참조하라.

76. 성경에서 "시온"은 원래 다윗의 도시, 성전산, 초대 교회가 살았던 지역으로 이어지는 지리적 용어로 사용되었다. 이 외에도 시온은 이미 성경에서 마지막 시대 하나님의 교회에 대한 약속으로 사용된 바 있습니다. 이것이 크리스토프 블룸하르트가 사용한 의미입니다.

77. 살전 4:13-18; 고전 11:30, 15:54-55을 참조하라.

78. 예를 들어, 저명한 성경 신학자 헤르만 크레머는 크리스토프 블룸하르트의 소망에 대해 간접적으로 반대한다. 그의 저서 *Die Fortdauer der Geistesgaben in der Kirche*(Gütersloh: Bertelsmann, 1890)을 참조하라.

79. 크리스토프 블룸하르트는 *Vertrauliche Blätter*(Vertrauliche Blätter)에서 다음과 같은 결론을 덧붙였다: "나는 이 글과 함께 친구들에게 작별을 고합니다. 인내심을 가지고 내 말을 들어주어서 감사합니다. 이 글 가운데 여러분에게 상처를 주었거나 화나게 한 부분이 있다고 할지라도 어쩔 수 없습니다. 나는 내가 참되다고 알고 있는 것을 기록할 의무가 있습니다. 여러분 가운데 많은 사람은 내가 인간적 발견을 세상에 알리기 위해 글을 쓴 것이 아니라는 사실을 알았을 것이라고 확신합니다. 나는 단지 내 마음속에서 경험한 것을 증거하기를 원하며, 확실한 기초 위에 서고 싶을 뿐입니다. 사람들을 기쁘게 하고 싶었다면 입을 다물고 있었을 것입니다. 그러나 하나님을 위해서, 나는 적어도 친밀한 사람들 앞에서는 목소리를 높여야 했습니다. 많은 친구가 나에게 등을 돌렸습니다. 그들은 내가 결코 나 자신을 내세우려고 노력하지 않았다는 것을 잊어버렸습니다. 그러나 내가 우리 하나님의 공의와 진리를 위해 자신을 헌신했으며 앞으로도 그럴 것이라는 사실을 아는 사람도 많을 것입니다. 하나님의 나라는 영원합니다. 어떤 식으로 임하든 그 나라는 승리할 것이며, 이 땅에서 모든 민족이 하나님의 구원을 보게 될 것입니다.

"현 시점에서는 이 소식지를 통해 계속해서 친구들과 연락을 유지할 수 있을지 모르겠습니다. 그러나 나는 연락을 유지할 수 있는 방법을 찾고 싶으며, 또한 주 예수를 사랑하고 하나님의 나라를 구하는 모든 사람을 하나로 묶는 연결고리가 있다는 사실을 알고 있습니다."